在宁波
读懂共同富裕
Understanding Common Prosperity in Ningbo

2023

国研经济研究院东海分院　编著

中国发展出版社
CHINA DEVELOPMENT PRESS

图书在版编目（CIP）数据

在宁波 读懂共同富裕. 2023 / 国研经济研究院东海分院编著. -- 北京：中国发展出版社，2023. 12

ISBN 978-7-5177-1389-0

Ⅰ. ①在… Ⅱ. ①国… Ⅲ. ①共同富裕－研究－宁波 Ⅳ. ① F127.553

中国国家版本馆 CIP 数据核字（2023）第 178188 号

书　　名：在宁波 读懂共同富裕（2023）
著作责任者：国研经济研究院东海分院
责 任 编 辑：沈海霞
出 版 发 行：中国发展出版社
联 系 地 址：北京经济技术开发区荣华中路 22 号亦城财富中心 1 号楼 8 层（100176）
标 准 书 号：ISBN 978-7-5177-1389-0
经　销　者：各地新华书店
印　刷　者：北京博海升彩色印刷有限公司
开　　本：710mm × 1000mm 1/16
印　　张：22
字　　数：356 千字
版　　次：2023 年 12 月第 1 版
印　　次：2023 年 12 月第 1 次印刷
定　　价：88.00 元

联 系 电 话：（010）68990642 68360970
购 书 热 线：（010）68990682 68990686
网 络 订 购：http://zgfzcbs.tmall.com
网 购 电 话：（010）68990639 88333349
本 社 网 址：http://www.develpress.com
电 子 邮 件：841954296@qq.com

序一
PREFACE

更加积极有为推动共同富裕

国务院发展研究中心副主任、党组成员　余斌

共同富裕，自古以来就是中华民族孜孜以求的美好愿景，是历代先贤的共同梦想与追求。历经百年不屈不挠的砥砺奋斗，中国共产党领导人民创造了世所罕见的经济快速发展奇迹和社会长期稳定奇迹，取得了全面建成小康社会的伟大胜利，成功走出了中国式现代化道路，创造了人类文明新形态，使“大同社会”理想在更高水平上传承赓续、变为现实。

进入新时代，中国的发展站在了一个新的历史起点上。同时也要看到，我国仍是世界上最大的发展中国家，仍处于并将长期处于社会主义初级阶段，发展不平衡不充分问题较为普遍，区域差距、城乡差距、收入差距依然较大，教育、医疗、养老、住房等基本公共服务领域存在明显的供不应求问题，精神文明和文化普惠发展还存在短板。

在充分认识我国社会主要矛盾新变化以及人民对美好生活新向往的基础上，以习近平同志为核心的党中央赋予共同富裕更加丰富的时代内涵，把推进共同富裕放在更重要的位置。习近平总书记的一系列重要讲话和重要论述，深刻透彻地阐明了推动共同富裕的根本性、方向性问题，高瞻远瞩地指明了共同富裕的战略目标和实践路径，并绘就了到 2050 年基本实现共同富裕的宏伟蓝图，为扎实推进共同富裕指明了前进方向，提供了根本遵循。

宏大布局，还需勇毅笃行、行稳致远。实现全体人民共同富裕是一项兼具长期性、艰巨性、复杂性的重大历史任务，必须顺应经济社会发展的客观规律，做出更加积极有为的努力，分阶段、分步骤扎实推进，尽力而为、量力而行、久久为功，积小胜为大胜。

要咬定青山不放松，坚持走高质量发展道路。2020年我国人均GDP已经迈上1万美元新台阶，处在跨越“中等收入陷阱”的关键时期，在以数量扩张为主的高速增长阶段结束以后，实现共同富裕必须走高质量发展道路。以创新发展解放和发展生产力，做大经济规模、调整经济结构、扩大中等收入群体；以协调发展破解区域之间、城乡之间、经济和社会、物质文明和精神文明等发展不平衡的难题，实现更加均衡的发展；以绿色发展营造人与自然和谐共生的新境界，为山区海岛等欠发达地区找到一条因地制宜、切实可行的发展道路；以开放发展释放产业、资本、技术、知识、数据等生产要素的活力，实现资源在国际国内两个市场、发达地区和欠发达地区之间流动配置；以共享发展实现基本公共服务普惠均等，允许一部分人、一部分地区先富起来，先富带后富、帮后富，最终实现共同富裕。

要坚持社会主义基本经济制度，进一步彰显制度优势。以公有制为主体、多种所有制经济共同发展，以按劳分配为主体、多种分配方式并存，以及社会主义市场经济体制等内容，共同组成了我国社会主义基本经济制度。实现共同富裕必须守牢这一基本制度不动摇。要做强做优做大国资国企，充分发挥国有经济对国民经济的战略支撑、产业引导和调节作用，创造公平法治的营商环境，进一步激发民营经济稳增长、促创新、增就业、惠民生等作用，实现公有制与非公有制错位融合、优势互补的发展格局；健全和完善收入初次分配、再分配、三次分配制度，坚持按劳分配，鼓励勤劳致富、合法经营先富，尊重资本、土地、知识、数据等生产要素的价值和作用，完善合理有序的分配制度，实现更高水平的社会公平；不断完善市场规则和定价机制，建立全国统一大市场，强化金融和科技支撑，使市场在资源配置中起决定性作用，同步推进政府职能转变，加强政府宏观调控能力和监管能力建设，把有效市场和有为政府有机结合起来。

要积极推进基本公共服务均等化，为实现共同富裕奠定良好基础。基本公共服务制度是普惠性、基础性、兜底性制度，是对基本民生及人的发展能力的基本保障，实现共同富裕必须用好这一有效手段。要把基本公共服务体系建设的重点落脚在区域、城乡和不同群体关系的协调上，以人口结构为依据合理统筹配置公共服务资源，加强向农村、向偏远地区延伸倾斜，科学划分中央政府与地方政府责任，建立合理稳定的成本分担机制；加强模式方式创新，探索建立数字化的公共服务体系，积极引入社会力量，重点破解"一老一小"难题，形成多元化、立体化、差异化的供给体系。

要富而思源、富而思报，鼓励先富带动后富、帮助后富。"先富带后富、帮后富"是一个有机整体，是经济效率和社会公平统筹兼顾的有效路径。实现共同富裕必须把"带后富、帮后富"落到实处。要走好城乡融合共同繁荣之路，充分认识乡村的生态价值和文化价值，在新型城镇化战略中找准农村特色定位，发挥特色功能，以乡村振兴为抓手高水平推进乡村建设，大力发展现代农业，探索农村土地等资源转化，多渠道促进农民增收，实现城乡互动共荣；走好"山海互济"共同发展之路，建立健全市场机制、合作机制、互助机制、扶持机制，重点深化人才交流、产业协同等"造血式"合作，助力形成内生发展动力，进一步加大对欠发达地区的政策支持力度；走好团结一心共同奋斗之路，鼓励先富群体饮水思源，积极投身于慈善事业、民生事业，通过示范引领周边群众勤劳致富、创新致富、共同致富，在全体人民互助共享中迈向共同富裕。

要立足人的根本需求，推动人的全面发展。"仓廪实""衣食足"的物质富裕和"知礼节""知荣辱"的精神富足共同构成了人的全面发展。实现共同富裕必须在经济社会发展水平不断提高的基础上，积极回应人民对美好生活和精神文化的强烈诉求。要坚持用社会主义核心价值观凝聚共识、汇聚力量，以文化人助力文明建设，成风化俗弘扬时代新风，继承和发扬中华优秀传统文化，继续铸就中华文化新的辉煌；创新发挥先进文化引领作用，完善公共服务体系，深入实施文化惠民工程，丰富群众性文化活动，推进文化共创共享，增进人民群众在精神文化生活中的获得感、幸福感。

共同富裕，没有先例可循。在这一伟大探索中，浙江省被赋予先行探索高质量发展建设共同富裕示范区的重大使命，宁波市提出高质量发展打造共同富裕先行市的总体目标，充分展现了宁波人民守正创新、干在实处、勇立潮头的责任意识和担当精神。

既造经济之“富”，也谋社会之“裕”。紧紧依靠民营经济、做大做强产业基础、持续推进扩大开放，不断夯实城市发展的内生动力。2021 年宁波人均 GDP 突破 15 万元大关。从世界范围来看，按照最新的汇率换算，宁波人均 GDP 已是世界银行最新国别收入分组标准中“高收入经济体”水平的 1.8 倍左右。宁波统筹协调城乡、经济、民生、社会事业发展，2022 年城乡居民收入倍差为 1.69，显著优于全国和浙江省平均水平。

我们看到，如今的宁波已经成为中国经济增长最快和社会发展最具活力的城市之一。未来，宁波还应充分把握长期和短期、效率和公平、物质和精神、力度和尺度等辩证统一关系，闯深水、啃硬骨，抓住人民最关心、最直接、最现实的利益问题，在敢破善立、破立并举中，蹚出一条共富之路。

伟大事业，都始于梦想，基于创新，成于实干。一直以来，国务院发展研究中心与宁波市政府紧密携手、共谋发展。2022 年 3 月，国务院发展研究中心支持、指导宁波共同富裕研究中心成立。未来，双方将进一步加强协同创新，助力宁波打造更多具有宁波辨识度的重大标志性成果，为全国推动共同富裕做出应有贡献。

序二
PREFACE

共同富裕的宁波方案

香港中文大学（深圳）前海国际事务研究院院长
国研经济研究院东海分院名誉院长　郑永年

如何实现共同富裕不仅是中国面临的问题，也是全世界要破解的难题。没有一个社会可以保持永远富裕，共同富裕是一个动态的过程，富裕程度随经济状况的变化而变化。因此，共同富裕必须是一种包容式、开放式的发展。从经验来看，要实现共同富裕，就必须处理好三个主体，即企业、政府和社会之间的关系。

宁波从一个商埠小港，发展到如今的现代化滨海大都市，成为中国城乡居民收入最高、收入差距最小的城市之一，在探索解决发展不平衡、不充分问题方面进行了积极的探索。总结宁波共同富裕的实践经验，不仅对浙江、对全国有意义，而且对整个世界都有意义。

共同富裕是一种包容式、开放式的发展

共同富裕是一种理想，类似于古人向往的“大同世界”。人类社会的发展是开放的，但是人类社会的发展应当是有方向的，因此这种理想状态的设定非常重要。共同富裕不是平均主义，不是均贫富。共同富裕要求实现基本的、人们可接受的社会公平与正义，但也要承认社会差异。如果没有差异，社会

就很难有进步，差异既是进步的产物，也是进步所要解决的问题。

共同富裕是一个历史过程，需要通过发展来实现。这种发展是动态的、包容式的，而非排他性的。一方面，已经实现了富裕的社会阶层，不应因为自己富有了就垄断发展、不向社会开放。另一方面，较不富裕的社会阶层，也应在这种开放中相信自己是有发展机会的，而不因自己较不富裕的现状去仇视富裕阶层。

在这一点上，西方社会的教训非常深刻。20 世纪 80 年代以后，新自由主义经济发展迅速，全球化和信息化成为时代特征。但经济发展和科技进步并没有公平惠及普罗大众，国家金融经济和互联网经济的结合更是赋权资本，导致社会越来越分化，美国从以往的“中产阶层社会”演变成“富豪社会”。由此可见，经济发展不必然为社会创造稳定，而要看这种发展是否是开放、包容的发展。

共同富裕是中国实现可持续发展的需要

社会是一个道德共同体，社会成员之间要互相信任。一个社会如果贫富过度分化，社会共同体就容易解体，财富增长不见得就会带来社会稳定。一个不稳定的社会是人人自危的社会。经济与文化、经济与道德都要均衡发展，经济发展需要以社会稳定为基础，经济发展最终也是为了社会发展，因为社会的主体是老百姓。共同富裕不是简单的分配问题，其目的是进一步的经济发展。只有通过可持续发展，才能把中等收入群体做大做强。

中国政府提出构建双循环新发展格局，关键就在于牢牢把握扩大内需这个战略基点，加快建设消费型社会，促进经济增长从出口导向型向内需型转变。建设消费型社会，必须建立一套有利于扩大内需的制度政策，完善养老和医疗保障、兜底救助、住房供应和保障等体系。

中等收入群体是财富的主要载体，是消费的主力军，也是实现社会稳定和可持续发展的关键，消费社会的形成有赖于中等收入群体的不断壮大。一定规模的中等收入群体和合理完善的社会制度体系，是消费型社会的两大支柱。市场机制是创造财富最有效的机制，它可以产生一个中等收入群体，但不能保护这个群体，因此需要完善的共同富裕制度政策体系对其进行保障。

实现共同富裕推动公平社会的主要思路

首先，“上不封顶”。创造财富没有上限。改革开放以来，中国内地的发展比日本和“亚洲四小龙”还快，但中等收入群体比例不如它们高。改革开放让中国找到了创造财富的机制，但还要继续探索保持财富、增值财富的机制。要鼓励创新，用法治与规则去管理科技创新。鼓励高科技公司搞科技创新，积极参与国际市场竞争。从国家利益出发，以国家利益最大化为准则去探索监管措施，培养更多具有企业家精神的经营者。

其次，“下要保底”。保底包括两个方面。一是要保障民生。医疗、教育、住房不是单纯的经济领域，而是社会属性很强的民生领域，要深化医疗、教育、住房领域的改革。二是要解决城乡融合发展问题。解决中国城乡融合发展问题，一定要双向流动。中国为了解决“三农”问题，投入了大量的资本、人才和物力，但是农村单向性流出的问题难以得到根治。如何使城市中上阶层跑到农村去，让农民和城市居民双向流动，是现在要解决的问题。

最后，“做大中产”。“十四五”规划和 2035 年远景目标纲要提出，中国人均国内生产总值达到中等发达国家水平，中等收入群体显著扩大。橄榄型社会的概念前些年已经提出来，这几年又被多次强调，足见国家对这个议题的重视程度。中等收入群体强大了，有恒产者有恒心了，社会的各个方面才会有较大改善。

民营经济和中小企业是公平分配的关键

民营企业尤其是广大中小企业提供了大部分的社会就业，是技术创新与技术进步的重要动力源，也是参与全球产业链竞争的重要力量。在许多经济体尤其是东亚经济体中，中小企业是实现收入公平分配的最主要力量，有助于改善产业结构，塑造中间大、两头小的橄榄型社会结构，最终实现共同富裕。宁波是民营经济强市，中小企业众多，每20个人就拥有一家企业，每 8 个人中就有一个企业主，民营经济贡献了城市85%的就业岗位，吸纳就业人口超过420万人，是稳定就业的“压舱石”。宁波之所以成为全国发展最为均衡的城市之一，广大民营企业功不可没。在市场经济条件下，民营经济尤其是中小企业越发达，社会就越公平公正。

当今世界，几乎所有强健的经济体都拥有一个庞大的民营企业群体。因此，要加快培养一大批对全球产业格局具有重要影响的技术型民营企业，鼓励和引导民营企业加快转型升级，深化供给侧结构性改革，不断提升技术创新能力和核心竞争能力。

浙江宁波均衡发展在于处理好六对关系

包括宁波在内，浙江共同富裕的地方实践对全国和世界的意义十分明显，其中均衡性是最显著的特征，关键在于处理好六对关系。

第一，政府与市场的关系。呈现出“小政府、大社会”的特点，“更好发挥政府作用”体现为政府在经济生活中的协调作用，宁波等城市的营商环境长期位居国内城市前列。

第二，国企与民企的关系。国企强，民企也强，两者之间进行了有效的劳动分工，这使浙江能够有效动员和发挥民间资本的能动性，同时又能保障优质而充分的基础设施和公共服务供给。

第三，内资与外资的关系。浙江不排斥外资，但资本以内资为主，这使浙江的劳动关系更为和谐。浙江的“块状经济”，就是内资企业发展带动本地群众共同发家致富形成的结果，进而形成区域分工合作与平衡发展。

第四，大型企业与中小微型企业的关系。国内很多大型的民营企业都出自浙江，同时浙江的中小微型企业也非常发达，从而为收入公平分配提供了重要的就业基础。

第五，制造业与服务业的关系。浙江的服务业是为制造业服务的，尤其是宁波始终把发展的重点放在制造业上，宁波的制造业单项冠军数量位居全国第一，从而为提高工资性收入奠定了产业链基础。

第六，工业与农业的关系。浙江是工业和制造业大省，也是农业强省，新农村建设和乡村振兴成效显著，在城乡资源双向流动方面形成了不少有益的经验。

宁波是我的家乡，上大学之前我一直生活在余姚四明山区，对农业农村发展有着切身的感受。中国农耕文明绵延数千年而不衰，主要是因为一代代乡贤的“叶落归根”。一个理想社会应该是开放、包容的社会，而不是排他性的二元结构。通过“两进两回”等制度设计，鼓励和吸引城市居民回乡，既可以实现可持续的乡村发展，又可以减轻城市的负担。

宁波要率先实现共同富裕，四明山革命老区是短板弱项，也是重点突破口。建议建立以民生 GDP 或者生态 GDP 考核为基础的生态产品价值实现机制，探索“两山银行”模式，实现生态资源向资产、资本的高水平转化，加大交通、科技、人才等要素资源保障力度，进一步理顺开发机制，推进资源统筹开发，拓宽村集体经济增收渠道，强化土地改革试点力度，推动四明山区域建设成为宁波共同富裕的样板区。

总体而言，现在中国的主要问题还是需要继续把“蛋糕”做大，在做大“蛋糕”的基础之上把“蛋糕”分好，要走出中国自己的共同富裕道路。《在宁波 读懂共同富裕（2023）》智库报告把宁波作为案例来研究，对其他城市探索共同富裕的发展路径，具有重要意义。

目录
CONTENTS

上篇　共同富裕之宁波实践

下篇　共同富裕之宁波求索

上 篇

共同富裕之宁波实践

2023年是浙江高质量发展建设共同富裕示范区两周年，也是宁波奋力打造中国式现代化市域样板的起步之年。

推动全体人民共同富裕是一个长远目标，更是一个系统工程。宁波围绕高质量发展建设共同富裕先行市的战略定位，精准聚焦“七条跑道”，突破关键领域，推进改革创新，优化政策体系，奋力拓展共同富裕示范先行标志性成果，形成了一些可复制、可推广的宁波模式，为全省建设示范区、全国实现共同富裕提供了宁波范例，以共同富裕先行的实干实绩彰显了中国式现代化的美好前景。

第一章　推动经济高质量发展

发展是解决我国一切问题的基础和关键。实现共同富裕需要以经济发展为基础，要在高质量发展中创造共同富裕所需的物质基础。

2022 年以来，面对复杂严峻的外部环境，宁波真抓实干、破难攻坚、奋勇争先，牢牢把握高质量发展的主动权，谱写经济发展新篇章。

经济总量稳居前列。2022 年，宁波实现地区生产总值 15704.3 亿元，按可比价计算较 2021 年增长了 3.5%，经济总量稳居全国城市第十二位。人均 GDP 达到 16.39 万元（按照 2022 年平均汇率可折算为 2.44 万美元），分别是全国的 1.9 倍和浙江省的 1.38 倍，共同富裕“蛋糕”越做越大。

发展质效继续提升。实现共同富裕的战略支点是高新技术产业、未来产业和战略性新兴产业，有助于构建双循环相互促进的新发展格局。2022 年，宁波高新技术产业和战略性新兴产业增加值占规上工业增加值的比重分别提高到 61.1% 和 25.7%，规上工业亩均税收增长 6%，规上工业全员劳动生产率升至 32.7 万元 / 人，经济发展质量、效率、动力变革持续深化，共同富裕“蛋糕”越做越好。

一、推进产业提质升级，打造经济发展新优势

推动经济高质量发展，必须依托实体经济，推动产业结构转型升级，加快建设以实体经济为支撑的现代化产业体系。

宁波围绕壮大先进制造业，以十大标志性优势产业链建设和“3+17”重大产业平台体系构建为抓手，吹响经济发展的“冲锋号”。

（一）加快打造十大标志性产业链

宁波双管齐下围绕产业基础高级化和产业链现代化，聚焦化工新材料、节能与新能源汽车、智能成形装备、机器人、稀土磁性材料等重点领域，加速推进十大标志性产业链建设。

政府层面实施“一链一策一方案”，精准选取十大产业链标志性培育主体，着力打造万华化学（宁波）有限公司等19家标志性培育企业、恒河材料科技股份有限公司18万吨/年石油树脂等14项标志性培育项目、中汽研汽车检验中心（宁波）有限公司等13个标志性培育平台，推动产业链稳定性和竞争力提升，并通过强化产业链供需对接、拓展上下游对接平台和渠道、组建各行业产业联盟等方式，助力打通产业链各环节的关系，提高本地产业配套协作水平。

企业层面进行“五链”协同，利用工业互联网等数字化手段，积极整合创新链、产业链、供应链、贸易链和数据链，打通销售、设计、制造、采购、售后服务等数字化全流程的各环节，以共同体理念构建高效、协同、智慧的产业生态网络，促进大中小企业融通发展，不断提升产业链现代化水平。

（二）构建“3+17”重大产业平台体系

随着经济模式的变革和要素资源的日趋收紧，重构产业空间新格局成为打开发展新局面亟待解决的问题。

2021年，宁波启动开发区（园区）整合提升行动，以大腾挪、大重组、大提升为动力，腾出高质量发展新空间。截至2022年底，宁波已将全市298个开发区（园区）整合为20个，初步建立功能布局合理、管理机制顺畅、产业集聚优化的开发区（园区）新体系，有效破解产业园区多而不强、主导产业集而不聚、要素资源分而不合的旧局面，为更好地承载不同产业业态、促进各领域高效联动提供重要支撑。

二、做强现代服务业，开拓双循环枢纽新功能

服务业已经跃升为中国经济第一大产业，对构筑现代化产业体系、畅通经济循环、提升综合实力，从而推动共同富裕具有重要作用。

宁波在做强现代服务业的目标下，围绕“港、产、城、文”融合发展，重点聚焦服务一流强港、服务先进制造业，锻长补短为经济健康发展保驾护航。

（一）服务一流强港，畅通内外双循环

2020年至2022年，新冠疫情反复袭扰，导致企业停工停产、物流运输不畅，产业链供应链一度面临不少堵点卡点。在此背景下，宁波多措并举，在服务“国之大者”中勇担当、走在前。

保障港航物流畅通畅联。2022年，宁波舟山港增加航线总数至301条历史高位，并精准出台18条保通保畅措施，全力破解新冠疫情下国际集装箱海运运转不畅、运力紧张、一箱难求等难题。

积极推进海铁联运发展。一方面推动惠企政策“直达快享”，另一方面努力开拓市场，不断深化与宣城、湖州、绍兴、郑州、盐城等地合作。截至2022年底，宁波集装箱海铁联运箱量超145万标箱，同比增长20.4%，业务范围辐射16个省、63个市。

促进现代贸易稳中有进。宁波在全国首创商务包机模式，组织外贸企业外出抢订单。加快“一站两仓”新型贸易基础设施建设，海外仓总面积是国内仓库面积的1/6，跨境电商进出口规模突破2000亿元，“跨境电商+海外仓”模式深化推广。高水平建设义甬舟开放大通道，深化国际消费中心城市建设，成为“QFLP & QDLP”（合格境外有限合伙人、合格境内有限合伙人）双试点城市。

（二）服务制造强市，推动制造变智造

宁波立足先进制造优势，以数字经济为抓手，在融合蝶变中蓄潜力、强动能，推动打造全球智造创新之都。

宁波在全国率先启动“5G+工业互联网”试点，supOS工业操作系统平台累计接入设备10亿台，3个项目进行国家试点示范，加快打造汽车零部件、高端装备、模具等工业的互联网平台。

深化产业大脑与未来工厂协同发展，牵头建设化工、智能家电、模具（金属）、服装和文体用品5个行业产业大脑，累计上线场景应用94个，平台接入企业超1000家。

扩大企业数字化改造覆盖范围，加快企业从制造数字化向研发、设计、管理、服务等全流程数字化转型，推动规上企业从生产线自动化向数字化车间、智能工厂升级，支持中小微企业实施关键环节的数字化。截至2022年底，全市共有省级及以上“未来工厂”15家、市级数字化车间/智能工厂93家。

同步推进“数字新基建+数字新产业”。截至2022年底，全市5G基站超过2.4万个，实现核心城区全覆盖、乡镇连片覆盖。积极培育“直播+”等数字服务新业态，全市建成直播电商基地22个。浙江自贸试验区宁波片区数字贸易改革发展加快，宁波成为全国首个跨境电商进口额超千亿元城市。

三、强化科技创新驱动，构建创新策源新势能

科技是第一生产力、人才是第一资源、创新是第一动力。科技创新能够通过“多主体价值共创—成果多主体共享—可持续价值共益”的路径，带来全要素生产率的提升和社会高水平建设与发展。

宁波持续强化科技创新的核心地位，通过建设高能级平台、聚力攻坚“卡脖子”技术、打造新时代人才集聚高地等措施，在创新版图中提质效、创特色、上台阶。

（一）推进重点研发创新平台建设

大力推动甬江科创区建设，编制实施《宁波甬江科创区规划》，2022 年底启动甬江科创区建设。同时，启动宁波东方理工大学（暂名）、宁波大学科技创新中心、甬江实验室研究院集聚区、宁波高新区永新光学医疗光学设备及精密光学元组件生产基地等 9 个建设项目，举全市之力打造面向未来的世界一流科创策源中心。

以平台建设、主体培育、优化创新体系为主要抓手，高标准提升高新区综合实力。2022 年，宁波高新区高新技术企业认定数量、研发投入占 GDP 比重、高新技术产业增加值占规上工业增加值比重等指标居全市首位。

完善实验室发展体系，揭牌成立甬江实验室（新材料浙江省实验室），完成布局建设新型显示与感知研究、热场材料等 8 个研究中心，有序谋划信息材料与微纳器件制造平台等六大基础科研平台，力争研发 10 种以上关键“卡脖子”材料及满足未来需求的国际首创材料。

（二）打造新时代人才集聚高地

聚焦新材料、“互联网 +”等科创高地建设，宁波不拘一格引进人才。

2022 年初，宁波在甬江实验室率先开展“两个直接”“三个自主”人才自

主评价，在项目承担、职称评定、岗位聘用、薪酬待遇确定等环节取消限制性条件，成立才1年多的甬江实验室现已引进14支高水平研究团队、25名学术带头人和近300名科研人员。

实施“一城三地”人才新政30条。2022年入选国家级引才工程、人才培养工程、省“鲲鹏行动”、省级引才工程以及甬江人才工程等的人数和项目数实现“五个历年新高”。打响“宁波五优、人才无忧”服务品牌，通过“财政+金融”“货币+实物”等方式，在工作、生活、安居等各方面为人才提供精准服务。

截至2022年底，宁波全市各级人才工程专家累计创办企业494家，其中估值超亿元企业有118家，创造利税近120亿元。

四、培优做强市场主体，增添经济引擎新动力

市场主体是经济活动的主要参与者、就业机会的主要提供者、技术进步的主要推动者。充满活力的微观市场主体，绘就了气势磅礴的宏观经济发展图景。

宁波致力于厚植市场主体发展沃土，持续加大服务企业力度，通过加快培育千亿元级企业梯队、持续优化营商环境等措施，激发经济活力。

（一）加快培育千亿元级企业梯队

深入推进制造业“大优强”企业培育，制定实施《关于加快培育制造业百强企业的实施意见》等，梳理形成“大优强”企业培育困难问题清单，并构建困难问题解决绿色通道机制。截至2022年底，宁波市共有“中国500强企业”9家、“中国制造业500强”企业18家、“中国服务业500强”企业12家，104家企业被列入制造业“大优强”培育企业名录。

形成“苗圃—小巨人—单项冠军”分级分类培育机制，单项冠军企业和

专精特新中小企业培育库企业动态跟踪服务机制日趋完善。截至2022年底，全市共有国家级制造业单项冠军企业（产品）83家、国家级专精特新“小巨人”企业283家，总数分别位居全国城市第一位和第四位。

不断加大科技型中小企业培育力度，深入实施“个转企”“小升规”“规改股”“股上市”培育工程。

（二）持续优化营商环境

在构建新发展格局的关键当口，宁波从三个维度打造营商环境最优市，不断激发市场活力和社会创造力。

推动制度创新先行，让百万市场主体扎根宁波。2021年9月，全国第一家设在检察机关的营商环境投诉监督中心在宁波挂牌成立。该中心围绕营商环境法治化，聚焦市场主体投诉难题，保障市场主体合法权益，创造性地开展一站式、保姆式贴心服务，助力企业安心留甬、专心发展。

营商环境改革加码，宁波经济发展底气更足。宁波对标北京、上海等标杆城市经验和最新举措，不断深化营商环境综合改革，以服务企业全生命周期为导向，实施开办企业全业务一网通办、市场主体分级分类“信用＋监管”、知识产权保护“一件事”等改革举措上百条。宁波营商环境连续四年稳居全国各大城市第一方阵。

第二章　打造橄榄型社会结构

实现共同富裕，必须在做大“蛋糕”的同时分好“蛋糕”，正确处理效率和公平的关系，不断激发各类市场主体活力，优化收入分配格局，缩小收入分配差距，推动重点群体增收增富，扩大中等收入群体规模，构建橄榄型社会结构。

2022年以来，宁波以推动重点群体收入增长为核心，全面推进“扩中”“提低”行动，不断改革完善收入分配体制机制。做好各类群体“精准画像”，重点加大对技能人才、新型职业农民、科研人员、困难群体等人群的收入激励，带动全市居民收入倍增。

居民收入稳步增长。2022年，宁波市居民人均可支配收入同比增长4.5%，达到68348元，分别是全国的1.85倍和浙江省的1.13倍；与人均GDP之比为0.417。居民收入增速连续7年快于GDP增速。

中等收入群体稳步扩大。2022年，全市家庭可支配收入（按三口之家计算）10万～50万元群体比例达到79.6%，20万～60万元群体比例达到36.3%，两类群体比重均较上年提高3个百分点，橄榄型社会结构不断巩固。

收入分配制度持续完善。制定《宁波市“扩中”“提低”行动方案》，聚焦九大重点人群，拓展稳就业促增收渠道，深化要素参与分配制度和财政调节制度改革创新，健全保险、慈善等收入分配补充机制，持续探索构建初次分配、再分配、三次分配协调配套的制度安排。

收入来源结构更趋均衡。2022年，全市居民人均转移性收入较上年增长19.5%，占比提高2.1个百分点。养老金、离退休金增长成为人均转移性收入增长的主要支撑因素。其中，城镇居民人均转移性收入较上年增长15.5%，占比提高1.9个百分点；农村居民人均转移性收入较上年增长18.6%，占比提高2.7个百分点。现金政策性惠农补贴大幅增长是农村居民人均转移性收入增长的主要原因。

兜底保障力度不断加大。2022年，全市低保标准提高到14172元/年，低收入农户人均可支配收入达到21869元，较上年增长13.8%。严格落实重病重残对象单人户低保政策，全面构建区（县、市）、乡镇（街道）、村（社区）三级联动救助网络，建立健全各类致贫风险预警机制，不断筑牢困难群众民生兜底保障安全体系。

一、促进充分就业，推动就业服务优质公平

优质公平的公共就业服务，能够最大限度地扩大就业容量、提升就业质量，实现各类群体充分就业，保障最基本的劳动收入。

宁波围绕均等化、精准化、数字化、全域化目标，不断健全就业服务体系，推动“甬上乐业”迭代升级，促进更加充分和更高质量就业。2022年，全市城镇新增就业人数24.4万人，城镇登记失业率持续保持低位，扶持创业者1.8万余人，新增创业实体近20万家。

（一）逐步推进均等化服务供给

打破城乡限制，在全省率先实施城乡统一的就业失业登记制度和失业保险制度，实现城乡劳动力同等享受就业创业服务，同等参加失业保险和享受失业保险待遇。

打破户籍限制，把创业补贴政策和创业担保贷款对象由本市户籍扩大到

所有在宁波创业3年内的人员。2022年，宁波累计发放创业担保贷款、兑现各类创业补贴超6.7亿元，帮扶创业实体超2万家。

创新职业保障，全国首创灵活就业专属普惠保险“灵活保”，充分适应灵活就业者工作时间不确定的特点，不分行业、按日参保、按日计费，前两年政府财政给予补贴。截至2022年底，累计投保人数超20万。

打破参保限制，将非本市户籍灵活就业人员纳入基本养老和医疗保险保障范围。截至2022年底，全市养老、医保参保的灵活就业人员分别超54万人和40万人；允许新业态平台和建筑企业为劳动者单险种参加工伤保险，建筑业单工伤参保人数超115万。出台实施《宁波市维护新就业形态劳动者劳动保障权益实施办法》，对新业态行业主管部门、行业协会、平台企业、新业态劳动者的职责义务等作出明确规定，维护灵活就业人员合法权益。

（二）全面提升精准化服务能力

精准实施稳岗就业政策。大力推行“免申即享”模式，2022年累计为60多万家次企业发放稳岗返还资金超25亿元，跑出5天发放到位的“全省最快速度”。

举办“甬上乐业”——2022宁波就业创业大会，组织“毕洽会”“高洽会”“留创行”等大学生专项活动，“暖心短信”和“奔甬而来的N个理由”等活动受到全国网友热赞。全年吸纳高校毕业生就业22.7万人，创历史新高，同比增长5%。常态组织春风行动、“好企待你”等活动，提供免费就业服务超40万人次，帮扶14万失业人员实现再就业。

（三）持续迭代数字化服务场景

深化就业数字应用，升级“甬上乐业”宁波人力资源综合服务平台，覆盖用人单位37万家。

构建全链条灵活就业综合保障体系，打造“灵活就业服务在线平台”，构建“1+4+N”场景应用体系，搭建符合灵活就业、共享用工等新兴岗位需求的公共交易平台，实现灵活就业保障全业务集成、全链条覆盖、全市域通用。

开通行业准入办理绿色通道，实现多部门联合办公、一站式审批，让灵活就业服务“触手可及”。

大力推进就业服务数字化改革，精简服务流程，所有就业服务事项“全城网办”。以就业登记和社保数据为基础，动态比对统计、公安、市场监管、税务等部门数据，精准掌握全市就业规模、结构和走势；完善1600余家重点企业常态化用工监测和近500家企业快速调查模式，为稳就业决策提供数据支撑。

（四）深化打造全域化服务网络

不断强化公共服务力量，累计建成高质量就业社区（村）600余个，打造覆盖全市的零工服务体系。用好市场化服务力量，以促进就业为根本，大力发展人力资源服务业，打造“一核驱动、多团组联动”人力资源服务产业园体系。每年举办中国（宁波）人力资源服务创新创业大赛，获评国家级人力资源服务产业园和全国首批国家级人力资源服务出口基地。

在海曙、江北、奉化、象山等地全面推广“零工市场”，建成零工市场70余个，构建市县乡三级资源共享的零工服务体系，促进灵活就业人员就近就业。

宁波积极打造“共富工坊”，吸纳农村剩余劳动力就近灵活就业，创新构建“一统六富N场景”标准指引体系，通过党建统领、协调推进，明晰创富团队、带富项目、帮富对象、助富管家、造富基地、致富报表等要素，推动工坊标准化建设、规范化运行、集成化发展。按照来料加工、定向招工、电商直播、农旅融合、品牌带动、产业赋能等六大类型，统筹区域优势资源，示范建设定向统筹派单、直播带岗就业等36种典型模式，打造各具特色的实践场景。

截至2022年底，全市已建成“共富工坊”508个，吸纳农村剩余劳动力15276人，其中低收入农民1872人，人均月增收2000余元。比如，象山白鹅“共富工坊”创新“政府+企业+基地+农户”品牌产业共富模式，养殖户年均收入可达20万元，入选全国“携手奔小康”典型案例。

二、加强职业培训，提高技能人才收入水平

通过开展职业培训，加快提升劳动者技能素质，缓解就业结构性矛盾，实现“以技提薪”，有效提高各类技能人才收入水平。

宁波积极打造“155”技能公共实训模式，提供新型学徒制、以师带徒、项目制等多维培训服务。深化“金蓝领”职业技能提升行动，创新“一老一小”技能培训，推广新型学徒制和项目制培训。大力开展新职业新工种项目制培训，将网约配送、家政服务等灵活就业人员纳入职业技能培训范围。拓宽职称申报评审渠道，支持新业态专业技术人才申报专业技术职称，试点快递业职称评定。深化新时代“宁波工匠”遴选培育行动，每年评选“技能之星”，开展各类竞赛100余项。2022年，宁波新增技能人才近14万人，其中高技能人才超7万人，高技能人才在技能劳动者中的比重超1/3。

比如，将月嫂育婴师培训纳入宁波市职业技能提升行动，通过免费教学，帮助农村妇女等群体掌握一技之长、提高收入水平。2010年以来，宁海县桑洲镇成人学校开办培训班近50个，由宁波市成功育婴职业培训学校承办专业教学，2000余人获得结业证书，部分优秀学员月收入近2万元。宁波市成功育婴职业培训学校把家政服务从育婴培训逐渐扩展到保姆、月嫂、催乳师等家政服务人员培训、就业、技能创业孵化全覆盖，探索出一套“技能培训+就业推荐+技能创业孵化”的一站式家政服务新模式，为众多农村妇女搭建了一个就业大平台。

镇海区则高标准推进“新时代制造业工匠”试点工作，通过政府引导、企业主导、社会参与，探索技能人才群体提技增收的共富之路。

（一）聚焦技能提升，完善工匠培育体系

镇海区坚持政企校协同育匠，在全国12所高校设立“雄镇强匠”奖学金，

设立“十校联盟”就业实践基地，强化职业技能学生定向引培。镇海区坚持“产教训”融合发展，累计建成3家特色分中心，持续完善“1+X”公共实训体系；建成33家技能大师工作室和3个技能创业孵化基地，培育17家民办职业培训机构，每年开展职业技能培训超3.5万人次。

（二）聚焦收入增长，加快分配制度改革

镇海区支持企业开展技能等级和技术职称自主认定，把评价“指挥棒”交给企业，累计评定具备自主认定资格的企业73家，直接授予技能等级证书超1.5万人次。引导企业建立薪酬与技能等级挂钩的分配机制，实施职级补贴。推动规上企业、已建工会企业建立“2+X”的能级工资集体协商制度。鼓励企业开展股权激励、岗位分红，推动技术工人从“打工者”变成“合伙人”。比如，镇海石化建安工程股份有限公司推出虚拟股权激励，首批776名员工分享1500万股分红，年收入平均增加近万元。

（三）聚焦共建共享，系统集成服务保障

镇海区深化技能、专技融通培养，将符合条件的高技能人才纳入各级各类人才培养工程，使其享受生活安居补助、名校名企研学、子女就学等礼遇政策，实现技能人才政策从初级工到高级技师全覆盖。整合升级“雄镇强匠”“技能新秀”等多项政策，加大技能人才激励力度。在宁波率先将租房补贴覆盖初级工群体，实现技能人才政策群体“全覆盖”。实施紧缺工种高级技师岗位激励，每年给予其1.2万元岗位补贴。打造“E码通”“礼享大学生（工匠）”等服务应用，实现安居、落户等服务“一码通办”。

三、完善社会救助体系，健全困难群体托底保障机制

共同富裕是全体人民的共同富裕。社会救助工作事关困难群众基本生活和衣食冷暖，是保障基本民生、促进社会公平、维护社会稳定的兜底性、基

础性制度安排。

宁波持续健全困难群体托底保障机制，完善困难群体识别机制及综合性社会救助政策体系，探索残疾人等群体灵活用工新机制，帮助困难群体走出困境，实现增收。2022 年，全市累计支出各类社会救助补助资金 10.32 亿元，其中低保金 6.34 亿元、特困供养金 8706.2 万元；累计开展探访关爱活动 23.678 万次、幸福清单送达 21.76 万次。

比如，海曙区创新“多元参与 + 精准帮扶”“物质 + 服务”社会救助模式，不断健全完善分层分类、城乡统筹的社会救助体系，推进救助服务提质扩面，实现社会救助“全链条、无缝隙”运行，努力让发展成果更多更好惠及广大群众。

（一）加强顶层设计，全面全力完善救助体系

海曙区按照“政府主导、社会协同、多元参与”原则，链接近 6500 家社会组织和 3000 多支志愿服务团队。依托“81890”民生服务平台、新时代文明实践中心搭建区社会救助服务联合体，开发上线全市首个智慧救助服务联合体“链上救助”应用场景。打造白云街道、望春街道、古林镇助联体服务站，设立小区救助点 23 个，使服务触角精准直达小区。建设救助类社会组织培育基地，培育出如北斗心灵生命关怀服务中心、宁波市心理援助协会等一批从事救助服务的社会组织；打造救助服务资源聚集高地，集聚“头雁”领军型专业服务机构 30 多家。

（二）坚持靶向施策，分层分类强化救助保障

实施困难帮扶“兜底保障”行动。2022 年，海曙区最低生活保障金、困难群众一次性生活补贴、临时救助资金、特困人员基本生活费分别惠及 41746 人次、3439 人次、2398 人次、1948 人次，困境儿童基本生活费、困难残疾人生活补贴分别保障 4031 人次和 27787 人次，发放“三老”人员补助金 38.6 万元。

开展“稳就业惠民生攻坚”行动，强化重点群体就业帮扶，实现城镇失业人员再就业 15703 人、困难人员再就业 1760 人。强化党政机关单位结对帮扶低收入农户，完善“一户一策一干部”帮扶机制，实现低收入农户人均可支配收入增长10%。将残疾人作为重点帮扶对象，创新开展“四走四促”专项行动，完成1.8万名持证残疾人需求采集、1709户特定残疾人家庭访视，开展助残活动188场，服务残疾人4322人。

（三）夯实民生底线，有力有序推进救助服务

海曙区迭代升级“链上救助”平台至2.0版本，有效对接志愿服务和慈善平台，实现对潜在困难群众需求的主动抓取。上线“焕然医新”数字化应用场景，对医疗救助对象精准画像，拓展助残服务渠道和特色应用场景，为残疾人提供14项助残业务。完成2个“残疾人之家”规范化提升，1家残疾儿童定点康复机构规范化提升，11个重要公共服务场所及105户残疾人家庭的无障碍改造工作。延伸医疗救助服务触角，对因病致贫对象医疗费用追溯报销24人，报销金额21.32万元。

推动城乡居民健康体检同质同标。2022年，超18万人进行了城乡参保居民健康体检。打造“流动微型卫生院”，为高山困难群众提供基本医疗、检验检查、家医服务、慢病防治、健康体检等服务，实现医联体专家实时线上诊疗。

四、鼓励三次分配，推动慈善事业创新式增长

通过慈善事业等开展三次分配，有助于培育社会道德力量或公益精神，形成良好的共同富裕社会氛围。

2022年以来，宁波在“人人慈善标杆区”省级试点之路上积极探索，“浙江慈善奖”获奖数量再次居全省第一，“慈善空间”的创建受到中央电视台的关注报道。2022年，宁波市县两级慈善机构募集善款9.2亿元，救助支出7.5亿元，帮扶困难群众56.8万人次；截至年末累计募集善款107.4亿元，救助

支出87.6亿元，帮扶困难群众619.6万人次。

（一）不断完善慈善工作体制机制

建立市慈善工作联席会议制度。印发《宁波市建设“人人慈善标杆区”行动方案（2022—2025年）》，出台慈善信托、慈善文化、社区发展基金会、慈善联合会等配套措施，明确工作目标、改革方向、重点举措，初步构建了慈善事业高质量发展“1+X”政策体系。

比如，市民政局会同市财政、税务等部门出台《关于进一步鼓励扶持慈善信托发展的通知（试行）》，政策层面在慈善信托相关主体税收优惠上迈出关键一步。宁波在全省率先实践慈善信托“穿透开票”，慈善组织“穿过”受托人直接向慈善信托委托人开具公益性事业捐赠票据，探索慈善信托税收优惠实践路径。

（二）持续拓展慈善网络

全面构建以多元慈善主体为依托、四级慈善网络为支撑的慈善组织“经纬网”。截至2022年底，全市共认定慈善组织140家，村（社区）慈善工作站、慈善基金实现全覆盖。“慈善一日捐”募捐额超1.6亿元，共有4004家单位、35.7万人次参与活动。2022年，宁波的慈善信托发展迅猛，年新增规模8630.01万元，居全省第一，比上年增长40倍，实现区（县、市）全覆盖，首次出现了共同富裕、东西部协作、山海协作、医疗发展等主题慈善信托。

（三）积极营造慈善氛围

打造宁波公益慈善地标“一街一园一中心”（宁波公益街、善园、宁波市甬尚慈善社工服务中心），实施慈善文化“五百六进”工程，创设首批25个“慈善空间”，推出宁波慈善概念色彩和慈善空间标识。累计有11个、89个、609个机构（个人、项目）分别荣获“中华慈善奖”“浙江慈善奖”“宁波慈善奖”。加大政策宣传引导力度，重点针对慈善信托等举办推介会，消除社会公众对慈善信托的陌生感，提升社会各界认知度，凝聚各方共识。

第三章　推进区域协调发展

共同富裕的核心是全体人民共享发展成果。城市与乡村、中心城区与非中心城区，往往由于地理区位和资源禀赋的差异，形成不平衡、不协调的经济社会发展格局。

为弥补区域间的发展差距，宁波以重大区域发展战略为引领，完善区域协调发展机制，形成优势互补的区域经济布局，推动区域发展更加平衡、协调、包容。

城乡差距持续缩小。2022 年，城乡居民收入倍差由上年的 1.72 进一步降低为 1.69，远低于全国的 2.45 和全省的 1.9，城乡居民收入倍差连续 18 年缩小。

区域发展逐渐均衡。2022 年，区（县、市）之间居民人均可支配收入最高和最低的倍差为 1.42，比上年降低 0.01。收入最低地区是全市平均收入水平的 79.7%，比上年提高 0.9 个百分点。3 个“1 小时交通圈”人口覆盖率达 100%。常住人口城镇化率提高 0.4 个百分点，达到 78.8%。

相对薄弱区域发展加速。2022 年，四明山区域发展加快推进，区域常住人口家庭年收入与全市平均水平之比提高到 0.85。南翼地区发展步伐加快，宁海规模以上工业产值达到 1271.71 亿元，增长 8.8%；象山海洋经济总产值增长 9.5%，达到 220 亿元。

一、国土空间综合整治，改善城乡环境

通过对土地资源进行整治盘活，能够进一步重塑城乡空间格局，从而促进产业集约高效发展、城乡建设风貌换新，为共同富裕提供更广阔的空间动力。

宁波作为全域国土空间综合整治试点城市，创新构建“3 类 6 区 11 片”的综合整治总体格局，推动实现空间格局大优化、产业发展大提升、城乡环境大改善。

（一）加速产业用地整治提升

统筹全市工业用地及集聚区布局。建立“三区两线”空间管控体系，实行工业用地总量控制和零星工业用地弹性控制。建立工业用地全生命周期管理机制，全面实行新增工业用地“标准地”出让。以乡镇工业园、村级工业集聚点为重点，推动低效工业区块向特色小镇、小微企业园、双创园转型。2022 年，城镇低效用地再开发规模为 1.4 万亩。作为首批入选宁波全域国土空间综合整治试点的示范片区之一，镇海区蛟川片区对石化区周边村庄实现跨乡镇安置，整合零散工业用地，推进两个产业园区提质增效，打造绿产城科创融合示范片，成为国土空间综合整治的鲜活样本。

（二）不断改善城乡区域风貌

推进“城中村”动态清零。以姚江两岸、临空经济示范区核心区、甬江科创大走廊北部核心区等板块为重点，加强与国土空间规划、重点专项规划对接，推动集中连片改造。2022 年，完成“城中村”改造建筑面积 1000 万平方米。

整合零散农田资源，实现区域有机更新。2022 年，全市永久基本农田集中连片整治规模为 9 万亩。奉化区启动“剡水田园”万亩耕地综合整治项目，通过恢复耕地功能、新建沟渠道路，优化功能区布局，破解耕地“碎片化”“非农化”“非粮化”等问题，同步启动建设现代农业智能服务中心、数字化智能农业种植基地、数字农业试点项目，打造乡村整治转型融合示范地。

二、深入推进乡村振兴强村富民行动

扩大中等收入群体规模的重点和难点之一在农民。只有通过乡村振兴，才能持续快速提高农村居民收入，有效减小低收入群体比重，相应扩大中等收入群体规模。

宁波锚定农业农村现代化目标，大力发展乡村特色产业，充分保障要素供给，推动农村制度优化，发展壮大集体经济，实现集体增收、农民增益、农村共富。

（一）创新改革农村集体经济形式

深化全域党建联盟建设。因地制宜组建强村带动型、项目牵引型各类党建联盟，以党建引领先富带后富、先进带后进。截至 2022 年，全市共组建 600 余个全域党建联盟。

比如，慈溪市作为党建引领乡村片区组团发展的典型，坚持党建引领，打破村界束缚，科学分类组建片区联合党委。发挥农合联、两新组织、行业协会等多维度主体作用，探索开展跨镇域、跨县域的毗邻党建模式。重点扶持产业融合项目，推动同类产业聚合发展。靶向推进治理联动项目，锚定城乡接合部、村村毗邻带等治理薄弱点，推行“片区公约”“片区共商”等做法。全面开拓服务提质项目，加快推进乡村组团式养老、教育、医疗、健康、公共交通等优质民生项目。发挥平台牵引支撑作用，做强联合经营平台，成立片区强村公司和片区股份经济合作社联合社。做大就业增收平台，拓展“租金 + 股金 + 薪金”的增收致富渠道，优化片企联营路径。做优数字赋能平台，研发推广一批具有慈溪标识度的特色场景应用，助力片区整体智治迭代升级。截至2022年底，慈溪累计培育片区81个，落地发展项目211个，实现村集体收入100万元以上村庄全覆盖，村经营性收入50万元以上村庄达到98.5%。

深入推进“农旅文一体化”发展。宁波立足特色资源优势，因地制宜发展乡村旅游、休闲民宿、电商农业等村级经济新业态。截至2022年底，建成省级新时代美丽乡村示范县3个，累计培育艺术赋能村50个、省级电商专业村246个，全市农村网络零售额达到1320亿元，打造文旅精品路线8条。

积极实施强村富民集成改革。增强村级集体经济造血功能，探索“强村公司”等集体经济组织市场化运行和可持续发展的新举措。全市组建各类“强村公司”34个，形成区（县）、乡（镇）、村多层级联建，公司制、合作制多形式组团，政府、村集体、社会资本多主体参与的集体经济发展新格局。海曙区采取镇村联建、联营模式，相继成立章水镇、龙观乡乡村振兴公司，统筹谋划运行项目。建立农村集体经济运营新机制，积极发展混合所有制经济，共同组建经营实体，共同运营品牌，让村集体更多地参与项目实施、参与市场竞争。

比如，奉化区大堰镇与宁波本土生鲜品牌M6生鲜合作，以雷山村为试点，开启集体经济合作营销新模式。M6生鲜云耕大堰店与当地优质供应商建立战略合作关系，统一收购农村农产品，采取标准化分级，使用“云耕大堰”农业区域公共品牌，统一包装销售。通过推广生鲜零售业的创新模式，打通镇农产品“进城下山”快车道，同时通过“高山造好物”的品牌概念，推动大堰镇乡村旅游、自然研学等新型业态快速发展，构建政府搭桥、企业共谋、农民共富的乡村振兴新格局。

（二）探索“大学小镇”资源链接模式

新时代乡村建设，必须走多元共建的创新模式，充分调动各方的主动性、积极性，形成不同主体优势互补、多元主体协同推进的乡村建设新格局，实现产业、人才、文化、生态、组织等方面全面振兴。

由中国工程院院士、宁波大学中国乡村政策与实践研究院首席科学家陈剑平教授领衔的“大学小镇”乡村振兴共同富裕模式，立足高校主体优势，积极推进宁波大学与鄞州区东吴镇合作，充分发挥大学的综合性学科资源和专业人才团队优势，深入乡村一线，开展乡村产业、乡村治理、乡村人文等多方面的研究、实践与合作帮扶，有效促进乡镇产业再造、生活再造、生态再造和服务再造。让大学教师上得了教室，下得了田野，真正将论文“写”到乡间小镇。“大学”和“小镇”双向奔赴共富的实践路径，生动描绘了“强村”和“富民”双向成就的喜人图景。

强化共富组织保障，建立高校乡村党建联盟，组建共同富裕攻坚先锋团队，搭建校地共同富裕战略合作框架，建立“在地化”工作室和活动平台。精准化施策实施镇域微改造，从乡村的历史性、文化性、社会性和生态性等方面入手，协助东吴镇开展天童老街环境综合整治。创新化提升传统优势，孵化培育“一村一品”“一村一技”等差异化项目，助力特色乡村发展。重视乡村“双创”基地建设，建立实践性乡村建设试验基地、培训基地等实体平台。促进高校与地方产学研深度融合，结合东吴镇自然地理条件，为特色农产品培育和种植提供科研支持。自2019年启动“大学小镇”模式以来，东吴镇累计引进规上企业16家，新创高新技术企业11家，居民人均GDP达到21.6万元，成功创建省4A级景区镇、省级生态镇、省级美丽乡村示范镇，打造了一条市级美丽乡村风景线。

（三）推动乡村产业发展提质增效

持续推进“科技强农、机械强农”行动。开展高品质绿色科技示范基地创建工作，形成“主导产业+技术团队+产业项目+示范基地”的农技推广体系。实施农机购置补贴政策，培育农机社会化服务组织。

支持发展现代农业。围绕特色优势农产品积极打造未来示范农业园区，建设省级现代农业园区和特色农业强镇。2022年，宁波实现农特产品销售额2100万元。奉化区创新推出菌菇“智慧方舱”，运用盘活闲置资源、引进智能技术、村社出资购买等手段，创新推进菌菇“智慧方舱”项目建设，打造示范农业园，带动经济薄弱村和小农户共同发展。

推广“合作社 + 农户”“公司 + 合作社 + 农户”等模式。支持小农户利用实物、土地经营权、林权等作价出资办社入社，健全农业社会化服务体系。

（四）深入推进乡村集成改革

实施闲置农房激活计划。健全闲置农房开发利用机制，探索农房财产权分割转让实现形式及国有资本、集体资本、社会资本等多元投入模式。象山县充分发挥“三农”比较优势，以“数改 + 宅改”“改革 + 应用”为基本路径，加快构建多方共赢的政策保障体系，实现农户和市场的有效对接，促进农民增收。截至 2022 年底，象山全县累计盘活农村闲置农房 1228 幢（近 15 万平方米），引进乡村产业项目 128 个，投资总额超 20 亿元。2022 年，象山农村集体经济总收入、农民可支配收入分别同比增长 12.5%、6.4%。

深化经营性资产股份合作制改革。实施农民持股计划，探索股权流转、抵押等新型农村集体资产股份合作制形式。江北区外漕村积极推进股份合作制改革，聚焦农村土地所有权、承包权和经营权“三权分置”制度改革，将完善土地流转模式作为改革的突破点，帮助农户收回低价出租的土地经营权，通过土地股份合作、发放安置补助费等形式鼓励农户向村集体交回承包地，激活制度活力，盘活资源资产。

三、加快实施相对薄弱区域发展行动

一直以来，南翼地区与四明山区是宁波经济社会发展相对薄弱的区域，也是宁波实现高质量发展、推动共同富裕重点关注的地区。

宁波加快补足相对薄弱区域发展短板，发挥区域优势、整合资源要素，引导各地发展特色经济。经过两年的发展，南翼地区与四明山区崛起速度加快，与宁波其他区域的差距逐渐缩小。

（一）持续推进南翼地区崛起计划

加快南翼地区基础设施建设。推进（象山湾疏港高速）昆亭至塘溪、象山港二通道、宁波—象山市域（郊）铁路项目，加快县乡快速连接线规划建设。加大乡村道路建设资金保障力度，重点推进补助政策向山区、海岛等薄弱区域倾斜落实。2021 年与 2022 年，象山、宁海分别新增 3 个“15 分钟上高速”乡镇。探索农村物流运作新模式，宁海持续推进客货邮融合发展改革，设立宁波首个县级邮政管理局，实现交通和邮管合署办公，在全省率先组建农村物流生态联盟，首创物流寄递与代销代购、便民缴费、助农取款、特产供销和政务服务等相结合的多元化经营模式，将“集士驿站”打造成“快递物流服务中心”“乡村便民服务中心”“农特产品代购代销中心”“农村创新创业中心”，实现驿站“一点多能”。2022 年，宁海新建“集士驿站”29 个，开通公交邮路 6 条，落地公交邮箱 20 个，公交快递进村量达 195.75 万件。

优化南翼地区产业空间功能布局。进一步提质发展宁海文体办公、电子信息、汽车制造及模具三大特色制造业。加快推进象山海洋经济示范区建设，因地制宜发展特色旅游产业。依托丰富多样的自然资源，宁海着力发展乡村旅游、户外运动等特色休闲旅游业，成功创建首批国家全域旅游示范区。象山以陆海生态资源联动打造北纬 30 度最美海岸线，帆船帆板等海上运动、海钓等休闲渔业、海洋海岛主题度假等海洋旅游产品开发推新。

（二）加快实施四明山区域振兴计划

改造提升区域道路。进一步优化综合交通路网结构，深入推进城乡公交一体化；2022 年，城乡公交一体化率达到 100%。

打造四明山区域农业品牌。发展优质粮蔬、特色水果、名贵药材、精品花木等重点农林产业，推进绿色食品、有机农产品和地理标志农产品认证。2022 年，余姚市聚力打造四明山革命老区新时代共富样板区，先后组织实施四明山区域“415”生态高效农业工程、特色经济作物发展计划，培育林药林菌特色产业，实施区域生态发展项目 247 个，扶持特色经济作物基地 23 个；创建区域公用农业品牌 1 个（“四明臻货”），成功开发柿子酒、蓝莓酒等深加工产品；建立电商平台（“美丽四明山”）1个、农合联村级服务社17个，助推农产品“出村进城”。

打响四明山区域旅游品牌。开发红色旅游、山地运动、乡村体验、休闲养生等精品线路。精心编制四明山旅游专项规划，高标准建设四明山省级旅游度假区、浙东唐诗之路四明山段，加快推进横坎头村田园综合体等项目，大力发展度假酒店、特色民宿等业态，推动四明山区文、农、体、旅深度融合。

四、进一步打造共富现代化基本单元

现代化基本单元为高质量发展建设共同富裕示范区提供实践场所，是各类共同富裕技术成果和制度成果不断涌现的重要空间场景。

宁波通过深化场景建设，创新治理机制，深入推进未来社区、未来乡村创建落实工作，推动各类共同富裕技术成果和制度成果不断涌现，打造现代化基本单元宁波样板。

（一）推进未来社区全域落地

整合社区及周边空间资源，重点推进邻里活动、养老托幼、健康管理、商业服务、社区治理等基础公共服务落地。截至2022年底，宁波已有83个未来社区新项目开工，累计共6批次132个社区入选省级未来社区创建名单。

北仑星阳未来社区作为宁波市第一批示范性未来社区、浙江省第四批未来社区，重点关注“一老一小”多样化需求，联合政府、国企、市场、群众多方主体，积极打造共建共享的幸福社区空间。推进“连片街区式”改造，形成“10分钟步行生活圈”。建设未来健康、服务和邻里场景，打造首家专业化运营的5A级居家养老服务中心和星阳邻里中心，提供老年活动、0 ~ 3岁托幼、健康医疗等综合服务。坚持多元共治，完善居民恳谈会等民主议事自治制度，将居民自治力量融入为老服务工作，破解为老服务难题。

（二）积极创建未来乡村

聚焦人本化、生态化、数字化，围绕乡村生产、生活、生态、文化、治理现代化，构建未来乡村，集成“美丽乡村＋数字乡村＋共富乡村＋人文乡村＋善治乡村”建设，打造一批彰显现代化滨海大都市风貌的乡村新社区。截至 2022 年底，宁波共有省级未来乡村 38 个。

镇海区永旺村以打造“甬江科创后花园、城郊融合双创村”为目标，以人本化、生态化、数字化为建设方向，导入“科创＋农创”资源，获全省首批“未来乡村”授牌。坚持规划引领，盘活双创发展空间，编制全市首批“多规合一”村庄规划，调整部分建设用地规划性质，全面做好村级闲置农房、低效建设用地、小散农田“三地”提质文章。谋划打造未来产业场景，因村制宜实施一批示范带动强、形象效果佳的项目，加速推动资源、资产、资金有效升值。推动乡村公共产品供给提质提标，全方位发力交通出行、生活品质、金融保障等领域，点亮未来乡村百姓的幸福生活。

第四章　共建共享优质公共服务

推动公共服务优质共享，有助于夯实共同富裕的公共事业基础、激发共同富裕的公共分配效能，使民众有能力、有机会均等地参与经济社会高质量发展，共享高质量经济社会发展成果，满足日益增长的高品质生活需求。

2022年以来，宁波聚焦居民全生命周期公共服务需求，聚焦打造“浙里甬有”金名片，着力补齐托育、教育、健康、养老、住房等方面的短板，不断推动公共服务优质共享。加快构建基本公共服务标准体系，城乡社区综合服务设施布局逐步优化，教育、卫生、文化、养老、体育等“15分钟公共服务圈”建设有效推进。

托幼服务供给持续扩大。截至2022年底，每千人拥有3岁以下婴幼儿托位数达到3.56个，普惠性幼儿园在园幼儿占比提高到93.2%。着力补齐托育服务短板，截至2022年底，全市拥有普惠性托位2.4万个，约占总托位数的70%，镇乡（街道）托育机构覆盖率达到96%。

教育服务优质均衡发展。截至2022年底，平均受教育年限提高到15.2年，高等教育毛入学率达到74%。实施中小学校和幼儿园扩容建设工程，2022年全年新增学位4.56万个。随迁子女义务教育阶段公办学校就读率提升至97%以上，全市593所公办义务教育阶段学校完成教共体结对，覆盖率达99.83%。

医疗服务能力有效增强。截至2022年底，常住人口每千人拥有执业（助理）医师3.71人，人均预期寿命达到82.5岁。全市共有三级甲等医院8家，三级乙等医院 11 家，户籍人口每千人拥有的床位数达到 7.5 张。

养老服务体系更趋完善。截至 2022 年底，每万名老年人口拥有的持证养老护理员人数达到 29 人。94.9 万名老年人享受家庭医生签约服务，医疗机构康复护理床位超 9200 张，达到每千名老人约 5.6 张，护理型床位约占机构床位总数的 60%。

住房保障水平有所提高。截至 2022 年底，城镇住房保障受益覆盖率达到 22.2%。2022 年全年建设筹集保障性租赁住房 7.4 万套（间），完成老旧小区改造项目 159 个，累计建成保障性住房 800 多万平方米，保障各类住房困难家庭约 17 万户。

一、推进“甬有善育”，构建生育友好社会环境

构建生育友好型社会，是高质量发展建设共同富裕先行市中推进公共服务优质共享的重要环节。从“幼有所育”迈向“幼有善育”，关键在于优化育幼资源的分配，形成家庭发展的政策体系，创造生育友好的社会环境。

2022 年，宁波大力推进婴幼儿照护服务发展，加快打造“甬有善育”幸福民生金名片。宁波成功入选全国第一批婴幼儿照护示范城市，在全省率先出台较为系统的婴幼儿照护服务专项资金补助政策，“15 分钟托育服务圈”建设取得明显成效，初步实现婴幼儿照护服务“步行可及”“品质可信”“费用可担”。

（一）建设“家门口”入托工程，初步实现“步行可及”

以民生实事项目为依托，大力推进“家门口”入托工程建设，多渠道增加托育服务供给。截至 2023 年 4 月，全市共有托育服务机构 833 家，可提供 3 岁以下婴幼儿托位 37801 个，每千人口托位数为 3.93 个，乡镇（街道）托育机构覆盖率达到 98.08%。按照每千人口不少于 10 个托位、每个托位不少于 12 平方米的标准，在新建小区中优先落地，将婴幼儿照护服务设施纳入社

区配套，推行公建民营、民办公助等形式，采取社区出场地、专业机构运作、约定普惠价格方式，建成社区（村）婴幼儿照护服务驿站 247 个、社区嵌入式托育机构 37 家、公共场所母婴室 447 个，基本形成公共场所母婴设施全覆盖，初步实现婴幼儿照护服务“步行可及”。

（二）构建“医育结合”服务模式，初步实现“品质可信”

发挥宁波妇幼保健服务资源优势，以照护为中心，全面建立以儿保医生为主的兼职家庭养育指导员制度，构建基层医疗卫生机构与托育机构签约合作机制，将儿童早期发展理念融入机构、社区、家庭等婴幼儿照护服务全场景。实施“一小”照护人员培训工程，2022 年，共培训“一小”照护人员 7059 人次。截至 2022 年底，全市儿童健康管理率达 98%，健康指导员全覆盖，婴幼儿家长科学育儿知识普及率达到 90% 以上。一批本土托育服务品牌的影响力不断提升。截至 2023 年 4 月，全市托育服务机构备案率达到 88.6%，其中社会办托育机构 147 家，初步实现婴幼儿照护服务“品质可信”。

（三）开展“普惠托育”专项行动，初步实现“费用可担”

宁波始终把普惠服务放在优先位置，通过各级财政资金引导、托幼一体、公建民营等方式，实现婴幼儿照护服务费用有效下降。出台《宁波市 3 岁以下婴幼儿照护服务专项资金管理办法》，针对社会办普惠托育机构，给予每个托位 1 万元的建设补助和每月最高 800 元的运营补助。截至 2023 年 4 月，全市共有普惠托育机构 636 家，提供普惠性托位 2.7 万余个，约占总托位数的 72%。其中，2022 年全年通过民生项目新增普惠托位 5000 余个，初步实现婴幼儿照护服务“费用可担”。

二、提升“甬有优学”，推动教育资源优质共享

基础教育在国民教育体系中处于基础性、先导性地位。推动基础教育资

源优质共享，是实现人力资本投资均等化的核心举措，对实现人的全面发展、实现全体人民共同富裕具有重要意义。

2022 年，宁波持续强化教育资源供给，深入实施小中高优质学位扩量工程，推进优质教育资源社会共享，打造具有宁波特色的职业教育体系，推进高等教育“冲一流、强特色”。

（一）义务教育优质均衡

优化多孩家庭、高层次人才子女入学政策，降低随迁子女入学门槛，实施社保缴存地全市互认政策。全市随迁子女义务教育阶段公办学校就读率提升至 97% 以上。深化教共体建设，全市 593 所公办义务教育阶段学校完成结对，覆盖率达 99.83%。其中，江北区获评全国首批义务教育优质均衡发展区（全国仅两个）。

（二）普通高中高质发展

深化课改，推进普通高中高质量发展，制发《直属普通高中高质量发展专项经费管理办法》。联合宁波市科协实施第五期科技新苗计划，宁波大学、宁波诺丁汉大学、浙江大学、北京航空航天大学宁波创新研究院等 14 个高校和科研机构团队专家参与普通高中科创人才培养。推进中考招生改革，全市高中段实现平台统一招生录取。规范自主招生，优化特长生招生制度，优质示范普通高中定向分配比例达到 61.32%。

（三）职业教育高位推进

建成培训港数字化平台。牵头成立宁波智能制造产业职教集团和网络安全、数字智造、装备制造三个工程师学院。探索省级区域中高职一体化人才培养新机制，北仑职高、行知职高 2 所学校列入试点范围。确定 21 个校企共建紧缺专业，新设立专业 41 个。在全国职业院校技能大赛中获 17 金 16 银 4 铜，金牌数在全国位居第四、在计划单列市中位居第一。

（四）高等教育内涵提升

宁波东方理工大学（暂名）筹建取得新进展，2022 年全年引进各类高层次人才 33 人，首批招录的 41 名联合培养博士研究生顺利入学。大学校园一期工程已于2022年底正式开工。在甬高校12个学科进入全球ESI（基本科学指标）排名前1%，新增国家级一流本科专业建设点21个、省一流本科专业建设点20个，新增国家级首批现代产业学院1个。

三、擦亮“甬有健康”名片，打造优质高效医疗体系

医疗保障关乎人民群众切身利益，是基本的民生工程。随着物质生活水平的提高，人民群众普遍拥有对优质、均等、普惠的全生命周期医疗健康服务的迫切需求。

2022年以来，宁波深入实施健康宁波行动，推进“医学高峰”建设，加快省级区域医疗中心创建，推进三甲医院服务向区（县、市）延伸，持续推进县域医共体、医疗体建设，不断夯实建设共同富裕先行市的卫生健康根基，在全市范围内着力打造优质高效医疗卫生服务体系。

（一）超常规推进“医学高峰”建设

整合建设宁波大学附属第一医院，加速建设省级综合区域医疗中心，推进优质医疗资源提质扩容。市级医院疑难杂症诊治能力不断提升，多个临床专科申报国家、省级临床重点专科建设项目，宁波市第一医院、宁波市第二医院、宁波市医疗中心李惠利医院在绩效“国考”中连续三年稳居A+行列。

（二）高标准打造县级医疗卫生高地

创新打造“城市医联体＋县域医共体”工作模式，发挥县域医共体牵头医院龙头作用，落实市县联动助力县域医共体建设，市县两级专家逐级下沉帮扶机制初步形成。全市县域就诊率连续三年保持在90%以上，基层就诊率持续保持在65%以上。全市二级以上医院80%号源通过网上开放预约，其中40%专家号源向基层优先开放。建成胸痛中心17个、卒中中心18个、创伤中心18个。全市共建成县域临床检验、医学影像、心电诊断、病理诊断、消

毒供应、慢性病诊疗等共享中心47个。

（三）高密度筑牢基层卫生服务网底

实施村卫生室规范化建设，2022年投入建设经费1100万元，新（改、扩）建村卫生室（社区卫生服务中心）55个。持续推进慢性病一体化门诊建设。2022年，投入财政补助3600万元，完成45家慢性病一体化门诊建设。加强基层急诊救治能力建设，持续做好基层特色专科建设。完善家庭医生签约服务政策，创新家庭医生签约多元筹资机制。推广"互联网+家庭医生"线上签约服务，进一步拓展家庭医生签约服务面。截至2022年底，全市家庭医生签约居民总数404.9万人。

（四）高水平推进卫生健康数字化改革

完善"健康大脑+"体系，深入推进"看病就医一件事"、互联网医院、"互联网+护理服务"等便民服务建设。2022年，全市220家医疗机构上线"浙医互认"，实现所有公立医院及大型民营医疗机构全覆盖，累计互认项目超197万个，节省医保基金、个人费用超1.34亿元。"互联网+护理服务"作为宁波居家健康护理样板向全省推广，2022年共提供上门服务2.3万人次，间接为群众节约就医成本690万元。升级"天一甬宁保"惠民型商业补充保险，在降低保费的同时降低起付线、提高报销比例，通过"智慧医保"平台实现"一站式"结算。

四、完善"甬有颐养"，提高养老服务保障水平

随着老龄化社会的加速形成，现有的养老服务供给和养老保障待遇已经无法满足百姓"老有所养""有备而老"的现实需求。

宁波积极应对人口老龄化，加快构建老年友好政策体系，实施居家养老服务设施改造提升工程，扎实推进长期护理保险制度试点，着力从供给侧建

立健全养老服务保障体系。2022年，宁波养老服务领域质量满意度得分位居全国第六。

（一）提升基本养老保障水平

提升基本服务效能。为22万名80岁以上老年人每人每月发放50～800元不等的高龄津贴，为16万名特殊和困难居家老年人每月提供一定时长的免费上门服务，为25万名老人购买老年人意外险，建立面向特殊困难老年人的“探访+帮扶+关爱”三位一体守护体系，实现高龄独居老年人月探访率100%。深化长期护理保险试点，出台《宁波市关于深化长期护理保险制度试点的指导意见》，自2023年起全市近800万名医保参保人员全部纳入长期护理保险保障范围，在省内率先实现“长护险区域、人群全覆盖，城乡、身份无差别”。

优化服务网络布局。结合老年人口分布和失能筛查评估，编制《全市养老服务设施布局规划（2021—2035）》，引领养老服务设施科学布局。构建配置合理、功能完善的城乡居家养老公共服务设施网络，全市已建有乡镇（街道）居家养老服务中心195个、社区（村）居家养老服务站2766个。

提高农村养老质量。强化农村地区刚需老年人照护服务，全面实施农村敬老院改造提升工程，改造提升25家农村敬老院，打造有综合服务功能的区域性养老服务中心。积极探索“互助颐养小院”等新型农村互助养老模式，缓解农村养老难题。

（二）优化升级养老服务功能

推动老年助餐服务全域化开展。在全国率先推进“爱心车轮”老年助餐服务。2022年，启动老年助餐服务“双倍增”计划，新增标准化老年食堂152个。线下，建立完善以老年食堂、老年助餐点、养老机构为主，以社会餐饮企业、单位食堂、邻里助餐点为补充的“3+3”助餐服务网络，构建“城乡15分钟”老年助餐服务圈。老年助餐、配送餐服务基本实现城乡社区（村）全覆盖，服务2.5万老人。线上，部分区（县、市）针对老年人智能手机使用不便等问题，开发智慧平台，老年人可采取刷卡、刷脸等信息化手段享受便捷服务。全力构筑全域数字可送餐网络，上线手机端老年助餐微信小程序，实现便捷线上点单、送餐上门，打通老年人就餐“最后一公里”。

比如，奉化区以“中心食堂＋老年食堂＋助餐服务点＋送餐入户”助餐服务体系为基础，以“五个一”（老人付一点、政府补一点、企业捐一点、菜园供一点、志愿者助一点）运营模式为抓手，不断优化“为老助餐”数字化场景，全力打造老年人“幸福餐桌”；截至2022年底，实际用餐人数达5000余人。2022年，该区依托“数字门牌”打造“为老服务”应用场景，通过微信小程序“手指点一点”，就餐现场“人脸扫一扫”，餐后“满意度扫码测评”，实现老年“共享食堂”线上“预约—点单—支付—评价”。同时，奉化区以为老助餐建设为突破口，坚持扩面提质、拓展功能，全面提升养老服务水平。鼓励有劳动能力、技能特长的老年人适度参与来料加工，全方位满足老年人增加收入、价值创造、沟通交流等方面需求。奉化区还在部分街道（镇）开展为老助餐服务“时间银行”工作，老年人通过帮厨、送餐等累积服务时长，可兑换就餐券、居家养老上门服务券、康复辅具租赁使用券等。

推动居家服务运营专业化。推进“百镇千村”居家养老服务中心提升工程，引入专业化运营机构，统筹推进居家养老服务中心（站点）一体化、规模化运行，形成“服务规模扩大—规模效应形成—服务质量提升—有效需求扩大”的良性循环。截至2022年底，全市35个乡镇（街道）的居家养老服务中心（站）实现一体化运行。

推动失能家庭照料优质化。完成宁波市167.5万名老年人自理能力筛查评估，初步建立失能老年人基础数据库，并依托“甬易养”智慧养老平台实现动态调整。试点建设847张家庭养老照护床位，将机构专业养老照护服务引入失能老年人家庭；为3064户特殊困难老年人家庭安装智能监测设备，守护居家老年人安全。

（三）强化养老服务要素支撑

加强护理队伍建设。出台《宁波市“一老一小”照护人员职业技能培训工作方案》，实施养老护理“百千万”专项培训工程。截至2023年4月，每万名老年人拥有持证养老护理员 33.8 人。新修订的养老护理员特殊岗位津贴标准，从原来的每月 150～300 元提高至 300～1200 元。

提升医养康养服务水平。出台医养结合专项补助政策，政策支持力度全省领先。全市累计建成康养联合体 87 个，围绕急难重症、慢病康养、失能照料三类需求，打造“急症快医、慢病细养、失能近护”三位一体的医康养服务体系。

加快数智养老改革。加快“甬易养”智慧养老综合平台建设，“养老护理培训”成为全省养老护理人员使用的“护理学堂”。“甬易养”入选浙江省民政数字化改革优秀应用，并纳入浙江省养老服务综合绩效评价指标场景。170 家乡镇（街道）居家养老服务中心配备无感服务智能终端。

五、推动“甬有安居”，满足流动人口住房需求

住房既是人民群众最基本的生活需求，也是居民财产的主要组成部分，影响着居民收入分配格局。

宁波是人口净流入较多的城市，全市已登记流动人口达 500 余万。宁波将租赁住房市场发展和构建新型住房保障体系有机结合，构建形成以公租房、保障性租赁住房、共有产权住房为主体，以市场化租赁住房为补充的“3+1”新市民住房保障体系，切实解决流动人口住房困难问题，提高新市民的安全感和归属感，促进房地产市场良性循环和健康发展。

（一）完善住房保障顶层设计

宁波按照“保基本、促发展”并举的原则，进一步建立完善公租房、保障性租赁住房和共有产权住房制度，三种形式的保障房相互补充，共同构建完善的住房保障“三房”体系。出台《关于加快发展保障性租赁住房的实施意见》《宁波市共有产权住房管理办法（试行）》等政策文件，既契合国家顶

层设计又符合实际的新“三房”政策体系已基本构建成形。

（二）优化保障住房空间布局

积极开展《宁波市保障性租赁住房空间布局引导图集》编制工作，围绕产业园区、轨道交通站点、城中村和城乡接合部等重点区域合理布局，进一步引导就业岗位和居住人口空间布局耦合，促进产城共融。充分考虑租赁人群对公交、地铁等公共交通工具的需求，引导租赁住房用地优先向轨道交通站点周边等交通便捷的区域布局。截至 2023 年 4 月，全市累计规划布点 320 个，落实支撑项目点位 217 个。以此为基础，宁波进一步推进城乡接合部和城中村片区改造，合理确定布局点的建设规模和体量。

（三）推动各类保障住房并进

充分发挥公租房保基本功能。提高保障家庭补贴标准，加大公租房精准保障实施力度。截至 2022 年底，宁波共建成公租房 7 万余套，其中政府投资公租房约 3 万套；累计保障家庭 9.82 万户，正在保障家庭 5.53 万户，基本实现城镇中低收入住房困难家庭“应保尽保”。在浙江省率先取消一线环卫工人纳入公租房保障的户籍、社保、年龄、积分评价等限制条件，并采取“货币 + 实物”方式，破解一线环卫工人的住房难题，实现一线环卫工人保障全覆盖。

加速筹建保障性租赁住房。从政策制定、项目推进、要素保障等方面不断谋求突破。截至 2022 年底，宁波建设筹集保障性租赁住房 74381 套（间），“产业园区发展保障性租赁住房”等 8 条经验做法被列入住建部可复制推广经验清单。2022 年 12 月，宁波入选国务院督查激励城市公示名单。

启动共有产权住房试点。浙江省首个配建的共有产权住房项目工程于 2023 年 6 月底竣工交付。全省首宗共有产权住房出让用地——7.39 公顷的应家 2# 地块可新建房源 1438 套。该项目将按照“住房保障 + 人才聚集 + 未来社区”理念要求打造保障性住房标杆样板，采用专业房企（绿城）牵头的全过程咨询模式，包含代建管理、勘察设计、监理、未来社区创建等，充分发挥专业房企开发建设综合优势，高标准、高品质开展建设。

（四）加强租赁市场培育

以中央财政支持住房租赁市场发展试点为契机，不断丰富租赁市场业务种类和模式，引进世联红璞、万科泊寓、龙湖冠寓等全国性品牌公寓运营商。截至2022年底，全市运营1000套以上房源的规模化住房租赁企业有20余家。同时，宁波积极应对新冠疫情影响，强化职工租赁住房消费支持力度，提高住房公积金提取月度限额。

第五章　重视文化发展和精神富有

仓廪实而知礼节，衣食足而知荣辱。共同富裕是物质充盈和精神丰实相辅相成的结果，与人的全面发展高度统一。满足人民群众多样化、多层次、多方面的精神文化需求，促进人民精神富足，能够推动社会正能量传播，为实现中国式现代化、实现共同富裕提供强大精神动力。

宁波立足“红色根脉”，着力提高社会文明程度，推行文明新风，以推进全域文化艺术体育事业繁荣发展为抓手，以推动人的全面发展为落脚点，不断提升群众的参与度和获得感，“全民精神富有”的图景更加清晰。

精神文明建设卓有成效。2022 年，居民综合阅读率达到 92.5%，人均文化娱乐消费支出占比达到 9%，人均体育场地面积达到 2.822 平方米。

公共文化空间持续拓展。截至 2022 年底，实际建成“15 分钟品质文化生活圈”860 个、城市书房 20 家、文化驿站 10 家。

甬城文明风尚蔚然成风。护送老人、事故救助等道路文明“暖心”事不断涌现。在宁波，214 万名注册志愿者、1.4 万多个志愿服务组织年均开展活动 10 万多场次，打造了“15 分钟志愿服务圈”。

一、积极塑造新时代文明新风

强化社会主义核心价值观引领，加强爱国主义、集体主义、社会主义教育，创建修德扬善的文明之风，发展公共文化事业，完善公共文化服务体系，可以切实提升群众的精神富足感。

宁波持续推进全国文明城市、文明典范城市创建，测评成绩保持在全国前列，形成一批“文明典范村（社区）”“文明典范精品线”。建成10个区（县、市）新时代文明实践中心、156个乡镇（街道）实践所、2768个村（社区）实践站，形成了群众身边的文明实践阵地网络，打通宣传群众、教育群众、关心群众、服务群众的“最后一公里”。“在宁波，看见文明中国”城市品牌更加闪亮。

（一）广泛开展主题教育

组织深入基层的品牌宣讲。组织开展了“喜迎二十大·同走共富路”群众性主题实践活动，深入开展“学党史、办实事”新时代文明实践“万千百”行动、“学习贯彻二十大、文明实践进万家”主题活动。“幸福巴士”微党课、“鄞铃”文艺微党课、“后浪”青年宣讲团等品牌宣讲深入基层，把理论讲到党员群众的心坎上。推动党的创新理论“飞入寻常百姓家”，成为全国宣传工作典型教学案例。

开展多种形式的主题教育。开展百年奋斗党史、新中国史、改革开放史、社会主义发展史等主题学习教育，连续三年举办社会主义核心价值观进爱国主义教育基地活动，组织开展覆盖全市的红色故事讲解大赛、红色百姓故事汇等活动，面向青少年开展各类沉浸式红色体验教育，培育建设爱国主义教育基地志愿服务团队。

（二）积极创建文明城市

创新责任机制，实行文明委“双主任”制，建立完善“点线面”责任落实闭环机制和领导联区包片督导机制。

开展城乡环境秩序整治，“五月会战·百日攻坚”行动266个重点项目全部完成，高标准实施“七个周边两部位”“三路两侧”“一村一区两场所”专项整治行动。

优化城市空间风貌，新增“席地而坐”示范区38个，建成“五化”农贸市场67家，实施119个“创意点亮城市角落”项目，300多个老旧小区、背街小巷完成微改造、微提升，“最美上学路”“共享花园”“共享客厅”成为全国知名网红打卡地。

以数智赋能文明创建，“浙里甬文明”入选2022年省数字化改革最佳应用和省宣传思想文化工作创新项目。

（三）深入开展道德培育

树立道德榜样。完善“道德模范”“最美人物”等四级道德荣誉体系。中宣部授予钱海军“时代楷模”称号。2022年，宁波共打造了10条道德模范宣传展示街，建成5个道德模范工作室，评选宁波好人189人，其中浙江好人33人、中国好人6人；还评选了市级“新时代好少年”20例。

持续关爱未成年人。守护未成年人健康成长，青少年成长守护网络平台直达指尖，“未成年人15分钟活动圈”构建更加完善。关注未成年人心理健康，开展367场未成年人心理健康“四进四常”宣传教育活动。关爱孤困儿童，开展暑期关心关爱留守儿童、困境儿童系列活动，建设乡村“复兴少年宫”，建成“春泥计划”实施点2000余个。

（四）深化拓展文明实践

开展各类文明实践活动。推进新时代文明实践中心（所、站）建设。“浙江有礼·宁波示范”市民文明素质养成行动深入推进，10张县域“有礼”金名片各美其美，全民学礼践礼在宁波蔚然成风。组织开展节日民俗、文化娱乐、国学经典、志愿服务、移风易俗等群众性活动。深入开展“我为群众办实事”活动，112万余名群众受益，形成一批有成效、有影响、有特色、受欢迎的品牌项目。

构建精准触达的志愿服务体系。全面实施《宁波市志愿服务条例》，开展各类志愿服务活动3万多场次。拓展新型公募方式，开展“甬爱一元捐”“甬捐”“公益供电宝”“空调助学”等志愿服务公益项目。

二、文旅体融合，助力全民精神共富

繁荣文化旅游产业，通过发展体育满足全民健康需求，是顺应人民对高品质生活期待的内在要求，推动全体人民共同富裕取得更为明显进展的重要内容。

宁波聚力推动文旅体融合发展，打造四明山唐诗之路等文旅融合精品线路，大力发展滨海休闲旅游与水上运动，积极创建国家文化和旅游消费试点城市，文旅体活动和消费氛围日益浓厚。

（一）高水平建设诗路文化名城

宁波将诗路文化带建设作为推动港城文化发展繁荣、建设“重要窗口”的有力抓手，从规划、方案、政策、法律层面一体谋划，出台《宁波市大运河世界文化遗产保护实施办法》等文件，明确以大运河海丝文化为主动脉，构建“一脉三片，四区七园”的空间发展格局，统筹推进一批诗路名镇、诗境名山、诗路水脉、诗意古道等建设，擦亮诗路璀璨“珍珠”。

推出一批精品线路和旅游品牌。打响“顺着运河去看海”旅游品牌，举办“世遗运河助力共同富裕”主题活动。加快培育诗路文化带沿线工业旅游、中医药文化养生旅游、采摘旅游等融合业态，推出运河出海风情线等精品路线，打造“感怀历史沉淀，寻根海防文化游”等非遗主题旅游线路，让“村落成景区、民房成民宿、劳作成体验、农副产品成旅游商品”，有效带动乡村共富。

（二）建立全民健身的立体网络

差异化打造全民健身空间。重点推进群众身边的全民健身设施网络和城市社区 15 分钟健身圈建设。其中，新建小区、公园绿地、街道社区按规定配建体育场地面积 3 项指标做到全国领先。大力建设奥体中心和乡镇全民健身中心等公共场馆，每年新建体育公园（体育设施进公园）10 个以上。实施“体育 + 公园绿地”“体育 + 金边银角”“体育 + 山水资源”等举措，走出一条具有宁波特色的全民健身发展之路。

广泛开展体育赛事活动。元旦迎新长跑、宁波市足协杯足球赛、“博洋杯”围棋霸王赛等众多市级传统赛事活动成为品牌。宁波市全民运动会、社区运动会、三江六岸健步走、美丽乡村健身行等全新赛事活动，也已形成广泛影响。鄞州龙舟、奉化气排球、象山帆船、北仑排球等“一县一品”形成规模体系。全国社区运动会（宁波赛区）奉化站暨 2022 天妃湖首届公开水域游泳邀请赛、2022 年浙江省青少年赛艇锦标赛等水上体育赛事，助力水上体育运动走入大众视野。

（三）打造“体育 + 旅游”产业体系

宁波持续推进“体育 + 旅游”融合发展，构建体育旅游产业圈，积极打造精品赛事活动，夯实优化体育旅游基础，努力营造体育旅游消费氛围，做大做强体育旅游产业。促进梅山湾、象山港、亚运城串珠成链，将“北纬 30 度最美海岸线”打造为宁波城市特色名片。借举办亚运赛事之机，筹建海上运动中心。宁波湾旅游度假区作为宁波打造现代化滨海大都市的南部“滨海会客厅”，立足“康养旅居城 运动大景区”的建设定位。天妃湖、六码头、“欢乐滨海”等标志性景点设施成为宁波和周边城市居民节假日休闲游玩的网红地。打造“春铁、夏泳、秋帆、冬马”特色运动赛事，开放六码头及“欢乐滨海”露营基地。体育旅游产业还带动周边民宿、农家乐、餐饮业繁荣发展，带动农民就业增收，推动农民就地城镇化。这些措施不仅满足了宁波市民乃至长三角游客对“体育 + 旅游”的综合需求，更满足了人民群众对美好生活向往的精神需求。

三、文化艺术赋能，激发城乡内生活力

优秀传统文化是实现共同富裕的重要价值依托和力量源泉。艺术的普及既能增强城乡居民审美韵味、提升居民的文化品位，又能通过文化产业的植入带动全民增收致富。

宁波持续推进传统文化群落和非物质文化遗产的保护。聚力打造“一村一品”文化品牌，推进“一人一艺”艺术普及工程，实施“百镇千村”文化惠民工程。

（一）艺术赋能，高水平谋划共富图景

宁波积极探索艺术赋能振兴乡村之路，用艺术激活乡村资源，激发内生动力，赋能乡村产业，美化乡村环境，提升乡风文明，差异化打造不同类型的艺术赋能村，助力乡村共富。宁海率先启动“艺术振兴乡村”计划，通过校地协同激发村民参与乡村共建，形成一大批“乡村创客”业态品牌，实现家门口创业致富。在宁海葛家村进行首场“艺术家驻村”试验，引进中国人民大学艺术学院团队与村民共同设计改造，在村子里打造出40多个艺术共享空间、300多个文创产品，已形成可复制可推广的实践经验。比如，城杨村依托该模式，优化了村风村貌，开阔了村民眼界，村集体经济年增收近40万元。

（二）文化先行，高质量打造品牌项目

挖掘保护传统文化群落。推进天一阁博物馆新馆、非物质文化遗产馆、河海博物馆等文化地标项目建设，打造河姆渡文化遗址群、海上丝绸之路始发港、上林湖越窑遗址、慈城千年古县城等文化群落。其中，井头山遗址入选2020年度全国十大考古新发现，河姆渡遗址入选全国“百年百大考古发现”。

推进非遗保护与专著编制。天一阁古籍修复技艺、红帮裁缝制作技艺、象山竹根雕技艺入围第五批国家级非物质文化遗产代表性名录；新增市级非遗项目 55 个，7 个乡镇入选第二批市级文化传承生态保护区。出版发行《运河棹影》《慈溪秘色瓷》等图书，编排《听·瓷》《君子成忠》等文艺精品。开展大运河（宁波段）基础史料收集整理工作，推进《浙水遗韵宁波卷》等专著编制。

（三）创新引领，高品位传承宋韵文化

宁波深入实施宋韵文化传世工程。打造慈湖、月湖、东钱湖“三湖宋韵文旅带”，形成宁波宋韵文化主轴线、大圈层。成立浙江省宋韵文化研究中心宁波研究与实践基地，构建宋韵文化智库。发布《宋韵文化手绘地图》，全面呈现宁波宋韵文化遗产。

宋韵文化不仅落脚于市区，同样走进山村乡野。2022 年，东钱湖俞塘村“乡村振兴·共同富裕”项目启动实施，打造宋韵耕织园、火车主题商业区、帐篷露营基地、水上游乐区等区域。“耕织宋韵，秉承农遗”俞塘乡野艺术节、鄞州味道品鉴沙龙等活动推高了俞塘乡村旅游热度。点茶、焚香、挂画、插花等宋代美学生活与水果采摘、水稻收割、抓鱼摸虾等农耕文化并存。俞塘村以农耕文化为突破口，实现传统文化与新兴载体的融合。

第六章　促进生态文明有机统一

“绿水青山就是金山银山”。良好的生态环境是最公平的公共产品、最普惠的民生福祉。

宁波始终坚持“生态立市”，深化生态文明示范创建，自觉推动绿色发展、循环发展、低碳发展，倡导绿色生产、绿色生活，全方位建设低碳城市，积极推进生态产品价值转换，拓展强村富民、共同富裕的新渠道，实现生态环境保护与经济高质量发展协同共进。

空气环境质量稳中有升。2022 年，宁波中心城区大气环境质量综合指数为 3.16（数值越小越好），PM2.5 浓度为 22 微克 / 立方米，中心城区空气质量优良天数占比为 89%，在全国 168 个重点城市中排名第十七。

垃圾分类工作硕果累累。宁波全市城乡垃圾分类覆盖率达 100%，资源化利用率达 100%，无害化处置率达 100%，城乡生活垃圾总量保持负增长。

“甬有碧水”攻坚成果显著。2022 年，全市污水处理量为 8.4 亿吨，污水处理率为 99%，COD（化学需氧量）减排总量为 16.9 万吨。断面水质创历史最优，地表水国控、省控和市控断面优良率分别为 100%、96.3% 和 93.6%。县级及以上饮用水源地水质常年保持 100% 达标率。截至 2022 年底，累计创建市级美丽河湖 84 条（个），贯通滨水绿道 660 余千米，共有国家级生态文明建设示范县（区）5 个、国家级“两山”实践创新基地 2 个。

一、积极推进碳达峰碳中和，协同开展减污降碳

宁波作为全国低碳试点城市，把碳达峰碳中和作为全市生态文明建设的关键维度，围绕能源、工业、建筑、交通等关键领域推动绿色低碳转型和试点建设，形成碳达峰碳中和“1+N+X”总体政策体系，实现降碳、减污、扩绿、增长有效协同。

（一）构建绿色低碳能源体系

发挥天然气在能源转型过渡期的重要作用。增大天然气使用占比，扩大气电规模，完善天然气接收运输等基础设施。比如，将于2025年建成的浙江LNG（液化天然气）三期项目，每年能减排二氧化碳1882万吨，相当于植树造林4000万棵。

挖掘新能源供给增量，因地制宜实施“风光倍增”计划，全面布局“光伏+”十大工程，推进氢能示范应用。2021年投产国电象山1号海上风电场一期、2022年开建二期项目，象山南部区域率先实现全绿色电能供电。海曙区龙观乡全国首创“光伏版”乡村振兴，李岙村、大路村、龙谷村、雪岙村等先后建成光伏村，在推动减排的同时为本地创收。

推动传统煤电企业清洁化、低碳化转型。北仑电厂主动顺应能源变革，拓展新能源发电、更新高效能发电机组，实现节能减排，从世界级传统燃煤电厂发展成为“火光联动”的综合能源企业。

（二）构建绿色循环制造体系

开展绿色制造示范。建立健全星级绿色工厂、绿色园区等评价指标体系，开展清洁生产审核，引导制造业企业开展绿色制造技术改造，分级分类创建绿色工厂、绿色园区，设计绿色产品。镇海、北仑、大榭以龙头企业为重点打造绿色产业链，形成绿色石化产业集群。北仑开展小微园区环保“绿岛”

集成改革，针对工业集聚区（小微园区）及入驻企业，通过环评项目审批政策简化优化、治污工程共建共享、“环保绿码”智能监管等举措降低企业绿色转型成本，提高环保成效。

积极创新企业环保信用评价与绿色金融产品。2021 年，推出“绿色工厂贷”“亩均效益提升贷”等绿色金融产品。2022 年，建立宁波企业碳账户体系，并启动碳资信评价服务，建立起标准的企业碳资信评价工具、碳资信应用服务平台以及碳信贷、优质项目库等“碳资信 +”多跨应用。

（三）构建绿色节能建筑体系

宁波市全面推行绿色节能建筑，提升建筑能效。提高新建建筑节能设计标准，将低能耗建筑基本要求纳入工程建设强制规范，全市每年新建建筑中达到绿色建筑标准的比例达 100%。加大既有建筑节能改造力度，以未来社区创建、城镇老旧小区改造为契机，推进既有居住建筑节能改造。启动江北老旧小区“+ 海绵”改造等试点示范项目。同时强制推动既有公共机构建筑和国有企业所属建筑改造项目同步实施节能改造。扩大可再生能源建筑应用规模，提升建筑可再生能源应用标准。推广装配式建筑和绿色建材，引导装配式建筑从民用建筑向工业建筑转变，通过政府采购支持绿色建材应用。

（四）构建绿色智慧交通体系

面向货运物流，优化运输结构。持续推进大宗货物“公转铁”“公转水”，建设“双层集装箱海铁联运”“全国海铁联运示范工程”交通强国试点，推进梅山二期低碳码头等低碳枢纽标志性项目。突出货运车辆的大型化、厢式化、专业化，发展网络货运等新业态，实施城市绿色货运配送。

面向大众出行，建设公交都市。宁波强化公共交通优先发展，从体制机制、基础设施、出行服务、信息开放等多方面完善绿色出行体系，推动轨道、公交、慢行交通三网融合，创新“P+R”停车场、“轨道交通 + 网约车”、公交导盲系统、“移动数字交通卡”等做法，提升市民公交出行环境。截至 2022 年底，轨道运营里程达 186 公里，中心城区公交日均客运量达 130 万人次，绿色出行比例达到 76.7%。

优化交通装备结构。完善供电、加气等配套设施，加大新能源和清洁能源车船在城市公交、出租汽车、城市配送、邮政快递、港口等领域的应用力度。

二、实施“甬有碧水”攻坚行动，持续提升全域水环境

2022 年，宁波启动“甬有碧水”攻坚行动，深化“污水零直排区”建设，水安全、水环境、水生态、水景观等多方面持续提升，构建起人水和谐的“幸福河”。

（一）建设“污水零直排区”

早在 2016 年，宁波就在全省率先创建“污水零直排区”，构建起从治标向治本转变的治水长效机制。2021 年以来，宁波持续完善“河湖圈”各级河湖长责任体系，提升甬江、奉化江、余姚江等 166 条一级支流水质常态化监测频次（每月至少一次），推进入河入海排污口排查整治，修复河湖生态缓冲带，全市基本建成“污水零直排区”。

（二）完善治水基础设施

重点加强治水基础设施新建、改造、运维工作。2022 年，全市 32 座集中式城镇生活污水处理厂完成技术改造，日处理能力增加至 262.7 万吨。新改建污水管网 112.56 千米、雨水管网 175.82 千米，实现管网清淤疏浚 4771.98 千米，检测排水管网 1000 千米以上。新建、提标改造、标准化运维农村生活污水处理设施，农村生活污水治理行政村覆盖率超过 66%。2023 年初，江北高效利用地下空间打造的全市首座下沉式再生水厂进入试运行阶段，服务人口近 30 万，有效破解了江北区污水长距离跨区输送的难题，提升了流域水净化能力及周边生态环境品质。

（三）科技赋能数智治水

利用卫星遥感、无人机、无人船、水下机器人等现代科技，宁波构建起“空—天—地”立体遥感监测体系，全面提升了水环境治理效率和治理能力。江北区应用“AI 遥感”技术对全域 240 余条河道实施快速监测，高新区“水空一体化”系统对全域 2.2 平方千米的水域及周边环境进行动态监测，北仑区推动河道智能化溯源项目加快问题发现速度。

三、推动生态产品价值实现，激发生态环境保护动力

生态产品价值实现的核心要义在于推动自然生态资源与经济、社会、文化、环境等多元要素融合，将生态产品所蕴含的内在价值转化为生态效益、经济效益和社会效益，实现经济可持续发展。

在《生态系统生产总值（GEP）核算技术规范（陆域生态系统）》等省级标准指导下，宁波以四明山、宁海、象山等地为试点开展 GEP 核算与应用，深化“海上两山合作社”改革，着力解决生态产品“难度量”“难抵押”“难交易”“难变现”问题，以机制创新畅通“绿水青山”向“金山银山”转化通道，激发全社会保护生态环境的动力。

（一）试点先行开展 GEP 核算应用

宁波以四明山区、宁海、象山为试点，率先开展陆域、海域 GEP 核算与应用。位于四明山区的龙观乡作为全国首个“生物多样性友好乡镇”，在全省率先开展乡镇级 GEP 核算，以 GEP 核算结果指导后续产业规划，招引高端优质产业，打造全球首个“寓建光伏”产业模式，开设华东地区首个生物多样性友好体验馆，将生物多样性调查成果应用于生态农业、生态旅游、生物科研等领域，以“碳标签”为茶产业赋值，将生态效益转化为经济效益，形成“投资自然”的生态共富新格局。象山县在浙江省先行开展涉海地区 GEP 核

算，推进海域、滩涂、沙滩、岸线等生态产品价值转化，举办全国首单“蓝碳”拍卖，开创了“蓝碳”变现新渠道。

（二）深化“两山合作社”改革

2022年，象山县以生态产品价值高质量、高效率转化为目标，率先开展“海上两山合作社”改革，组建海上两山生态资源开发有限公司，打造“分散式输入、集中式输出”的海洋生态资源收储开发新模式，构建政府引导、企业和社会各界参与、市场化运作的生态资源资产运营开发体系。同时，创新浅海滩涂养殖用海“三权分置”、海域分层确权使用等配套改革。

四、推进固废资源化利用，打造全域“无废城市”

2022年，宁波入选国家“无废城市”建设名单，发布《宁波市全域“无废城市”建设实施方案（2022—2025年）》，率先在塑料污染治理、生活垃圾分类等领域实现突破，引导全民践行绿色生活方式。

（一）从源头治理塑料污染

推广一次性塑料制品减量替代，禁限/管控不可降解塑料袋、一次性塑料餐具、宾馆酒店一次性塑料用品、快递塑料包装等产品。结合“五化”改造，全市农贸市场严格执行“限塑”规定，建立购物袋（布袋子）集中购销和有偿提供制度，逐步禁用不可降解塑料袋。

针对电商、快递、外卖等新兴领域，推行塑料减量和绿色物流模式。宁波邮政业已开展快递绿色包装标准化试点示范建设，推动包材源头减量、循环利用，推广商品原装直发，基本实现快递末端网点绿色包装回收区全覆盖。

（二）数字赋能垃圾分类“三全”迭代提升

宁波深化打造“分级管理、数据互联、过程上链、统一智治”的垃圾分类治理模式，开发垃圾分类服务监管信息化系统，实现垃圾“全品类、全过程、全智治”数字化监管，生活垃圾分类工作进入 3.0 智治赋能时代。

2021 年，宁波市迭代升级“搭把手”智能回收站点，运用区块链、人脸识别、物联网、AI 图形识别等技术，推广全品类生活垃圾分类智能回收箱，实现居民小区全品类垃圾源头精准分类。

2022 年，宁波城区全面推行“定时定点 + 智慧收运”，建立生活垃圾“公交化”智慧收运模式。鄞州、海曙等地在规划“公交化”收运线路的基础上，借助智慧收运系统、“一车一线”全过程“跟车式”数据采集、收运点位“一站一码”等数字化手段破解生活垃圾收运监管难题。

第七章　创新社会治理模式

让人民生活幸福是实现共同富裕的应有之义。通过提升社会治理水平，降低社会运行成本，减少社会矛盾和冲突，为共同富裕营造舒心安心放心的社会环境。

宁波不断创新社会治理模式，完善党委领导、政府负责、社会协同、公众参与、法治保障的社会治理体制，打造现代化社会治理格局，稳步树立人民安居乐业、社会安定有序的平安宁波形象。

基层治理创新不断深化。“村民说事”“乡贤参事”“小微权力清单 36 条”等村（社区）议事机制全面推广。北仑工业社区省级试点建设加快推进。截至 2022 年底，全市累计创建省级善治示范村 1218 个。

便民政务服务逐渐优化。便民服务“一件事”集成改革深入推进，政务服务 2.0 平台以及“浙里办”App 等应用逐渐推广。

矛盾纠纷调解日见成效。“乡村检察官”“共享法庭”“移动微法院”等矛盾调解新模式逐步推广，诉源治理进一步深化。

群众满意度安全感逐步提升。2022 年，群众获得感幸福感安全感满意度达到 99.3%。“甬有食安”行动进一步推进，平安小区建设覆盖率超 30%。

一、探索多样化基层治理模式

良好的基层治理模式能够充分调动积极性创造性，提高群众共富主体意识，吸引更多群体为社会治理出谋划策，形成共治共享共富的社会治理格局。

宁波因地施策，聚焦基层空间治理网格，推动治理模式多样化，立足群众现实需求，强化党建引领、群众参与、社会协同，建设人人有责、人人尽责、人人享有的社会治理共同体，实现共建共治共享。

（一）打造社区治理全新格局

聚力共创老旧社区治理和服务新模式。聚焦老旧社区治理关键事项，推进社区各方参与，突破城市老旧社区要素资源投入限制，有力提升治理效率。鄞州区白鹤街道老旧社区治理成果显著，打造街道赋能型社区治理中心，集聚各方共同参与社区治理，实施“三票两会”决策机制，把小区重大项目、重大经费支出、重大人事变动、物业企业选聘解聘等涉及利益群体较多、经费金额较大、问题困难较多、决策风险较大的17个事项列入小区“协同议事”主要内容，建立重大事项“三票两会”程序，有效解决各类社区事务中多方主体参与不均、协调不畅难题。

扎实推进工业社区建设。构建科学化的治理机制，建立公共服务中心，承接政府下放的公共服务和社会管理职能。形成精准化的服务模式，根据地理位置、产业类型、区域组成差异提供精准服务，构建符合各自园区发展需求的清单化、项目化的服务体系。

北仑工业社区围绕建设“园区治理和产城人融合型”共同富裕基本单元，聚焦“企业高质量发展、职工高品质生活”，在浙江省首创独具特色的“企业园区化、服务社区化”工业型社区服务形态，服务范围覆盖6000余家工业企业和近40万名产业工人。迭代升级社区服务供给、资源共享、产业共荣等十大服务场景，构建“管家包联”“家园共建”等十大工作机制，形成“亲清家园”“法管家”等十个服务案例，不断增强工业社区管理服务能力。同时将服务企业成效和企业满意度测评作为对社区工作人员的考核依据，企业和园区每年对社区服务的满意率高达99%。

专栏一　工业社区助力共同富裕的北仑模式

近年来，宁波市北仑区紧紧围绕建设“园区治理和产城人融合型”共同富裕基本单元，聚焦企业高质量发展和职工高品质生活双重目标，将城市居民社区治理理念在工业园区进行创新实践，探索打造了在浙江乃至全国都独具特色的工业型社区形态。

作为“工业”与“社区”的结合体，工业社区充分考虑地理位置、产业类型、市场主体、区域配套等综合因素，在工业集聚区实行社区化管理服务模式，呈现出“企业园区化、服务社区化”的总体特征。

目前，北仑区建成了以大港、灵峰、春晓湖等为代表的16个工业社区，服务范围覆盖6000余家工业企业和近40万名产业工人，形成了“看得见、摸得着”“企业和职工双向奔赴”的共富场景。

（一）“一个合力＋十项机制”，绘就共同富裕蓝图画卷

长期以来，工业园区是地方经济发展的重要载体，但普遍存在“经济功能强、社会功能弱”的问题，小规模的政府服务难以支撑大体量企业、多元化群体的生产生活需求。工业社区以组织体系的创新推动管理体制改革，变“工业集聚区”为“社区共同体”。

党建规划引领，凝聚发展合力。北仑区以党建为引领，凝合党的政治优势和组织优势，通过构建纵向全贯通、横向全覆盖的服务链，推动工业社区全面发展。纵向上，北仑区自上而下构建起区委、街道党工委、工业社区党组织、企业党组织四级党的组织体系，打造全覆盖的组织链；横向上，以“片区网格”为单元，按照管理幅度适中、产业相对集聚原则，划分出16个

片区，组建工业社区开展服务。

建立系统机制、强化主体责任。工业社区通过一个规划引领、一个组织链接、一个平台服务、一名管家包联、一支队伍下沉、一个家园共建、一个闭环攻坚、一套标准规范、一套机制保障、一项改革赋能，打破了条线分割的业务板块，以整体观念、系统方法整合资源，凝聚起服务中小企业和产业工人最广泛的力量。在“十个一”工作机制下，党建及城乡社区规划发挥引领性作用，统筹推动工业社区重要制度设计、政策措施、资源要素的时空安排；区域性党组织、工业社区党群服务中心发挥平台作用，是工业社区链接各方、共享资源的载体；社工“管家”、干部服务队、社会组织是推动工业社区自治善治共治的主体力量；“锋领企服”机制、工业社区服务标准规范、党建统领机制、数字化改革是工业社区提供高质量全覆盖服务的四项保障。十大机制彼此互嵌，形成金字塔型“大党建、大服务、大治理”格局。

（二）“集群发展＋融通发展”，服务企业做大“蛋糕”

扎实推进共同富裕，既要持续创造经济增量，又要实现发展的平衡性、协调性、包容性。作为经济价值创造的重要主体，大中小企业优势各异、能力互补，必须建立共生共荣意识，强化资源开放和产业协同，在融通发展中共同壮大社会财富规模。工业社区积极探索产业集群发展和大中小企业融通发展模式，构建大中小企业相互依存、相互促进的企业发展生态，助力企业以抱团取暖之势，在百年未有之大变局下，努力做大经济增长“蛋糕”。

推动产业集群发展和企业梯队培育。工业社区立足基础优势，明确新材料、新能源、智能装备、集成电路等九大重点产业链发展方向，建设产业链共同体，实现一链多环节的梯次关联与协作整合，探索建立面向未来、创新活跃、具有持续增长动力和全球竞争力的新型工业体系。在企业培育上，引导小微企业做优做强，引导中小企业做精做专，制定“一企一策”培育方案，建立小升规—创新型中小企业—专精特新企业—小巨人企业的梯度培育体系。在技术创新上，整合辖区科研院所人力资源，打造工业社区“最强大脑”，以物流、模具和药物三个领域为试点，为企业高质量发展提供技术支撑。

推动大中小企业融通发展。工业社区建立服务共给、资源共享、发展共助、产业共荣、困难共帮、公益共创、社群共建、文化共识、园区共治等十大服务场景，推动形成“大手拉小手、先富带共富”的生动局面。以困难共帮为例，整合园区内具有专业资质的电工组建共享电工团队，制作并公开“电工通信录”，为难以配备专职电工的中小企业上门服务，降低中小企业聘用电工成本，消除园区生产用电安全隐患。在资源共享方面，在疫情期间，通过灵活盘活园区货运资源，适时搭建“共享货车”供需平台，帮助59家企业解决物流困难。在发展共助方面，借鉴拼多多理念，推出拼单团购针线、封胶带、A4纸、刀片等共享供应链服务项目，帮助100多家企业降低采购成本。

推出共性化助企服务项目。工业社区积极推动与高校、金融机构、供电部门等共建结对，创新个性化服务载体建设，帮助企业解决合同纠纷、融资投创、园区微创意改造等难题。比如，针对2022年8月后不少中小微企业订单断崖式下降情况，工业社区及时组织“法管家”走进267家中小微企业开展劳动用工体检，通过制度规范、源头把关帮助企业规避用工风险，提炼形成《民营企业风险防控16招》；针对企业融资投创难和节能减排难，牵手“金融管家”，推出“无还本续贷”“免息灵活贷”等专属金融政策；在节能减排方面，牵手“电管家”，为百余家企业解读市场化售电政策，推出“碳资信”、空压机节能减排抱团服务等业务，帮助企业降本增效。工业社区已推出“法管家”“金融管家”“电管家”“美丽管家”“健康管家”等七大管家助企项目，不断为企业转型发展、蓄能升级“输血供氧”。

（三）“五社联动＋需求导向”，助力产业工人向上流动

深化产业工人队伍建设改革，既是实现高质量发展的重要保障，也是提高产业工人自身收入、扩大中等收入群体的有效途径。北仑工业社区以服务人的全面发展为理念，通过政府职能部门服务下沉、社会资源链接、社会组织培育、社区资源共享，实现对产业工人全方位的服务，促进产业工人高质量就业，解决教育、医疗、住房等“软基建”问题，努力创建产业工人的美好生活。

健全社区就业公共服务体系，实现社区职工安心就业。工业社区推出一对一帮扶、线上线下组团招聘、打造就业实习实践基地等就业促进服务，逐步形成引才影响力。针对高校毕业生就业问题，春晓工业社区培育企业书记、企业人事部门负责人成为“直播达人”，开展线上直播招聘；金创工业社区组织企事业单位开展“请进来，走出去”活动，推动与宁波大学梅山校区、北京航空航天大学宁波创新研究院、吉利汽车等共建就业实践基地，共育专业人才项目。为帮助残疾人等困难群体就业，工业社区特设立“工疗车间”，为残疾人安排可胜任的质检等职位，并提供康复治疗、心理疏导、生活照料等全方位服务，提升低收入群体收入，助力残疾人“就业增富”。在职工家属增收方面，北仑霞浦物流工业社区针对集卡司机家属“卡嫂”，打造“卡嫂共富工坊”，通过“共富课堂”为集卡家庭提供技能培训、链接就业信息等服务，不断激发致富活力，增强集卡家庭共富效应。

提供全面社会保障服务，实现社区职工安居乐业。在教育方面，小港工业园区率先探索工业社区嵌入式幼儿园建设，2021 年首家 5 班规模的嵌入式幼儿园获批设立，切实满足流动人口随迁子女就近入托入读优质普惠园的需求；横河工业社区针对寒暑假职工子女托管难题，借助企业冠名资助，连续 10 年举办假日学校，以学校教师、大学生组建师资队伍，通过多元教学模式，排定适宜教学内容，丰富和温暖孩子假期。在医疗卫生方面，工业社区逐步实现医保事项网上办、掌上办、自助办，并及时调整省内异地就医免备案等异地就医结算管理服务，配合“云医院”，实现医保结算“云审批”；灵峰工业社区与宁波大学附属第一医院签订服务协议，若遭遇突发事故，为企业职工开通重病绿色通道。在住房保障方面，工业社区深入实施青年安居和租房保障工程，累计新建、盘活租赁房源 7880 套，同时强化青年住房保障，持续扩大青年公寓政策受惠面，在青年公寓按比市场价低 20% 的价格向青年出售的基础上，将青年公寓购房补贴款 50% 纳入首付。在社会保障服务供给环节中，工业社区还探索引入社区职工志愿者队伍，鼓励职工通过志愿参与治安、帮老助残、扶幼助弱等公益活动赚取积分，以此兑换优先托幼、优先保障住房等服务，实现社区资源内循环，形成暖心服务双传动的互助生态。

构建政企社协同人才培育机制，实现社区职工高质量成长。工业社区携手企业、专业院校和培训机构，首创“工匠学堂”、升级现代学徒制、推出多技能培训课程、落地社区技能评价，构建产教训融合的新时代浙江工匠培育机制，实现社区职工阶梯式、全方位、高质量成长成才。目前，工业社区通过“工匠学堂”等形式，累计培训职工 7.6 万人次，其中 4363 人获得相关资格证书。持续的技能提升帮助社区职工收入实现稳步增长。

构建高品质公共文化服务体系，推动实现产业工人精神富有。工业社区以“15 分钟生活圈”探索高品质精神文化服务供给，依托党群服务中心，引进社会力量，通过整合“老资源”，投入“新设备”，创建“15 分钟阅读圈”“15 分钟文化娱乐圈”“15 分钟健身圈”等文化服务生态。为营造社区“家”文化，丰富“8 小时外”文化生活，灵峰工业社区于 2016 年建成职工文化活动中心，集成健身活动、教育培训、休闲娱乐、宣传展示、心灵港湾、智慧服务等综合功能，为社区员工文化生活提供硬件支持，开展的社区篮球赛、运动会等活动，让所有企业，特别是中小企业员工获得归属感。以评奖评优增强职工政治待遇，工业社区大力开展各项评优评先活动，充分宣传劳模、工匠先进事迹，树立产业工人引领标杆，并注重在产业工人中发展党员，把技术能手、首席工人、港城工匠等优秀人才优先吸收到党组织中来，提升社区职工的社会认同感。

健全慈善援助体系，守住兜牢民生底线。工业社区与工会、慈善总会携手，发动企业、社会组织共同参与，围绕工业社区生产、生活需求，建立起丰富的公益项目，打造了“欣苑爱心社”“融心慈善基金”等一批特色品牌，建立弱势群体帮扶救济长效机制。百合工业社区早在 2012 年就已成立北仑区首家社区慈善组织“欣苑爱心社”，并设立“欣苑爱心基金”。横河社区“融心慈善基金”自成立之初就由“融心”慈善协会制定了基金使用管理办法，明确了“企业捐赠款项将全部用于被捐赠企业职工的扶贫帮困”的原则，并详细规定了基金募集方式、账目管理和公示、救助项目及企业职工、居民求助程序等内容。目前，工业社区还活跃着臻心基金会、“红石榴”企业家爱心联盟等多个帮困特色组织，募集帮困基金约300万元，已对千余人施以援手，形成工业社区帮扶救济特色。

（四）“快速响应＋数字平台”，建立动态精准服务机制

作为国家治理“细胞”的基层治理，不仅关系着社会的平安与稳定，而且关系着人们的活力与幸福。基层强则国家强，基层安则天下安。在实现共同富裕的过程中，北仑工业社区作为基层治理的排头兵，探索出一条服务企业、群众的新路径。社区建立健全工业社区组织管理体系，并通过数字化改革，有效减少职责交叉、条块分割、各自为政等治理“碎片化”现象，实现企业需求快速响应、社区服务精准制导。

建立“呼叫解决”闭环机制。工业社区创新“组团帮扶＋驻点帮扶”精准服务模式。一方面，基于“一企一格”“一园一格”“一楼一格”的微网格划分，工业社区在每个网格设专职社工开展包联服务；另一方面，工业社区联合区委，成立由发改、经信、科技、人社等25个涉企职能部门组建8支“锋领企服队”，为工业社区提供后方支撑。以社工网格化包联服务及“锋领企服队”驻点服务为中坚力量，以工业社区党群服务中心为企业和员工问题需求流转解决的平台，建立“问题排摸—分类流转资源调配—服务执行—跟踪评价—积分管理”的流程化闭环工作机制，形成“社区吹哨、部门报到、社会力量共同参与”的诉求响应模式。

建立一站通办服务机制。工业社区设立党群服务中心，制定服务企业标准清单，设置社会保障、综合治理等办事窗口，建立首问负责、即时办理、全程代理等一站式服务制度。出台全国首个工业社区省级地方标准——《工业集聚区社区化管理和服务规范》，制定场所建设、组织建设、服务制度、治理机制等方面的63项条款，为企业及员工提供全生命周期服务。织密信息化联企网格，每月线上线下收集、分拣形成企业“十大烦恼指数”，精准掌握园区产业数据、企业急难愁盼事项，出台《稳链纾困助企发展若干措施》《稳商扩资增效扶持办法》等各类有针对性的政策举措 100 多条，解决具体问题 700 多个。

提升社区数字治理水平。依托党群服务中心，工业社区初步完成智治场景应用平台（“E 企富”）搭建，实现企业诉求动态感知、服务精准供给、资源共建共享、流程精密智控。当前社区数字治理仍在深化，渡头董工业社区数字化应用场景已经投入建设，青峙工业社区化工安全生产、金创工业社区社会信用、大港工业社区资源“一键配对”等应用系统进入谋划启动阶段。此外，结合防疫实战经验和企业需求，社区正细化建立 4385 个微网格，打造“最小作战单元数字化指挥应用”。

（二）凝聚多方力量参与共治

积极培育社会组织参与基层治理。引导社会组织参与社区建设、乡村振兴、公益志愿服务等工作，发挥社会组织在发展基层民主、化解社会矛盾、完善公共服务等方面的积极作用。鄞州区社会组织创新园按照“一个园区 + 两个协会 + 一个基金会 + 一个运作团队”的模式运行，围绕“为机构培育品牌项目，为部门匹配社会组织”的使命，打造社会组织参与全域治理的创新样本。社会组织创新园以党建引领社会组织发展方向，依托社区发展基金会，设立镇（街道）社区专项基金，培育“阿拉伴老年友好社区”等品牌项目 23 个、慈善项目 7 个。2022 年，社会组织创新园入驻机构通过承接政府购买服务等方式，举办服务活动 1123 场，惠及约 24 万人次。

健全基层议事协商机制。推广村民说事、乡贤参事、民情恳谈等多元参与模式。象山县定山村大力弘扬崇学尚德传统，坚持党建引领，成立新乡贤参事会、乡村振兴顾问团等，吸引了大批新乡贤反哺故里，已有 6 名新乡贤进入定山村班子。借鉴村民说事“说、议、办、评”模式，探索建立乡贤参事“参、谋、协、评”机制，构建科学高效规范的参事操作体系。充分发挥新乡贤人员多、层次高、接触面广、影响力大的优势，大力实施“群贤协治”计划，围绕村班子建设、村庄发展、乡村旅游等内容，开展关于反哺故里、社会治理、乡风引领等群贤行动，共同解决村庄发展难题。

持续深化以“信用+治理”为依托的数字场景应用。拓展党员管理、选人用人、积分运用、惠民共富等方面应用，实现信用价值有效转化，构筑治理发展内循环。慈溪市桥头镇和省数字经济学会合作搭建乡村数字自治平台“桥头分”，村民通过登录该平台参与乡村治理即可获得积分，后台根据村民自治行为形成个人“信用分”，激发村民参与乡村治理的积极性。截至2022年9月，该平台使用人数超3.5万人，户覆盖率达97%。

（三）提升政务服务便利化水平

推进政务服务普惠化、均等化。秉持“一窗受理、集成服务”理念，市政务办专设线下办理窗口，集成便民服务。江北区从群众和企业需求入手，大力推进便民服务“一件事”集成改革，研究确定近20个区级“一件事”改革项目，推动审批、服务、监管、执法的高效协同、闭环运转，不断提升基层治理现代化水平。通过改革，平均减跑动73.2%、减时间68.2%、减环节65.1%、减材料44.1%。

规范便民服务站建设。加快推动自助办、远程办向村（社区）延伸覆盖，建立完善帮办代办制度。通过升级自助办理终端，方便群众自助办理相关事项。目前，全市已部署“宁波办事”自助服务终端657台，覆盖各级政务服务中心、部分交通枢纽、核心商圈等人流密集场所，可办理高频政务服务事项480项。

持续延伸“跨省通办”“全省通办”半径。围绕与企业群众生产、生活密切相关且有异地办事需求的领域，形成“跨省通办”事项清单，覆盖医疗、社保、失业、工伤等多个领域。全面推广应用政务服务2.0平台以及“浙里办”等App，开展“全省通办”。

二、推动矛盾纠纷有效化解

营造良好的法治环境，增大法律的覆盖面，为群众间各类矛盾纠纷有效化解提供法律帮助，有利于保障群众合法权益、促进社会公平正义，进一步为社会共富奠定法治基础。

宁波积极探索矛盾纠纷多元化解新路径，在完善多元调解机制的同时，不断增强矛盾纠纷多元化解工作合力，切实从源头上化解矛盾纠纷，有效提升基层社会治理实效。

（一）提供优质法律服务

加快打造“共享法庭”宁波样板。利用镇街村社、行业组织现有的硬件设施，在矛盾调解中心、村委会、银行网点等地设置服务点，配备庭务主任，进行简单的纠纷调解工作，帮助群众网上立案、在线诉讼，组织法治宣传活动。2022 年，“共享法庭”指导调解案件 28000 件，化解纠纷 20000 件，完成在线诉讼 4000 件，覆盖 100% 的镇街、90% 的村社。

创新建设公共法律服务体系。打造由骨干精英律师、法律工作者、人民调解员等组成的专业化法律顾问团队，提升“移动微法院”功能，提高法律援助案件代理质量，加大相对欠缺地区律师的培养力度。2022 年，宁波律师万人比达到 5.34。宁海县“民商法治诊所”以村公共法律服务点为基础，使法律服务常态化、专业化、亲民化，为村集体、村民、外来务工人员提供方便、快捷、优质的公共法律服务。2022 年，“民商法治诊所”累计接待法律咨询 1379 人次，参与化解矛盾纠纷 378 件次，解码“法助共富”新路径。

完善司法救助流程。进一步细化司法救助条件，推动工作规范化。规范上下级法院联动救助程序，探索与社会救助部门进行协同，实现多元化救助。

推动司法援助基金及司法援助保险制度良好运行，拓宽救助渠道，解决当事人的实际困难。

（二）优化行政执法制度

构建执法监管一体化数字平台，打造具有宁波特色的“大综合一体化”执法监管数字应用程序，实现行政检查和处罚办案全程网办、自动留痕。建立行政执法制约监督体系，建立健全行政执法评议制度及指标体系，开展全方位评议。加快构建全方位的监管执法协同体系，初步实现执法扰企扰民事件大幅减少、违法现象持续减少、法治化营商环境不断优化，人民群众满意度显著提升。

（三）深化诉源治理

完善人民调解机制，加大诉讼调解力度，构建调解、信访、仲裁、行政裁决、行政复议、诉讼等多种方式有机衔接的工作体系。探索形成道路交通纠纷、物业纠纷、劳动争议解纷工作指引，劳动争议调裁诉联动化解机制获最高法院和全国总工会肯定。

三、提升公共安全保障能力

切实解决公共安全面临的一些突出矛盾和问题，保护人民的生命权和财产权，切实增强群众的安全感和幸福感。

宁波着力做好社会治理和风险防控工作，聚焦食品安全、应急防灾、安全生产、平安宁波建设，全力应对叠加风险，不断提升群众获得感、幸福感和满意度。

（一）加强食品安全生产建设

进一步推进“甬有食安”行动，推广国家食品安全示范城市创建成果，提升群众食品安全满意度。2022年，宁波新增省食品安全示范区（县、市）3个，新增“甬有食安”农贸市场72家。宁波深入推广“浙江外卖在线”应用程序，创造“数据画像”，开展对网络餐饮平台的靶向监管。创设“阳光厨房”，推动全面使用“外卖封签”，完善骑手档案，指导平台优化校正配送时间规则，保障食品安全。

（二）加强防灾应急体系建设

以三江流域洪水、城区内涝、海上防护、山洪、地质灾害等为重点，建设一体化、数字化应急防控网络。奉化区莼湖街道是典型的涉海涉渔乡镇，目前登记本地外海大型作业渔船798艘，直接从业人员7000余人。因海上突发事件多，矛盾纠纷调处难，近年来莼湖街道以渔船编组中队划分网格、以渔船作业单位设置微网格，有效打通海上网格智治的“神经末梢”。

（三）推进安全生产综合治理

全面提升对燃气管道、道路地面、建筑工地、桥梁隧道、电梯等安全监测监管的预见性和精准度，加快城市运行各类风险隐患全面起底、上图入库，健全城市安全运行机制。在消防、道路交通、危险化学品、渔业船舶等重点行业及领域，健全安全生产问题及时发现闭环处置、风险分级管控机制，坚决遏制重特大安全生产事故。

（四）提升平安宁波建设质效

创建社会治安防控体系建设示范城市，完善跨警种协作、跨区域警务协作、跨部门协作等机制。加快推进社会治安防控信息化、智能化建设应用，深化城乡社区警务战略，创新打造智慧型、规范化公安派出所，提升公安智慧服务水平。深化“智安小区”“智安单位”等建设，以人民群众对平安建设的需求为导向，深化为民服务长效机制。

专栏二　共建话语体系　合力推动共同富裕[①]

党的二十大报告指出："中国式现代化是全体人民共同富裕的现代化。共同富裕是中国特色社会主义的本质要求，也是一个长期的历史过程。"透彻研究、科学阐释、充分宣传"什么是共同富裕、为什么要推动共同富裕、如何实现共同富裕"，是摆在智库和媒体面前的重要任务。

为深入学习贯彻习近平总书记关于共同富裕的系列重要论述精神、学习贯彻党的二十大精神，中共宁波市委宣传部和宁波日报报业集团组建课题组，立足浙江高质量发展建设共同富裕示范区的实践，实施构建"在宁波，读懂共同富裕"话语体系。在国务院发展研究中心指导下，课题组聚焦"七条跑道"研究共同富裕路径，并对推动共同富裕的理论创新、实践创新和传播创新进行了探索，力求深入阐释共同富裕的内涵外延和实现路径，从高质量发展、收入分配、区域协调发展、公共服务供给等方面深度剖析各领域的路径机遇、面临挑战及应对之策。

聚焦"七条跑道"，揭示共同富裕路径

面对世界百年未有之大变局、新一轮科技革命和产业变革带来的机遇和挑战，智库和媒体应发挥合力，在习近平新时代中国特色社会主义思想和党的二十大精神指引下，聚焦"七条跑道"，研究、揭示共同富裕的新路径、新模式、新机制。

第一条"跑道"：聚焦做大做好"蛋糕"。共同富裕建立在经济高质量发展的基础之上，只有把"蛋糕"做大做好，共同富裕的基础才能筑牢；只有做大"蛋糕"，才有分好"蛋糕"的基础和条件。共同富裕追求的是效率和公平，"富裕"主要体现效率，追求做大"蛋糕"，"共同"侧重体现公平，要求分好"蛋糕"。要加强对各地实体经济、数字化改革等领域的研究与报道，重

---

① 本文原载于《光明日报》2022 年 11 月 24 日第 7 版，有删改。

点关注这些领域如何创新活力、挖掘后发潜力，释放高质量发展新动能，激发各种要素的创造性潜能。

第二条“跑道”：聚焦促进人的全生命周期公共服务优质共享。公共服务是人民群众对共同富裕需求最迫切的领域之一。一个共同富裕的社会，应该是坚持人民主体地位，把人民满意作为衡量一切工作的根本标准，扎实推进社会建设，切实解决群众急难愁盼问题，做到“民有所呼、我有所应，民有所呼、我有所为”。应聚焦“一老一小”等民生问题，深入剖析如何通过“补短板、促均衡、兜底线”推进共享优质公共服务，重点关注医疗、教育、文化、体育、养老等“软基建”问题，促进公共服务水平切实提升。

第三条“跑道”：聚焦打造橄榄型社会结构。收入分配是民生之源。初次分配讲效率，再分配讲公平，第三次分配讲自愿。打造合理、有序、中间大两头小的橄榄型社会结构，才能为共同富裕奠定坚固基石。应重点围绕“扩中、提低”改革领域，研究、报道各地如何加快构建促进共同富裕的公共政策体系，制定实施针对性计划，推动更多人进入中等收入群体行列。

第四条“跑道”：聚焦全面推进乡村振兴。缩小地区、城乡、收入“三大差距”是共同富裕的题中之义。当前，我国实现共同富裕最短的短板在西部地区、农村、山区和海岛。今后，如何通过乡村振兴实现城乡融合，促进生产要素、产业、最终产品在城乡间均衡配置，从而促进城乡均衡发展；怎样通过乡村振兴使广大农民享有更好的公共服务，使区域发展更加平衡、协调、包容，是重要研究方向、传播内容。

第五条“跑道”：聚焦“富口袋”也要“富脑袋”。实现共同富裕，必须在经济社会发展水平不断提高的基础上，积极回应人民对美好生活的强烈诉求，满足人民群众多样化、多层次、多方面的精神文化需求。在此方面，有诸多值得关注的课题。例如，完善精神共同富裕的指标和评价体系，推动实现精神富有；推动中华优秀传统文化保护与弘扬，实现创造性转化、创新性发展；推动构建高品质公共文化服务体系，用优秀文化凝聚磅礴力量。

第六条“跑道”：聚焦“两山”理念转化实践。共同富裕离不开人与自然和谐共生，必须建立在生产发展、生活富裕、生态良好的基础上。近年来，各地在落实“两山”理念、推动可持续发展方面有许多创新探索：能源“双控”、全域治水、国土绿化美化、低碳城市建设、产业绿色低碳转型；建立以GEP考核为基础的生态产品价值实现机制，探索“两山银行”模式；建设数字化生态环境监测网络，搭建生态系统数据资源库……应该对这些实践进行跟踪报道、深化研究，从中探寻可推广的经验与规律。

第七条“跑道”：聚焦数字化改革牵引。当前，各地纷纷聚焦牵一发而动全身的重大改革、重大平台、重大政策，加快数字社会领域的系统重塑和综合集成；构建“整体智治”体系，打造智慧城市、智慧社区、智慧乡村，持续健全网格化精细管理，保障人民安居乐业。可重点关注这些重大变革，为中国式现代化建设增添“数智力量”。

合力推动共同富裕实践创新与传播创新

充分发挥平台优势，高水平打造共同富裕理论研究阵地。当前，全国各地为实现共同富裕展开了大量实践，涌现出很多新路径、新方式、新成效。可依托国家高端智库，各地区、各领域、各行业重点智库等研究机构力量，联合媒体机构，搭建以共同富裕为主题的理论研究、政策咨询平台，发挥各自优势，系统开展共同富裕专题研究，陆续推出系列研究成果，沿着“实践—认识—再实践—再认识”的螺旋上升通道，推动实践经验上升为理论认识。例如，宁波依托国务院发展研究中心力量，由国研经济研究院东海分院承办宁波共同富裕研究中心，系统开展共同富裕专题研究，已编撰出版《在宁波 读懂共同富裕（2022）》智库报告，系统总结宁波共同富裕标志性成果，全面展现共同富裕的宁波实践路径。

推动研究成果向政策转化，打开共同富裕顶层设计通道，解决群众身边急难愁盼问题。发挥平台优势，开展深度调研、个别走访、数据挖掘与分析，围绕共同富裕的关键问题、要点难点开展研究与报道，进而形成对策建议、推动政策制定与实施。宁波共同富裕研究中心建立“全面覆盖＋精准画像”监测评价体系，建立共同富裕基础数据库，形成数十项研究成果，其中部分已转化为政策推广实施。

构建政产学研协同创新机制，探索理论与实践之间的转化路径。要把研究成果应用和报道重点聚焦在新农村建设、制造业、社会治理等关键领域，为理论指导下的实践创新探路，切实增强群众幸福感获得感。例如，国研经济研究院东海分院与民营企业合作开展“共同富裕幸福示范村计划”标杆项目，已在浙江省慈溪市匡堰镇倡隆村落地，力争打造成为浙江省高质量发展建设共同富裕示范区试点典型示范项目。

加强共同富裕话语传播阵地建设，拓展传播渠道，把握主流传播话语权。媒体须整合报、网、端、微、屏、播资源，运用图文、视频、H5等多种传播手段，构建全方位立体化沉浸式传播矩阵。利用百姓喜闻乐见的新媒体平台及时发布共同富裕的要闻和举措，推出专题专栏，充分展现各地矢志实现共同富裕的动人场景、喜人进展，全面扩大影响力、吸引力、感召力。可探索东西部媒体协作，以对口协作为基础，跨地域设立“共同富裕乡村观察点”，联合跟踪记录对口协作背景下的乡村发展变化动态。智库应跟进研究，全程提供智力支撑。例如，宁波注重以全民阅读推进共同富裕文化示范先行建设，推出“书记领读”行动，向市民推荐好书、分享阅读心得。该行动系列短视频及相关推文在当地点击量达300万次，当地还借此探索出丰富数字阅读应用场景、构建城市数字文化生活平台的新路径。

开展共同富裕群众满意度调查，构建“共性＋个性”公共政策工具箱。共同富裕必须百姓可感，而只有深入群众、倾听民情，才能推动共同富裕的实事做到群众心坎上。可通过组织多类型线上线下群众调查、民意征集，畅通群众对共同富裕的诉求通道，让政策的制定与实施更加精细化人性化，既考虑共性，又照顾个性。例如，宁波发挥智库和媒体作用，组织“浙里甬有”群众满意度调查，覆盖宁波10个区（县、市）62个街道、74个乡镇、471个社区、1236个村，参与调查的群众对善育、优学、颐养等充分表达了自身看法和意见建议。

构建共同富裕话语体系的思考与建议

系统化构建、协同性推进。积极推进共同富裕话语体系与目标体系、工作体系、政策体系、评价体系建设。以重大课题为牵引，突出基础性、战略性、引领性、前瞻性和群众关注热点问题，加强对扩大中等收入群体的体制机制和政策、未来产业引领高质量发展的重点领域和发展路径、未来乡村建设的路径和重点场景、社会组织参与基层社会治理等领域研究，有序组织，分头落实，系统总结共同富裕标志性成果，不断迭代完善，推动各地模式转化为具有普遍意义的实践方案。

理论性支撑、实践性转化。构建政、产、学、研、媒协同创新机制，探索报道、研究、政策、实践之间的转化路径。媒体可主动与各级各类相关智库及研究机构合作，组织研讨，举办论坛，汇集专家观点、提供决策建议，为各地推进共同富裕提供有深度、有高度、接地气、可复制的具体方案。

分众化传播、国际化表达。通过群众喜闻乐见的传播方式、互动方式，让更多社会成员融入共同富裕建设中来，感受温暖、体会变革。注重针对不同人群、不同区域、不同国家的精准传播，抢占共同富裕立体传播矩阵制高点。通过舆论阵地建设、国内外多渠道传播、线上线下形式创新等多种举措，全面展示共同富裕标志性成果背后的中国故事和中国经验。

总之，要讲好共享与发展的共同富裕故事，向世界发出中国声音、提供中国方案，坚持国家所需、“智媒”所能、群众所盼、未来所向，打造一批共同富裕话语体系的标志性成果，以人的全面发展和社会全面进步为根本，让人民群众真切感受到共同富裕看得见、摸得着。

作者：国研经济研究院课题组

下　篇

共同富裕之宁波求索

中国式现代化是全体人民共同富裕的现代化。

实现共同富裕必须走高质量发展道路。发展是共同富裕的前提，先做大“蛋糕”，再切好“蛋糕”。宁波要充分激发技术、资本、信息、数据、土地、劳动等要素的活力，为共同富裕奠定基础；要从民营经济、制造业、未来产业等视角审视共富发展路径和内生发展动力，激发各种要素的创造性潜能。

第八章　从民营经济视角看共富发展路径

共同富裕建立在高质量发展的基础上，也将在高质量发展的过程中扎实推进。这个过程有赖于社会各界的共同努力，尤其离不开民营企业与民营企业家的积极参与和贡献。

数据显示，我国民营企业用近40%的资源，贡献了50%以上的税收，60%以上的GDP，70%以上的技术创新成果，80%以上的城镇就业岗位，90%以上的企业数量。民营经济活、民富程度高是共同富裕的重要基石。

民营经济作为宁波高质量发展建设共同富裕先行市的内生动力，是实现共富、共享的重要载体，为宁波人民提供了坚实的物质基础。民营经济通过提高居民收入、增强社会再分配能力、推动城乡融合等途径为实现共同富裕作出了重要贡献。

一、共同富裕与民营经济的逻辑关联

（一）民营经济与共同富裕具有理论逻辑的契合性

在社会主义初级阶段，民营经济是我国经济制度的内在要素，共同富裕是中国特色社会主义的根本原则，民营经济与共同富裕同属于中国特色社会主义的范畴，两者在理论上具有逻辑共性。在当下社会主义初级阶段，共同富裕的推动和实现离不开民营经济高质量发展所累积的物质基础。民营经济参与共同富裕进程具有理论上的逻辑契合性。

一方面，民营经济的健康发展能够促进社会生产力的极大进步，为实现共同富裕目标提供物质基础、就业岗位等。首先，民营经济发展创造的物质财富增强了共同富裕的物质基础。生产力及其发展是实现共同富裕的物质基础，新发展阶段推进共同富裕必须以物质财富和精神财富的持续性增长为重要条件。其次，民营经济提供的大量就业岗位能够为广大人民群众创造共同富裕的机会。扎实推进共同富裕必须以“人人参与、人人努力、人人共享”为前提，而民营经济可创造大量就业岗位，为广大人民群众提供“人人参与”的机会，同时能够使人民群众的收入增加，为全体人民实现共同富裕提供实现途径。最后，民营经济通过纳税夯实共同富裕的公共基础。相对贫困问题是全面实现共同富裕的主要障碍，需要通过国家公共财政为解决相对贫困问题提供保障。而民营经济通过纳税夯实了国家二次分配的物质基础，是推进共同富裕的重要途径。

另一方面，从现实条件看，社会时代发展必将鼓励多种经济所有制并存，赋能民营经济高质量发展。规范、引导非公有制经济健康发展不仅有利于推动共同富裕，同时也有利于促进民营经济更快成长。由此可见，民营经济与共同富裕是相互促进、相辅相成的，有着高度契合的理论逻辑性。

（二）民营经济与共同富裕具有制度形态的耦合性

共同富裕作为社会主义的本质要求，是全体人民的共同富裕，是人民群众物质生活和精神生活的同时富裕，是还允许存在一定差距的共同富裕，而不是少数人的富裕，不是单一的物质富裕。共同富裕是一个总体性、综合性概念，促进共同富裕不是仅依靠社会某几个方面就能实现的，必须依赖于中国特色社会主义制度的全面保障和整体性推进。

从中国特色社会主义基本经济制度来看，实现共同富裕必须发挥各种所有制经济的综合效能，既要发挥社会主义公有制经济的优越性，也要发挥非公有制经济的积极作用，离不开民营经济在提升经济发展活力、实现产业转型升级、建设现代化经济体系中做出的重要贡献。从中国特色社会主义制度来看，扎实推进共同富裕是中国特色社会主义的本质要求，而民营经济是中国特色社会主义基本经济制度的内在要素，因而民营经济与共同富裕在制度上是逻辑相关的。

（三）民营经济与共同富裕具有历史实践的逻辑性

目前，我国仍是世界上最大的发展中国家，仍处于并将长期处于社会主义初级阶段。在新时代下，实现共同富裕的首要任务是驰而不息地解放和发展社会生产力，不断创造和积累社会财富，通过高质量发展把“蛋糕”做大做好。共同富裕的实现过程与生产力的发展历程应该是一致的，共同富裕的实现程度与生产力的发达程度也应该是一致的，而民营经济在生产力从落后转向发达的过程中发挥着不可替代的作用。可见，在社会历史进程中，发展民营经济与推动共同富裕是任务相通、历史相交、逻辑相关的。

二、宁波民营经济促进共同富裕的实践成就

（一）提高居民收入水平，缩小贫富差距

实现共同富裕，最大的难点在于城乡发展不平衡、农村发展不充分。民营经济是宁波经济发展的主力军，在提高居民收入和缩小贫富差距方面发挥着重要作用。2022 年，宁波市规上民营工业增加值同比增长 5.4%，高于规上工业 1.6 个百分点，民营外贸企业进出口额占全市的 72.9%，累计实有民营经济市场主体已超 120 万户，占各类市场主体总量的 97%，民营经济增加值突破万亿元，占宁波地区生产总值的比重约为 66%，为共同富裕打下了坚实的经济基础。

从居民收入水平来看，2022 年宁波居民人均可支配收入达 68348 元，同比增长 4.5%，其中工资性收入和经营净收入分别占比 55.6%、17.6%，成为宁波城乡居民人均收入的主要组成部分（见图 8-1）。同时，在民营经济的支持与带动下，宁波城乡居民人均可支配收入差距呈逐步缩小态势。2022 年宁波城镇居民人均可支配收入同比增长 3.8%，增幅低于农村居民人均可支配收入 2.1 个百分点，城乡居民收入比由 2012 年的 2.05 ：1 缩小至 2022 年的 1.69 ：1。民营经济的发展加快了城乡融合的步伐，为共同富裕目标的实现奠定了坚实基础。

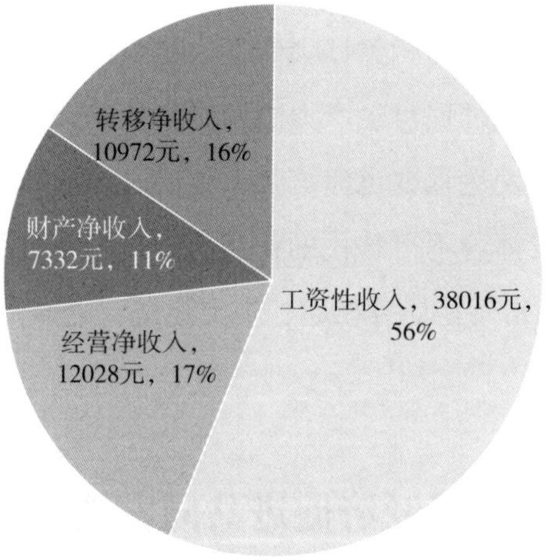

图 8-1　2022 年宁波居民人均可支配收入中各项收入及占比情况

资料来源：《宁波统计年鉴 2022》。

（二）拓宽就业渠道，扎实推进共富

共同富裕以“人人参与”为前提，共建才能实现共富。民营经济在发展中创造了无数个工作岗位，通过提供大量就业机会促进共同富裕，为实现人民共享发展成果提供了现实途径。宁波是民营经济强市，民营企业众多。截至 2021 年底，全市民营经济市场主体贡献了全市 85% 的就业岗位，吸纳就业人口 420 万人以上，是稳定就业的“压舱石”。其中，有 16 家企业入围“2021 年浙江民营企业就业 100 强”，宁波申洲针织有限公司更是以 8.91 万人的就业人数排到了第二位，均胜、奥克斯、舜宇、雅戈尔等企业也都榜上有名，且排名均在前列。可见，民营经济已成为宁波吸纳就业的主要渠道，为宁波人民共建共富提供了许多可能，成为宁波打造中国式现代化市域样本不可或缺的重要力量。

（三）增加税收收入，提高再分配的能力和水平

随着民营经济增长速度的不断提高和规模的逐步扩大，民营经济成为国家和地方越来越重要的税收来源，为政府建立与完善社会保障和公共服务体系等提供了有力的财政保障。宁波是全国民营经济最发达的地区之一，宁波的民营经济具备起步早、发展快、机制活、韧性强等特征。统计资料显示，2022 年，宁波民营企业贡献了全市约 66% 的地区生产总值、78.7% 的出口额、75% 以上的税收，是宁波的一块“金字招牌”。

宁波市工商联发布的《2022 年宁波上规模民营企业调研报告》显示，2021 年度，虽然宁波上规模民企面临户均营收、利润双双下降的情况，但纳税总额依然高达 436.81 亿元，再创新高，为全市财政收入和社会经济正常运转做出了巨大贡献。五年间，参与调研的上规模民企累计纳税 1660.1 亿元，2021 年度纳税总额比 2017 年度增加 147.1 亿元，总体增幅约为 50.8%（见表 8–1）。目前，民营经济已成为稳定宁波税收的重要支撑，通过推动资金的合理化流通与循环，进一步提升社会经济的发展水平，在缩小收入差距、为政府提供转移支付、保障全民共富等方面发挥了重要作用。

表 8–1　2017—2021 年上规模民企纳税总额和户均纳税情况

年份	2017	2018	2019	2020	2021
纳税总额（亿元）	289.7	254.78	356.65	322.18	436.81
户均纳税额（亿元）	1.68	1.5	2.11	1.85	1.96

资料来源：《2022 年宁波上规模民营企业调研报告》。

三、宁波民营经济在促进共同富裕中面临的现实瓶颈

（一）自主创新能力有待提升

自主创新能力是衡量民营经济发展质量的重要标准，也是民营经济助推宁波共同富裕先行市建设的关键因素之一。近年来，宁波民营经济科技创新能力不断增强，科研投入力度持续加大，科技专利申请数量稳步增加，但现阶段宁波民营经济总体自主创新能力依然偏弱，民营经济为率先实现共同富裕提供强劲内生动力的作用还未有效发挥。

一是企业研发投入水平不高，科技创新动力不足。2021 年宁波规模以上私营工业企业中有 R&D 活动的企业为 3483 个，仅占规模以上私营工业企业总数的 43.6%，R&D（科学研究与实验发展）人员有 85039 人，不足规模以上私营单位就业人员的 8.0%；2022 年全市规上工业企业研发投入 599.3 亿元，同比增长 16.7%，研发强度为 2.4%，较上年增长 0.2 个百分点，上升态势良好，但仍低于杭州市 1.2 个百分点，低于全省平均值 0.5 个百分点。

二是企业创新成果不显著，科技创新水平较低。宁波 2022 年实现专利授权量 76127 件，其中发明专利授权量 9611 件，仅占 12.6%，这表明宁波的科技活动仍集中于低层次的产品外观设计和功能改良上，缺乏基础性和原创性的发明专利。

三是研发人才不优，科技创新发展受困。随着宁波战略性新兴产业的布局和传统产业的升级改造，企业对中高技能人才的需求占比从 2019 年的 21.7% 提升至 2021 年的 43.9%，但目前宁波低技能人才供过于求，中高技能人才供给不足。此外，宁波科技创新人才主要集中于高校、科研院所等事业单位，产业领域科技创新人才聚集度不够，尤其是战略性新兴产业领域缺乏高技能人才，民营经济高质量发展面临瓶颈。

（二）转型升级进度缓慢

近年来，宁波民营经济的发展受到土地、人才、资金等要素的制约，加之新冠疫情影响以及国内外复杂多变的经济金融形势冲击，宁波民营经济发展受到了严峻的挑战，转型升级进度缓慢。

新兴产业发展不足。现阶段宁波多数民营企业还很难摆脱依靠劳动密集型、资源密集型产业推动增长的传统模式，缺乏核心技术和自主知识产权，长期处于产业链、价值链的低端。《2022 年宁波上规模民营企业调研报告》显示，参与调研的宁波上规模民企中，纺织服装是第一大行业，之后依次为批发、设备制造、金属加工。总营收较高的产业仍以传统产业为主，高新技术产业、战略性新兴产业、数字经济产业等新兴产业占比偏低。以数字经济产业为例，2022 年宁波数字经济核心产业增加值占地区生产总值的比重约为 7.5%，低于浙江省平均水平，同时与杭州、南京、苏州等城市差距较大（见表 8–2）。

表 8–2　2022 年部分城市数字经济核心产业增加值占地区生产总值的比重

城市	杭州	南京	苏州	成都	武汉	重庆	宁波	浙江
比重	27.1%	15.9%	15.8%	13.4%	10%	8%	7.5%	11.6%

资料来源：各地 2022 年度的统计年鉴。

企业品牌知名度不高。宁波民营企业以中小微企业为主，龙头民营企业数量少。截至 2022 年底，宁波民营企业 90% 以上为中小微企业。2021 年浙江百强民营企业中，宁波 18 家企业上榜，营业收入超过 200 亿元的仅有 12 家，远低于杭州的 31 家。由于缺少行业龙头企业的带动和辐射，宁波中小微企业发展的产业链不够稳、不够长，缺乏定价的话语权，盈利水平不高。

企业管理制度相对落后。宁波民营企业在管理方面仍偏于传统，以家族企业为主，还存在任人唯亲、产权封闭的情况，缺乏现代企业制度的支持，融资难、负债高、信用低等经营问题依然存在，不利于民营企业做大做强。

（三）营商环境有待改善

国家发展和改革委员会编著的《中国营商环境报告2021》相关数据显示，在构成评价体系的18项指标领域中，宁波共有11项进入标杆名单，其中仅纳税服务和跨境贸易服务两个指标进入前10，营商环境有待进一步改善，与民营经济高质量发展相匹配的优质营商环境仍需进一步探索。

要素制约日益趋紧。最为突出的是土地要素和政策要素不足，企业增量扩张受到约束。以宁波市四大重点平台——宁波经开区、前湾新区、高新区和甬江科创区为例，近年来由于对产业用地的限制以及地方针对重大项目租金减免、税收补贴等政策红利的缩减，这些地区对优质项目的吸引力正在减弱，已有的产业项目也存在流失情况。

综合服务能力存在短板。一方面，紧密围绕产业项目的生产性服务业能级不足，如金融机构“偏心”大型民营企业，中小型民营企业苦融资难题久矣；会展业排名从20多年前的全国第5（按年展面积总量计）下跌至当前的全国第20多名，与杭州、青岛、厦门等城市的新展馆相比规模差距明显。另一方面，服务企业家和高端人才的生活性服务业供给不足，如在国际商务交流方面，宁波洲际航线等资源相对缺乏，在高端医疗、文化教育、旗舰商业等方面，综合实力强、国际化水平高、具有稀缺性的基础设施资源相对较少。

制度保障缺乏优势。目前宁波与营商环境相关的法律法规尚不完善，存在市场竞争不公平、税费负担过重、行政审批程序复杂、征信系统不完善等问题。此外，随着数字化改革的不断深入，跨领域、跨层级数据共享障碍凸显，尤其是涉及国家部委、省级部门、央企的数据归集共享存在障碍，相关职能单位间尚未形成互联互通的协同机制，在一定程度上造成营商环境改革不够深入。

（四）先富带后富模式尚未形成

“共富”是“先富”的目的与结果，“先富”是“共富”的过程与条件，以先富带后富、帮后富是实现共同富裕的有效途径。在宁波共同富裕的道路上，民营经济率先发力，成为社会财富的主要创造者，实现了一部分人先富起来的基本目标。目前，宁波拥有民营经济市场主体近120万户。其中，有18家民企上榜“2022中国民营企业500强”，2021年其营业收入总额达7901.39亿元，在同期宁波地区生产总值中的占比超过54%。此外，宁波市工商联发布的《2022年宁波市上规模民营企业调研报告》显示，2017—2021年宁波上规模民企户均资产和户均净资产总体增幅分别为10%和22%，2021年分别达到54.6亿元和23.0亿元。

然而，民营经济在先富带后富方面发挥的作用并不明显。

一方面，先富带后富的意愿不强。宁波民营企业成立之初一般是家族式企业，受传统小农思想的影响较深，社会责任观念不强，更关心自己企业，考虑更多的是如何追求收益，在企业履行社会责任方面不够主动，对弱势群体没有给予应有的尊重和援助。此外，先富群体往往有自我保护意识，将企业的成功归因于个人的努力，而忽视社会资源的帮助。个人主义理念的形成致使民营企业家往往错误看待和处理与员工、社会的关系，其很难真正认识到贫穷和不平等对社会的危害。

另一方面，先富带后富的路径不明确。从社会经济发展的角度看，民营经济现在的“先富带后富”机制，主要是传统的“做大蛋糕分蛋糕”模式，通过企业发展来解决就业问题、税收问题，并开展三次分配，实现共同富裕。但是从效果上看，现有模式以企业为主导，以工资薪酬为主要方式，惠及群体止步于企业职工，尚未与政府层面形成合力，缺少统一领导、负责的机制，大部分居民特别是乡村落后地区的居民，仍处在接受转移支付、公益慈善捐助等被动的方式中，没有从企业发展中获得更好的致富机会，先富带后富的有效帮扶措施尚不完善。

四、宁波推进民营经济与共同富裕协同发展的路径

（一）增强自主创新能力，提升民营经济核心竞争力

科技创新是企业生存发展的“动力源”，也是实现民营经济高质量发展的关键。在经济转型升级的过程中，民营企业在技术创新、产品创新、模式创新等方面发挥了重要作用，不断推进科技成果转化和产业升级，但同时也面临人才短缺、产学研协同创新效能不佳等问题。为此，民营企业应加强自身技术储备和人才队伍建设，积极拓展科技合作，打造科技创新平台，增强企业自主创新能力，将其转化为实现共同富裕的强劲内生动力。

1. 加强技术攻关，增强民营经济发展动能

加强技术攻关，提升企业创新能力。强化战略联动，鼓励科技领军企业牵头整合创新资源，与甬江实验室、中科院宁波材料所、石墨烯创新中心等科技创新策源平台建立长期战略合作关系，分类实施重大科技任务攻关行动，持续迭代编制关键核心技术攻关“三色图”，加快形成一批标志性重大科技成果。不断优化攻关组织机制，依托龙头企业联合上下游供应链企业、科研院所等组建体系化、任务型的企业创新联合体，建设全产业链创新平台，合力推进关键核心技术攻关，参与制（修）订国际、国家、行业技术标准。支持科技领军企业围绕产业链上下游，向中小企业开放仪器设备、试验场地等创新资源要素，促进大中小企业融通创新。

2. 培育人才队伍，夯实民营经济创新根基

强化人才引育创新，不断壮大高技能人才队伍。加快引进培养优质创新人才，加大“甬江引才工程”支持力度，由人社、科技等部门牵头，对全市绿色石化、高端装备、新型功能材料等主导产业进行梳理排查，重点针对规上企业、高新技术企业、单项冠军企业的人才需求情况进行排摸，建立全市

紧缺人才动态清单，实行人才举荐制、认定制，对引进的高层次人才、紧缺人才、青年人才等群体予以倾斜支持。培育更多有创新意识的企业家，建立市领导联系重点企业常态化制度，以“宁波市企业家活动日”为契机，探索实施“创新企业家领航计划”，举办领航计划企业家论坛，组织产学研对接、产销对接、推介路演等活动，培养一批领军型企业家、成长型企业家。

深化技能人才评价机制改革，构建多元评价新体系。可将专利创新、标准制定、成果转化等科研贡献作为科技人才职称评定的重要依据，在宁波市智能制造产业研究院、宁波工业互联网研究院等新兴产业技术研究院和企业研究机构开展职称自主评价试点。健全科研人员双向流动机制，探索高校院所科研人员在一定时间内保留原有身份到企业从事技术研发工作，同时支持高校院所设置专门岗位引进企业科研人才。

打造人才集聚创新平台，吸引技术型人才。着力提升各类人才平台、产业平台对创新创业人才的承载能力，以甬江科创区为引领，积极探索人才管理改革试验区建设。加快建设企业院士工作站、博士后工作站、研究生工作站等人才工作载体，形成多元化、立体化培养高技能人才的工作格局，积极吸引两院院士及其创新团队、知名高校博士进站开展成果转化工作。

3. 打造科创平台，厚植民营经济成长沃土

聚力创新平台建设，赋能企业高质量发展。推进科技基础设施和民营经济创新平台建设，以提升民营企业自主创新能力为核心，依托行业龙头企业，布局设立一批国家技术创新中心、企业国家重点实验室等研发和创新平台，打造绿色石化、高端装备、关键基础件、智能家电、时尚纺织服装等产业的科技研发高地，对外开放和共享创新资源，畅通创新要素向企业集聚通道。支持民营企业发展产业技术研究院、先进技术研究院、工业研究院等新型研发组织，各级科技部门通过项目资助、社会资本与政府合作等多种方式给予引导扶持或进行合作共建。

深化产学研协同创新，加快科研成果产业化。充分发挥宁波工商联所属商会的作用，组织行业内有代表性的民营企业联合高校、科研机构、国有企业、社会服务机构等发起建立产业技术创新战略联盟，完善产学研协同创新机制，推动基础研究、应用研究与技术创新对接融通。培育一批民营企业产业技术创新示范联盟，积极争取国家和省科技计划项目，承担重大科技专项任务，突破关键共性技术，服务和支持行业创新发展。

4. 强化创新扶持，助力民营经济轻装上阵

完善产权保护机制，打造知识产权与制造业深度融合高地。以宁波知识产权公共服务平台为载体，整合现有服务资源和数据资源，构建集知识产权创造、运用、保护、管理全链条服务于一体的数字化平台。由宁波市工商联与市中级人民法院牵头，共同组建“民营企业产权保护调解室”，为企业提供立案咨询、诉讼引导、纠纷化解、定期回访等一站式司法服务，有效化解民营经济领域产权矛盾纠纷。健全知识产权侵权查处服务机制，扩大部门联合执法和跨地区联合执法的范围，探索推进将知识产权恶意侵权行为纳入企业和个人征信记录，推动市市场监管局与市中级人民法院等有关职能部门共同签订联合惩戒备忘录，提高专利行政执法能力及司法权威性。

完善科技金融扶持机制，激发企业科技创新活力。以政府为主导，设立企业科技创新发展专项资金池，用于企业项目扶持、科技投入等，强化社会资本和金融机构对高新技术产业、科技型企业的支持。鼓励金融机构创新针对科技企业的金融产品和服务，支持有条件的金融机构新设科技金融专营机构和事业部。引导民营企业利用资本市场，谋划研究“凤凰行动”宁波计划升级版，推动企业上市挂牌融资，壮大科创板上市企业培育库，拓宽科技型企业融资渠道。创新天使投资引导模式，大力集聚天使投资机构和基金，支持新兴产业领域的初创型科技企业发展。

（二）加快推进民营经济转型升级，促进民营经济高质量发展

宁波发展的空间和潜力来源于扎实的产业基础和不断迸发的民营企业核心竞争力。加快民营经济转型升级，促进民营制造业高质量发展是推进宁波共同富裕先行市建设的重要举措。目前宁波民营经济正处于关键转型期，应顺应时代发展趋势，主动探索转型路径，加快推进产业转型升级步伐。

1. 加速产业领域突破，提升民营经济发展活力

鼓励企业发展新兴产业。引导和支持民营企业围绕新一代信息技术、新材料、高端装备、节能环保、新能源、生物和医药等战略性新兴产业，加快攻克关键核心技术、引进先进设备和制造工艺，实施重大应用示范工程，挖掘产业发展潜能，推动创新成果产业化，提高竞争力和规模效益，发挥民营企业在战略性新兴产业发展的引领、带动作用。支持民营企业积极参与未来产业布局，加强基础研究和技术储备，通过成立专项研究小组进行自主研发、引进专业人才、收并购国内外相关专业企业等方式进行核心技术攻关，加大企业示范工程投入力度，超前培育一批具有国际影响力的“硬科技”企业。鼓励民营企业发展新型业态和商业模式，以“互联网 +”为新业态突破点，通过互联网和信息技术，构建线上线下联合平台，发挥线下展示体验功能，重点推进可穿戴设备、虚拟增强现实、人工智能等体验式业态发展。推动民营企业参与高校院所的相关科研和产业化计划，鼓励企业与高校、科研院所形成稳定的合作关系，联合推进新兴产业成果转化中心建设，定期进行科研动态交流，促进新技术与新产品的工程化、产业化。

提升企业转型升级意愿。引导企业树立转型升级意识，发挥龙头企业在转型升级中的示范带动作用，树立转型升级标杆，定期进行标杆企业评选与宣传报道，激发中小微企业家转型升级的主体意识。加大市产业发展基金、市创投引导基金、市天使引导基金等政府投资资金对民营经济主体的支持力度，通过定额补助、贷款贴息、以奖代补、委托贷款、资金配比等形式激发民营企业升级转型意愿。发挥工商联等相关行业组织作用，建立新兴产业专项咨询平台，整合公益类信息服务、技术研发、投资咨询、人才培训等服务机构，为广大中小微企业提供企业转型升级方向指引。

2. 提升生产经营能力，激发民营经济发展动力

强化先进技术应用。推进企业智能化转型，加强智能技术装备的集成应用，着力推进企业智能化技术改造项目建设，推动企业业务流程各环节与新技术紧密结合，提高企业全流程智能化控制水平。重点加快智能车间建设，鼓励具有智能制造基础和带动作用的企业，紧扣关键工序自动化、关键岗位工业机器人替代、生产过程智能优化控制、供应链管理智能化等重点方面，创建智造示范车间，引领工业企业全面推进智能车间建设。推广企业绿色生产，加强企业对节能环保技术、工艺和装备的应用，鼓励企业探索工业循环经济发展，加快构建绿色生产体系。聚焦化工、建材、有色金属等重点用能行业，引导企业对标先进能效标准，强化内部环保设施运行监管，实现企业环境友好型发展。充分发挥“链主”企业引领作用，将绿色低碳理念贯穿于产品设计、原料采购、生产、运输、储存、使用、回收处理等供应链全过程，推动全链条绿色低碳发展。

提高科学管理能力。建立现代企业制度，提高企业治理效率。鼓励企业打破家族管理模式限制，以资本为纽带，引进职业管理人员，建立具有现代企业经营理念的股份制企业。完善法人治理结构，加强以质量、品牌、安全、财务、营销等为重点的企业内部管理制度建设。按照市场化选聘原则，推行经理层任期制和契约化管理，明确职责范围，提高企业治理效率。加强企业文化建设，抓好公司员工活动中心等文化载体和阵地的建设，深入开展内容丰富、形式多样、职工喜闻乐见的文体活动，提升企业凝聚力。加强企业人力资源管理，完善人力资源绩效考核制度、人才选拔制度，加强员工培训，重视员工个体发展，建立梯度式人才队伍，提高企业人才储备实力。

3. 加快产品生态构建，凝聚民营经济发展合力

拓展产业链附加值。以终端市场需求为导向，推动民营制造企业向产业链上下游拓展，大力发展设计研发、定制化服务、协同制造、信息增值服务、生产性金融、远程运维服务等相关的生产性服务业，实现从单纯“卖产品”向提供“以产品为载体的全方位融通服务”转变，推动产业链向“微笑曲线”两端延伸。充分发挥龙头企业的示范引领作用，引导企业从“全产业链”高度集聚布局，搭建企业合作对接平台，推动大小企业形成产业联盟，合理引导龙头企业将自身品牌、产品、技术等竞争优势沿产业链传递给上下游中小企业，带动集群内其他企业的发展。

打响企业品牌知名度。完善品牌架构，支持企业根据全球化和网络信息化趋势，制订品牌竞争战略，鼓励单一产品品牌进行多元化产品延伸，形成以母品牌为主体的多元化品牌架构。充分利用社群经济、网红经济等新模式进行品牌宣传，持续扩大品牌知名度。鼓励龙头企业走国际化路线，重点推动雅戈尔、金田集团等知名企业通过生产外包、品牌授权、兼并重组或产业转移等方式，整合产业和市场资源，与国际跨国公司建立战略联盟，推动自主品牌从区域性品牌向全国性和国际性品牌跃升。

（三）全面提升营商环境，激发民营经济发展活力

良好的营商环境是推进民营经济高质量发展的重要因素，在民营经济助推宁波高质量发展建设共同富裕先行市进程中发挥着积极作用。进入新发展阶段，宁波要有效应对民营经济营商环境存在的问题，创新要素配置方式，持续优化中小民营企业发展的经营环境，建立促进民营经济发展的支持机制，让民营经济真正增强获得感、幸福感、使命感。

1. 提升要素质量和配置水平

深化土地供给侧改革。聚焦宁波经开区、前湾新区、高新区和甬江科创区四大重点平台，开展新一轮提升建设，充分盘活现有的土地资源，拓展发展空间，打造民营经济共富“摇篮”。以推进全域都市化为抓手，利用全域国土空间综合整治试点政策，重点解决姚江新城南部（海曙望江村片区）区域、余慈统筹区域、环翠屏山区域、象山港区域、蟹钳港区域及宁海南部海岸带区域的土地指标，早日启动开发建设，使之成为承载都市工业、文旅融合等领域民营企业发展的新增长空间。优先保障具有战略引领意义的项目用地需求，在符合城乡规划和土地利用总体规划的前提下，在土地利用年度计划中优先安排建设用地指标，依据新产业、新业态、新模式特点，创新用地供给方式。

破局楼宇低产现象。进一步改造提升低产楼宇，加快盘活各类闲置低产楼宇资源，通过二次招商来提高楼宇业态层次和单位楼宇产出，通过“政府引导、第三方专业运营、业主配合”的方式，使原有散售、低效、管理混乱

的楼宇逐步转变为整体规划、整体招商、整体运营的现代化楼宇。推动“工业上楼”，加快在全市层面形成系统布局和谋划，瞄准生物医药、智能制造、工业互联网等新兴产业，稳步规划打造一批新型“摩天工厂”和服务综合体，以标准化、专业化、精细化、智慧化的产业空间，加速形成产业集群、企业集聚、要素集成、区域集中的新型产业生态群落。鼓励楼宇强化管理，创建智慧楼宇，提升楼宇物业管理和服务水平。强化政府服务，推进以大数据中心和信息交换枢纽为主要功能的平台建设，建立企业信用监管平台并使其与楼宇管理系统实现联动，实行信息资源共享，准确把握楼宇发展情况。推进楼宇服务标准化，建立楼宇评级标准，对各楼宇和服务业集聚区进行量化评估，根据评估结果进行鼓励引导。

提供优质公正的政策环境。进一步梳理促进民营经济发展的政策体系，切实增强政策的科学性、稳定性和可行性。做好对民营经济发展情况的分析研判，提出促进民营经济发展切实可行的政策措施，并完善相关配套举措。狠抓政策落实，梳理现行涉及民营企业的优惠政策，列出清单并向社会公布，有针对性地开展专项督查，对政策执行不到位的要依规依纪予以问责。增强政策的确定性，保持政策的定力，使民营企业形成稳定的政策预期，将更多精力放在生产经营活动上。借鉴上海、北京、海南等地的发展经验，借力国家试点，结合中国（浙江）自由贸易试验区宁波片区等建设机遇，推进“向上争取”与“对内改革”同步实施，以制度和政策优势构建宁波营商环境优势。

2. 持续优化企业经营环境

着力解决民营企业融资难题。坚持以金融供给侧结构性改革为主线，提高金融供给的适应性，对民营企业进行分类施策，优化融资结构与信贷结构，为民营经济稳步发展奠定长期基础。进一步完善政府性融资担保体系，推广政银合作模式，有效发挥政府资金的撬动和支撑作用，拓展普惠金融覆盖面。在对接企业意愿、保证信息安全的基础上，开放共享更多的工商、社保、税务、海关、电力、司法等部门的数据，为银行精准服务民营企业、有效防控风险提供信息支撑。发挥大型商业银行和中小金融机构的相对优势，鼓励设立小微民营企业专项发展基金，降低贷款门槛，提升贷款额度，引导中小金融机构发挥本地优势以及在业务流程上的效率优势和灵活性，推动其机构下沉，减少银企之间的信息不对称，提高支持民营企业发展的效率。支持符合条件的企业通过股改挂牌上市、发行票据等方式筹集资金，重点推进一批高科技和高成长型民企在创业板上市，稳步拓展融资渠道。推进“银税互动”良性循环发展，将企业的纳税信用、纳税贡献转化为有价值的融资成本，缓解诚信纳税企业缺抵押、少担保、难以获得银行资金支持的难题。

放宽民营企业市场准入。坚持“非禁即入”，在健全权利和责任清单管理制度的基础上，逐条对照市场准入负面清单，建立负面清单事项与现有行政审批流程无缝衔接机制，开放法律法规未明确禁止的行业和领域，清理各种形式的市场准入不合理限制和隐形壁垒，做到“法无禁止即可为”，努力营造权利平等、地位平等、规则平等的市场竞争环境。不断完善政务、政策公开发布制度，及时发布产业政策和重大项目信息，做到政策公开、程序公开、结果公开。定期开展公平竞争审查，坚决取消单独对民间资本设置的附加条件。降低民间资本进入重点领域的门槛，在环保、交通能源、社会事业等方面推出一批适合民间资本进入的示范项目，积极支持民间资本控股。

提升综合服务水平。以服务业高质量发展为抓手，推进城市综合服务能力向高端化、国际化、便利化升级，重点满足产业项目发展和国际商务交流需求。聚焦生产性服务业，利用好世界一流强港、国家保险创新综合试验区、中国（浙江）自由贸易试验区宁波片区等建设机遇，大力补足金融保险、高端咨询、国际会展等业态以及碳资产管理、碳排放交易等新兴业态。围绕生活性服务业，一方面要按照配套设施齐全、服务完善、管理高效等标准推进小微企业产业园区建设，加快民营企业集聚区附近公共基础设施的建设进度，保障民营企业享有平等、优质公共基础服务的权利；另一方面要全面加强国际枢纽建设，积极培育与国际接轨的高端商品消费链和商业集群，推进一批具有国际水平的医院、学校、社区以及健康休闲、文化体育等项目建设，推动营商环境向国际化发展。

3. 完善相关制度和工作机制

强化法治营商环境建设。加快营商环境领域立法，综合考虑我国开放型市场经济体系的长远发展、宁波各地各部门优化营商环境的具体举措和经验、现有国际贸易的运行规则等，推进法治宁波建设与深化营商环境改革更加深度结合，加强立法决策和营商环境改革决策相衔接，适时推进“宁波市营商环境条例”立法进程。完善法律体系，制定法治化营商环境建设年度工作清单，清理规范涉及营商环境的政策制度，特别是加快相关改革监管配套政策出台。提升执法效能，加强执法规范性、协同性、科学性，保障规则公平、机会公平和权利公平。探索包容审慎的监管新模式，畅通市场主体参与立法的渠道，广泛征求市场主体的意见建议，将市场主体全生命周期保障纳入制度化、规范化、法治化轨道。

优化营商环境工作机制。加快探索建立跨部门工作机制。在“市政公用基础设施报装”方面，明确牵头部门，负责统筹水电气网等公共基础设施接入服务改革，推动从“一站式”办理向“一件事”联办转变。在“获取经营场所”方面，加快推动办理建筑许可、登记财产的牵头部门协同工作，迭代低风险小型项目审批“最多 15 个工作日”改革，打通不动产登记系统，建立项目与土地的代码关联机制，全面实施获得经营场所“一件事”改革。在“获取金融服务”方面，在原有单一的获得信贷基础上，进一步综合集成电子支付监管、绿色融资、电子支付等跨部门业务。深入推进营商环境数字化改革。提升数字化改革自觉性，上线宁波营商环境综合信息平台。纵深推进营商环境各领域数字化改革工作，加快“甬金通”“最多报一次”等标志性应用平台的建设进度。迭代升级营商环境宁波专区建设，打造城市特色平台。

（四）完善先富带后富机制，发挥民营经济帮扶优势

实现共同富裕，民营经济只能壮大、不能弱化，不仅不能让它“离场”，还要给它提供更加广阔的舞台。民营经济作为重要的先富群体代表，在先富带动后富、促进共同富裕中要扮演也必将扮演重要角色，要做到富而有责、

富而有义、富而有爱。在企业内部，民营企业要积极构建和谐的劳动关系，推动构建全体员工利益共同体，让企业发展成果更公平地惠及全体员工；在企业外部，民营企业要增强家国情怀，自觉践行以人民为中心的发展思想，增强先富带后富、促进共同富裕的责任感和使命感。

1. 构建企业与职工利益共同体

健全工资集体协商机制。推动上规模的民营企业普遍建立工资协商共决制度，重点就企业内部工资分配制度、工资分配形式、工资收入水平、工资支付办法等事项进行平等协商，并在企业和职工双方协商一致的基础上签订工资协议。引导企业积极探索工资集体协商新形式，根据民营企业集群性、行业性比较集中的特点以及民营企业数量多、建制难的实际情况，在中小民营企业、劳动密集型企业较为集中的区域，推动开展区域性工资集体协商，在规模较小、行业相同或者相近、生产经营特点相同或者相似的民营企业，开展行业性工资集体协商。

创新资本和劳动联合共享机制。引导民营企业在注重提升员工工资性收入的基础上，加大员工经营性收入提升力度，坚持自愿原则，鼓励员工以资产、土地、技术、劳动等生产要素入股，通过将企业与员工个人利益绑定，有效激发员工的工作热情，实现股东利益与员工利益的平衡，形成企业和员工双向奔赴的发展格局。鼓励企业创新工资增长机制，完善工资支付保障制度，实现职工工资与企业经济效益同步增长，保持岗位的稳定性，促进职工和企业的可持续发展。

2. 推动企业参与乡村振兴

加快推动企业参与产业振兴，助力乡村经济发展。发挥企业帮扶“造血”功能，依托各地乡村特色资源禀赋，引导民营经济主体向宁波农产品主产区、优势区集中，因地制宜，采取“企业＋基地＋农户”“企业＋合作社＋基地”等经济模式开展村企合作，促进农村一、二、三产业深度融合，加快形成与农业相互协调发展的产业集群，带动农民持续稳定增收。培育乡村产业新业态，加快推进民营经济进入农业科技、农业生产和农业旅游等领域，发挥其开发、宣传、销售等环节优势，为农业生产提供全过程、高质量的综合配套服务，形成生态化、标准化、产业化的农业产业品牌，催生直供直销、联动发展等产业发展新模式。

加快推动企业参与文化振兴，助力乡村夯实文化根基。复兴乡村文化，依托乡村红色文化、历史文化、民俗文化以及农耕文化等资源，一方面鼓励民营企业积极参与建设乡村文化项目，组织开展丰富多彩的文艺表演、民俗活动和文娱健身等活动，持续深化移风易俗；另一方面推动民营企业参与构建乡村文化新业态，围绕演出、文化体验、康养体育和乡村民宿等文化市场新兴业态，培育一批科技含量高、发展前景好的新兴产业。支持企业依托闲置农房、农家书屋等公共场地，打造“小而美”的企业冠名图书馆、博物馆或美术馆，定期举办文化大讲堂、读书周、文化周、艺术周等全民系列活动。鼓励村企共建研学营，开设国学、红色文化等课程以及厨艺、农艺等技能体验课程，打造全市中小学生素质教育实践基地，构建德智体美劳全方位、沉浸式的体验型素质教育场景。组织企业员工与村民共同成立乡村文艺传承志愿者队伍，传播中华文化、乡村文化和企业优秀文化。

加快推动企业参与农村人才振兴，合力培养人才队伍。发挥民营企业自身优势，利用独特的物力、技术等优势资源，建立村企人才互聘互学机制，加强农村专业人才队伍建设，培养有潜力的村民成为农业职业经理人、经纪人、乡村工匠等。鼓励民营企业开展各种职业培训和就业指导，传播现代经营理念，推广先进生产技术，激发就业创业热情，让无业者就业，让有业者创业，加快促进乡村人才振兴。吸引人才回流乡村，支持民营经济主体与村集体共建强村公司，推动村党支部与结对企业开展支部联建，通过盘活村内闲置厂房、民居等建筑，形成文旅农创客中心，打造“共享办公”“共享创业”的创客空间，使其成为返乡青年和有志于建设乡村的创客集中办公、活动交流的场所。重点围绕直播电商、农业科技、文创农艺等新产业、新业态成立农创、艺创、云创等孵化基地，定期开展创客研学、创客艺术节、创客旅居等活动项目，全方位提供智力、资本、资源等支持，壮大“青创客”“农创客”“新农人”队伍，推动艺术兴农、科技强农。

加快推动企业参与公共服务建设，合力提升乡村生活质量。推进村级幸福院、日间照料中心等养老服务设施建设，完善公共区域无障碍环境，提高设施适老化改造率、互助养老活动及文娱活动开展频率，缓解乡村留守老人养老问题，实现老有颐养。依托山水自然资源，挖掘乡村中医药、康养等的特色，借助企业资本改造或建设康养主题民宿，打造一批疗养、休养基地。联合当地妇幼保健院和托幼机构，提供公益普惠性儿童日常健康管理科学建议和指导，不断提升学前教育质量。依托乡镇卫生院、村卫生室，探索打造农村标准化诊所，引导乡村医生职能从疾病治疗向疾病预防、健康促进转变，启动健康教育、健康管理、预防康复等乡村预防保健服务工程，提升乡村居民健康素养。布局公共健身点、公共体育场，定期举办村民运动会、“农事活动赛”，带动更多村民参与体育运动，提高村民健康水平和生活品质。

3. 全面构建保障体系

加强思想政治教育。建立定期学习制度，不定期开展各种形式的讲座，加强民营企业家对中国传统文化的了解，以及对国家重大发展战略、社会主义核心价值观、共同富裕的意义的深入了解，帮助各民营企业家形成大局观，使其拥有奉献精神以及服务意识，在共同富裕的实现中勇于承担责任，做出成绩。

营造良好社会环境。发挥政府在引领群众工作中的积极作用，并充分利用新媒体、互联网等渠道，在全社会营造民营经济“先富带后富”、促进共同富裕目标实现的舆论氛围，加强社会各界对民营经济的认同感，促使更多的民营企业自觉自愿参与进来，使其所掌握的资金、技术、人才和市场等要素在推进共同富裕中发挥更大作用。

强化政策保障。强化地方党委和政府为民营经济助推共同富裕提供各类政策保障的责任意识，重点针对完善政策、优化服务、强化监管等方面，着力完善关于企业承担和履行社会责任的制度体系和法律体系。强化平台政策保障，依托“浙政钉”等政府信息平台，发布各类乡村振兴项目信息，为民营企业牵线搭桥，同时细化财政支持、税收减免、土地使用、金融支持等具体政策，为民营企业推动乡村振兴提供公平竞争机会。强化激励政策保障，完善民营经济“先富带后富”激励政策，形成常态化的激励机制，促进已出台的相关激励政策落地落实，对不能执行激励政策的行为强化问责，实现“企业但凡有所为，政府必定有所应”的协同形态。

第九章　从未来产业角度看共富内生动力

未来产业的发展，将为社会财富持续创造提供战略支点。当前，在技术驱动和需求拉动共同作用下，未来健康、未来智能、未来能源、未来空间和未来材料等未来产业，不仅进一步打开了现代产业的发展空间，成为扩大中等收入群体的内生动力，也为人民群众日益关切的生命安全、信息安全、环境安全以及新消费、新服务提供解决方案和新的体验场景。

宁波高度重视新技术演进和新赛道培育，创新主体加速集聚，空天信息、氢能储能、元宇宙等领域的科技型企业已经燃起星星之火，应加快开展未来产业的系统性谋划，加快布局细分产业链，建立起一套基于既有科技创新体系、立足基础研究与前沿技术底座、衔接场景培育、联动创新生态主体的未来产业发展系统，突破“无人之境”，为实现共同富裕提供科技与产业动力。

一、共同富裕视角下发展未来产业的重大意义

（一）持续创造社会财富的战略支点

占领科技创新前沿，抢占产业发展制高点，是国家经济持续发展、形成国际竞争优势的关键。当前新一轮科技革命和产业变革正在兴起，未来产业

依托新科技，既能融合迭代，带动传统产业加速转型升级，又能开辟新的赛道，引领新需求、创造新动力、拓展新空间，成为塑造经济发展新动能、新优势的主要手段。

近年来，深圳、杭州等地以人工智能、新能源、空天科技等为主体的未来产业开始萌芽，智慧城市、绿色储能、数字地球等应用场景层出不穷，逐渐成为扩大经济发展的底盘、带动地方经济增长的新势力和持续创造社会财富的战略支点。

（二）扩大中等收入群体的内生动力

创造更多高质量就业机会、促进财富持续稳定增长是扩大中等收入群体的重要手段。历史经验表明，大力发展技术和知识密集型行业，有助于沉淀并快速壮大中等收入群体。

就未来产业而言，因其技术路径的复杂性和不可预见性，在成长发展过程中，往往会裂变出大量新业态、新模式，从而创造出大量的新职业、新岗位，这些职业岗位具有相对较高的技术和知识门槛，能够带来工资性收入的显著提升。

与此同时，未来产业也是创业投资机会大量集聚的重要领域，一旦前沿技术取得突破性进展，开始进入产业化、商业化阶段，创业者、投资者、技术骨干等群体将获得巨大的商业红利和投资性收益，成为知识致富、信息致富、技术致富全新领域。

（三）实现人民美好生活的重要手段

进入新时代，广大人民群众对于美好生活的追求向往日益强烈，期盼更便利的生产生活方式、更优质的公共服务供给、更丰富的精神文化生活，总体呈现出高水平、多样化、多层次的特征。

未来产业依托于前沿科技的创新突破，正在不断把这种向往变成现实，尤其在生命安全、信息安全、环境安全以及新消费、新服务等新需求领域创造出了新的解决方案。比如，脑机接口、合成生物、基因和细胞治疗等未来健康产业有望大幅提升人们的生存质量；先进核能、绿色氢能、新型储能等未来能源产业能够使人们的交通、住宅、供冷、供热等方面更加低碳高效；未来网络、区块链、元宇宙等未来智能产业将会衍生出大量数字消费场景，为人们带来虚拟与现实交互的更加真实、更加新奇的体验。

随着未来产业的发展壮大，科技的迭代效应和溢出效应必将更加凸显。通过颠覆性改变人们的生产生活方式，科技将创造更大的民生福祉和物质精神价值。

二、未来产业的内涵与成长模式

（一）未来产业的内涵与特征

根据科技界和产业界的共识，未来产业是基于技术创新的、能够在人类未来经济社会发展过程中产生净正向溢出效应的、目前尚处于幼稚期但未来能够成为战略性新兴产业、主导产业乃至支柱产业的新兴产业。其内涵可以从四个方面理解。

从技术属性看，未来产业与科技创新密切相关，是前沿技术、新兴技术、颠覆性技术等相对集聚的领域。从经济作用维度看，未来产业的正向溢出效应明显，能够有效提高产业竞争力、引导国民经济高速增长、推动社会可持续发展以及提高人类认知水平、生活质量等。从生命周期维度看，未来产业需“立足当下、面向未来”，总体尚处于孕育阶段、发展雏形期、成长初期或爆发前夕。从发展方向维度看，未来产业是未来的新兴产业、支柱产业、主导产业、战略性新兴产业。

未来产业的特征主要包括以下几个。

高技术性。未来产业代表未来科技发展趋势，是技术轨道、技术范式等创新、颠覆形成的新兴产业，这是未来产业区别于其他产业的核心特征。

高成长性。未来产业属于产业发展新领域，往往处于萌动期、孕育期，或处于产业化前期，产业体系和产业生态建设刚刚起步。其主要瞄准未来潜在需求，相关产品和服务在未来国内外市场具有巨大规模或长期稳定的需求，属于潜力较大的高成长型产业。

强正外部性。未来产业一般是处于产业链中核心位置的关键产业，属于产业链、价值链的高附加值环节，其发展会带动相关行业技术、人才、原材料、资金等各种资源的需求和发展，从而带动上下游产业和关联产业的同步增长，呈现出显著的“溢出效应”。

较强的政策性。与新兴产业和成熟产业相比，未来产业在资源配置和市场竞争中处于弱势地位，但是在推动未来经济社会变迁中起到关键性、支撑性和引领性作用，因此未来产业的培育和发展需要政府引导干预，让社会资源向未来产业合理流动。

较强的区域性和垄断性。未来产业在区域发展中发挥着战略性、前瞻性和带动性作用，极易形成区域特色，构建某领域的影响力。其技术策源地具有区域“锁定效应”，一旦前沿技术取得突破性进展，开始全面进入商业化阶段，技术策源地将率先取得先发优势，成为该技术和产业的中心。

长期性和不确定性。未来产业的形成和发展都是基于未来经济发展和生活方式的变化，是对未来一段时期产业发展和技术突破方向的研判。其在当下一般不是主导产业，呈现出的技术突破和科技进步都需要时间和实践的检验，技术产业化、规模化形成的产品也需要在市场中经受考验。

（二）未来产业的成长模式

未来产业的成长模式可归纳为“五风”，即风动、风口、风投、风向、风控。

未来产业的萌动——风动。自工业革命以来，技术推动、需求拉动和创意驱动是催生新产业的三大核心动力。如今，多元化发展已经成为世界的主旋律。可以认为，未来产业更多的是混合驱动，即技术、需求和创意的共同作用导致未来产业的萌生。

未来产业的兴起——风口。在技术、需求和创意的持续驱动下，加之营销和媒体的促动，未来产业的发展或将达到爆发的阈值，形成行业风口，成为政产学研用的关注热点。

未来产业的发展——风投。当未来产业处于风口期时，便产生了对创新要素、生产要素的巨大需求，其中的先动要素是资本。大量的风险性资本（包括天使投资、创业投资以及众筹、私募股权投资等）通过前景导向机制和退出接力机制而集聚投向未来产业，进而吸引人才要素以及其他资源进入。

未来产业的扶持——风向。国家和地方政府可以通过各种方式调节未来产业发展风向。例如，通过制定和实施未来产业发展规划来明确未来产业的重点发展领域，通过建立未来产业先导区、试验区、示范区来引领未来产业的发展布局，通过设立未来产业专项项目、专项基金来支持未来产业的重点领域加速发展。

未来产业的规制——风控。未来产业在发展过程中会出现风险和问题，例如无序竞争、垄断、不当融资、不合理运用财政资金、信息安全风险、损害消费者利益等，因此需要进行产业规制，如制定产业标准、实施行业规范、保障信息安全等，其中最主要的是行业风险治理，需要建立针对未来产业的风险防控体系，包括风险监测预警机制、科技保险机制、风险补偿机制等。

（三）未来产业的发展趋势

1. 未来产业已进入加速发展阶段

当前，全球科技创新进入空前密集活跃的时期，以新一代信息技术、新材料技术、新能源技术、生物技术、海洋技术、空间技术等为主导的未来产业技术正在实现关键性、群体性技术突破，呈现多点群发、交叉融合的态势，加速了空天信息、前沿新材料、氢能与储能等未来产业的发展步伐。

与此同时，新冠疫情、俄乌冲突等事件以及全球气候变暖、数字鸿沟等国际普遍性问题不断创造出新需求和新应用场景。如新冠疫情推动了生物医药、数字化医疗等领域的技术创新和产业发展，基于人工智能的大通量分子筛选技术被应用于新疫苗、新药物的开发，基于基因工程的mRNA疫苗在短期内被研发成功并投放市场；能源危机则促使了清洁能源供给的扩大，截至

2022年，已有中、美、日、德等26个国家将氢能作为其能源结构的支柱之一，加快了氢能产业创新发展进程。

2. 未来产业成为大国博弈新赛道

由于前沿科技的巨大潜力和深远影响，世界各国密集出台重大规划政策，谋划布局其未来产业发展，以期赢得未来全球产业发展先机，抢占世界科技竞争制高点。欧盟于2019年发布《加强面向未来欧盟产业战略价值链报告》，计划提高欧洲在自动驾驶汽车、氢技术及其系统、智能健康、工业互联网等产业的全球竞争力；日本于2019年启动了“登月型”（Moonshot）研发制度，明确提出了计划于2050年前达成的六项技术目标；美国于2021年发布《未来产业研究所：美国科学与技术领导力的新模式》，提出重点发展人工智能、量子信息科学、先进制造、生物技术、先进通信网络等五大未来产业。

从国家层面来看，我国“十四五”规划纲要提出，要重点围绕类脑智能、量子信息、基因技术、未来网络、深海空天开发、氢能与储能等前沿科技和产业变革领域谋划布局一批未来产业，为壮大前沿科技创新实力、塑造未来产业生态、应对大国竞争提供有力支撑。2022年中央经济工作会议进一步指出，要加快新能源、人工智能、生物制造、绿色低碳、量子计算等前沿技术研发和应用推广。国家有关部委也出台《新一代人工智能发展规划》《关于加快推动新型储能发展的指导意见》《氢能产业发展中长期规划（2021—2035年）》等细分领域专项规划及政策。

3. 多个省市加快未来产业布局

在国家政策的引导下，全国多个省市对未来产业作出了规划布局。例如深圳出台《深圳市培育发展未来产业行动计划（2022—2025年）》，要求在合成生物、区块链、细胞与基因、空天技术、脑科学与类脑智能、深地深海、可见光通信与光计算、量子信息八大领域发力；上海发布《上海打造未来产业创新高地发展壮大未来产业集群行动方案》，提出布局未来健康、未来智能、未来能源、未来空间、未来材料等“五大方向、16个领域”的未来产业集群。2023 年 2 月，浙江发布了《关于培育发展未来产业的指导意见》，提出优先发展未来网络、元宇宙等 9 个快速成长的未来产业，探索发展量子信息、脑科学与类脑智能等 6 个潜力巨大的未来产业。

三、宁波发展未来产业的重点领域和具体路径

（一）选择依据

一是符合战略导向。未来产业的发展方向本质上是科技创新的发展方向，其最终目的是使国家繁荣富强、人民生活富足美好。因此，站在新的历史发展阶段，未来产业的选择要想国家之所想、急国家之所急，努力破解国家发展的战略难题，为中国式现代化的推进提供强劲引擎，为共同富裕百年奋斗目标的实现提供有力支撑。

二是具备前景价值。市场需求是催生未来产业的三大核心动力之一。因此，未来产业的选择要考虑前景应用价值。具体来说，前沿技术产业化形成的产品要获得市场认可，或能够提供新的功能，满足市场上存在但未能满足的需求；或能以更优的性能或更低的成本形成对具有相同功能产品的替代。

三是契合现实基础。未来产业不是空中楼阁，而是以今天的基础用明天的科技锻造后天的产业。因此，其选择要契合现实基础，注重以延伸、裂变、融合等产业发展模式，在传统产业、战略性新兴产业领域“有中生新”，再因势利导开辟“无中生有”发展新赛道。

（二）重点领域

综合考虑战略导向、前景价值和现实基础，宁波可在未来材料、未来能源、未来健康、未来智能、未来空间等领域超前培育一批具有国际影响力的“硬科技”未来产业。

1. 未来材料：前沿新材料产业

前沿新材料是具有优异性能和特殊功能的材料，包括石墨烯材料、超导材料、3D 打印材料、智能仿生与超材料等，具有战略性、先导性和颠覆性，兼具产业带动性强、附加值高等特征（见图 9–1）。

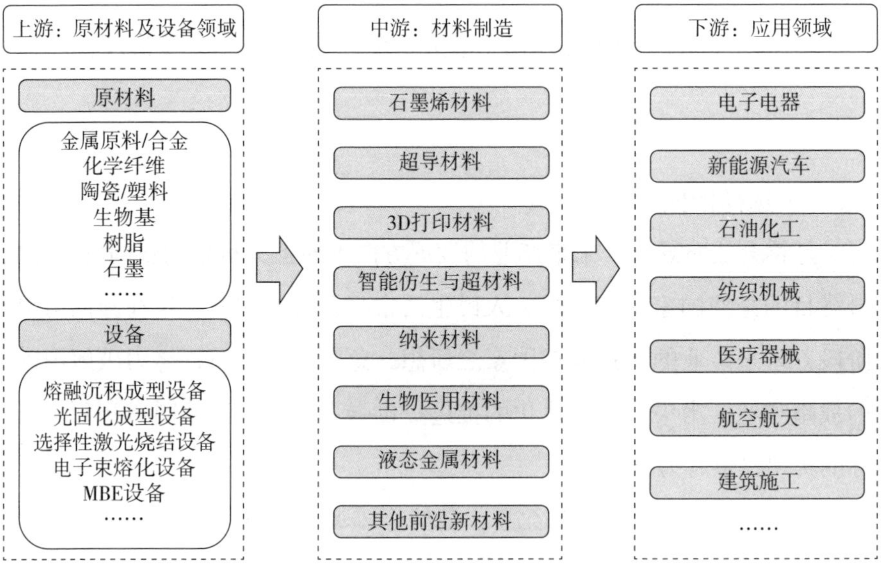

图 9–1　前沿新材料产业链

资料来源：国研经济研究院东海分院绘制。

前沿新材料是新一轮科技革命和产业变革的基石与先导，也是国家面向未来确定的战略必争领域之一。宁波是全国首批 7 个新材料产业国家高技术产业基地之一，拥有中科院宁波材料所、兵器科学研究院宁波分院等高端研发机构以及长阳科技、激智新材料等行业领军企业。基于宁波产业规模领先、创新资源集聚效应明显、龙头企业细分领域竞争实力强等优势，结合全球新材料前沿发展趋势，建议宁波将石墨烯材料、超导材料、纳米材料、生物医用材料和 3D 打印材料作为重点发展细分领域，打造具有全球影响力的新材料创新领军城市和产业高地（见表 9–1）。

表 9-1　前沿新材料的应用领域、重点生产企业及创新平台

材料	应用领域	重点生产企业	创新平台
石墨烯材料	集成电路、石墨烯锂离子电池、石墨烯储氢、3D 打印、海水淡化、柔性显示屏、航空航天、基因工程等	柔碳科技、墨西科技、烯铝新能源、富理电池材料、烯材暖科技等	中科院宁波材料所、兵科院宁波分院、国家石墨烯创新中心、甬江实验室、西北工业大学宁波研究院、国科大宁波材料工程学院、宁波海洋研究院等
超导材料	电子通信、机械工程、磁悬浮列车、雷达、预警飞机、医疗设备、高能物理等	宁波健信、博威合金等	
纳米材料	电子信息、新能源、生物医药、服装纺织、建筑化工、航空航天等	宁波广新、金雷科技、宁波广博等	
生物医用材料	植入型人工心脏瓣膜、人工血管、起搏器、血管支架、封堵器等	瑞瑧生物科技、贝昂生物材料等	
3D 打印材料	航天航空、医疗健康、教育创新、文化创意、铸造模具、汽车工业等	金锐科技、瀚森科技等	

资料来源：国研经济研究院东海分院整理。

（1）聚焦石墨烯材料。大力发展千吨级石墨烯粉体、百万平方米级石墨烯薄膜的低成本生产技术，开发生产专用型石墨烯浆料和粉体产品、石墨烯改性材料与创新元器件，实现高品质石墨烯产品低成本、稳定量产。

（2）聚焦超导材料。重点发展高温超导薄膜材料、高压电力设备超导材料，革新高温超导薄膜技术，加强 4 英寸及以上超导薄膜低成本批量化制备和应用。开发钇系列高温超导电缆材料、浸渍成型技术设备，重点研发高精密度无氧铜杆、长寿命漆包线等超导电缆制作用材。

（3）聚焦纳米材料。重点发展金刚石、纳米碳管、高端活性炭等先进碳材料，以及多功能防护涂层材料，高润滑碳化硅密封材料，新型吸附及隔热、绝热材料，吸波材料，电磁屏蔽材料，纳米电子材料及器件，纳米钝化材料，纳米功能薄膜，共价 / 金属有机框架材料，高效绿色催化材料，等等。突破纳米催化材料及应用、纳米能源材料及应用、纳米环境材料与应用等关键技术。

（4）聚焦生物医用材料。推进聚乳酸（PLA）、聚丁二酸丁二酯（PBS）、呋喃聚酯（PEF）、聚氨基甲酸酯（PU）、纳米纤维素（NCC）、复合凝胶材料、制浆造纸材料、模板剂材料等生物基新材料，以及医药包装材料、骨科植入

材料、心脑血管植入材料、生物再生材料、血液净化材料、牙科材料、医用防护纺织等医用新材料的研发和医用推广。加速高通量基因检测、医学影像增强、3D 生物打印、材料表面生物功能化及改性、染色性能优化等关键技术突破。

（5）聚焦 3D 打印材料。重点发展 3D 打印合金粉末、纳米陶瓷材料、高速熔覆用合金粉末材料等金属打印材料，推进增材制造专用金属粉末材料制备技术、高转速旋转电极制粉技术、气雾化制粉技术等关键技术开发。引入纳米结构陶瓷粉体技术，开发纳米结构和纳米改性球形粉体材料等 3D 打印陶瓷材料专用原料，开发数据处理软件、工艺智能控制软件等 3D 打印软件工具。

2. 未来能源：氢能与储能产业

氢能与储能是实现“碳达峰、碳中和”目标的重要手段，更是城市绿色共富发展的新动能，其产业化正步入快速发展时期。2022 年国家发展改革委、国家能源局印发《“十四五”新型储能发展实施方案》和《氢能产业发展中长期规划（2021—2035 年）》，氢能与储能被着重提出，成为整个“十四五”时期，全国组织实施产业孵化、进行前瞻布局的未来产业之一。

宁波具备较好的氢能与储能发展基础。在氢能方面，宁波作为我国七大石化基地之一，化工副产氢丰富，发达的汽车及港航物流产业创造了丰富的交通载具应用场景。在储能方面，无论是“技术面”的抽水蓄能、电化学储能，还是家庭和工商业厂房的新型储能“应用层”，宁波都有相关企业捷足先登。未来可聚焦氢能装备制造、氢气制储运、氢能示范应用等氢能细分领域以及新型储能、智慧储能等储能关键环节重点突破。

（1）聚焦氢能产业（见图 9–2）。

——氢能装备制造。依托慈溪滨海经开区，加快氢能产业园建设，围绕氢能装备制造，重点大力发展氢燃料电池发动机和氢燃料分布式发电系统，着力突破质子交换膜、电堆材料、高效催化剂等氢燃料电池关键零部件及材料国产化瓶颈，提高金属双极板、空压机、氢气循环系统等关键性能指标；

加速推进电解水制氢、氢气提纯和液化设备生产；支持固态储氢、液氢、深冷高压、有机液体等多种储运技术装备和加氢机、加氢枪、控制阀组等加注设备研制及推广应用。

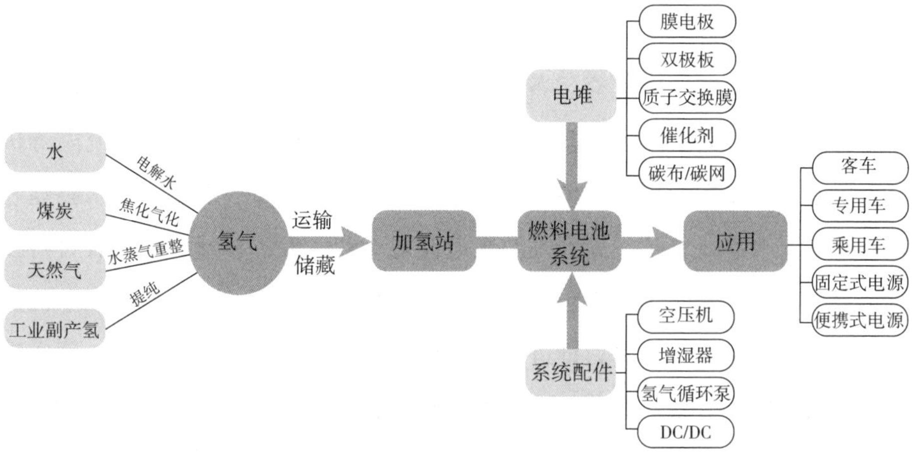

图 9-2　氢能产业链

资料来源：国研经济研究院东海分院绘制。

——氢气制储运。在制氢领域，现阶段依托镇海炼化、中金石油、大榭石化等化工企业，突破化工余热与废气资源高效制取氢气技术；中长期探索并推进可再生能源绿电制氢技术，重点突破低成本、高效率、长寿命的质子交换膜电解制氢、高温固体氧化物电解制氢成套工艺、高效大功率碱水电解槽关键技术开发。在储运领域，重点突破高压气态、高密度液态、高安全固态储供氢技术与装备，纯氢与掺氢管道输送技术。在加注领域，逐步摆脱氢气压缩机、加注机等关键设备及其核心零部件的进口依赖，重点在北仑和大榭开展加氢站示范建设，突破 70MPa 加氢站用加压加注关键设备。

——氢能示范应用。在交通运输领域，加快推进燃料电池商用车的规模化和商业化应用。探索推进氢燃料电池在物流车、港区集卡车、叉车等领域应用示范，逐步提高氢燃料电池车在港口用车中的比例；在非道路交通运输领域，深入推进氢能在宁波市应急移动电源、钢铁等方面分布式应用。探索氢能在港口机械、船舶领域的应用，推广氢燃料海洋运输船舶、游艇、渔船的示范运营；在储能领域，试点推进氢燃料热电联供系统在居民家庭的应用，鼓励多元化氢能应用场景开发。以慈溪“氢电耦合直流微网示范工程”为抓手，以点带面有序推进“绿氢”产业拓展。

（2）聚焦储能。

——新型储能。以北仑装备产业为基础，充分发挥前湾新区平台优势，以及机械科学研究总院（宁波）南方中心、宁波市智能制造技术研究院等机构的技术创新和产业孵化作用，做大做强高水头大容量、可变速抽水蓄能装备及海水抽水蓄能装备。大力发展锂电储能产业，发挥杉杉股份、容百科技等龙头企业的引领作用，进一步提高正负极材料、隔膜、电解液等锂电池储能材料产业集聚水平。努力推进钠离子电池、铅炭电池、液流电池、固态锂离子电池、熔盐储能、压缩空气储能、氢储能等新型储能技术攻关及产业化。提升储能电池模组封装和系统集成能力，积极发展储能电池管理系统（BMS）、能量管理系统（EMS）、储能变流器（PCS）等配套产业。突破储能电池循环寿命快速检测和老化状态评价技术，加快发展电池化成、检测等后端设备。提升风光储充用一体化智能电站、集装箱式储能系统等成套装置的设计、制造与运维能力。

——智慧储能。创新能源智慧调控技术，集中攻关规模化储能系统集群智能协同控制关键技术，开展分布式储能系统协同聚合研究，着力破解高比例新能源接入带来的电网控制难题。依托大数据、云计算、人工智能、区块链等技术，开展储能多功能复用、需求侧响应、虚拟电厂、云储能、市场化交易等领域关键技术研究。重点引导全市各行业电力用户参与虚拟电厂建设与运营，以工业互联网为底层技术支撑，推动共建智慧虚拟电厂平台，带动虚拟电厂聚合商、综合能源服务商以及虚拟电厂软件平台服务商等服务企业加速集聚；探索商业模式，开展工业可调节负荷、楼宇空调负荷、大数据中心负荷、用户侧储能、新能源汽车与电网（V2G）能量互动等各类资源聚合的虚拟电厂示范，提供“源荷互动”的调峰辅助服务，鼓励内部聚合的企业、用户、充电桩、储能、分布式能源等市场主体开展绿电交易。

专栏三　虚拟电厂和绿电交易概念梳理

一、虚拟电厂

虚拟电厂是通过物联网、云计算等技术，将不同的用电方、储能方、分布式电源聚合起来，实现电力的弹性调整，即众多分布式的“小型电站”汇聚成一个发电量可观的“虚拟电厂”（见图 9-3）。

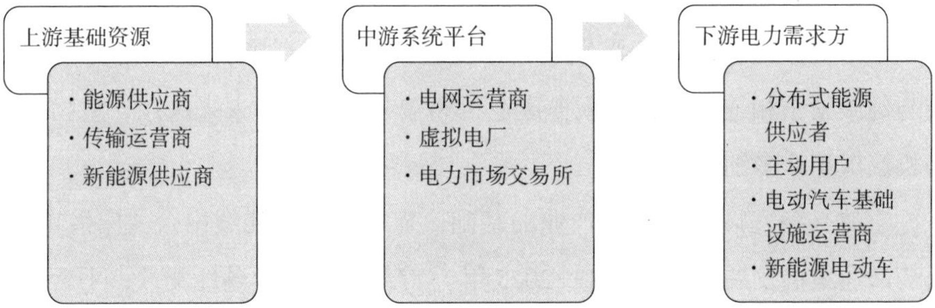

图 9–3　虚拟电厂的产业链结构

资料来源：国研经济研究院东海分院绘制。

二、绿电交易

绿电（绿色电力）是相对火电而言的，即使用太阳能、风能、核能、水能、生物质能等可再生能源发的电。绿电交易是以风电、光伏等绿电产品为标的物，引导有绿电需求的用户直接与发电企业开展交易，在电力中长期市场机制框架内设立的交易品种，能够全面反映绿电的电能价值和环境价值，并提供相应的绿电消费认证（见图 9-4）。

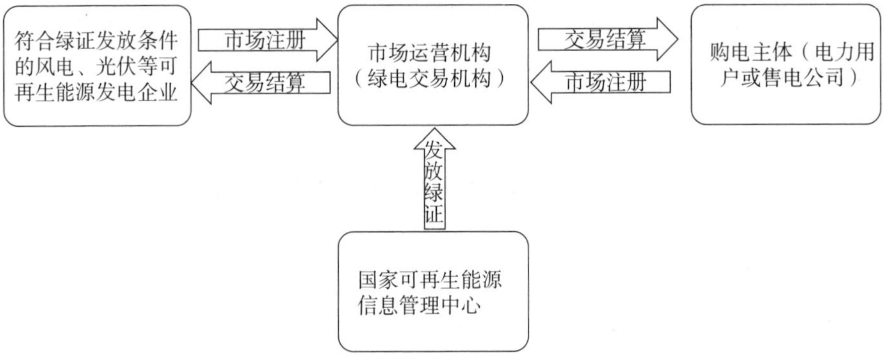

图 9-4　绿电交易流程

资料来源：国研经济研究院东海分院绘制。

3. 未来健康：合成生物与未来医疗

未来健康是指随着经济发展与社会进步，能够直接改善、保障人体健康或与健康紧密相连的制造及服务产业，涵盖合成生物、未来医疗、生物安全、脑机接口等众多细分领域。

宁波具备发展未来健康产业的基础，规划层面已陆续出台《宁波市生物医药产业集群发展规划（2021—2025 年）》等纲领性、指导性文件；平台层面，拥有杭州湾新区生命健康产业园、宁波生物产业园、梅山生命健康产业园等创新载体，以及荣安生物、立华制药、戴维医疗等扎根于产业细分领域的单项冠军企业。依托宁波健康产业优势，瞄准未来健康领域前沿技术，未来宁波可聚焦合成生物与未来医疗方向进行重点突破。

（1）聚焦合成生物产业。开展亚细胞、单细胞以及多细胞等层面人工生命体设计研究，提升合成生物系统的定量可预测设计能力。加快发展定量合成、基因编辑、蛋白质设计、细胞设计、人工基因组设计、高通量筛选等关键技术，构建高通量、自动化、标准化的合成生物使能技术体系。推动合成生物技术在生物智造、疾病诊疗、创新药研发、生物育种、医美产品研制、环境安全、能源安全等领域的颠覆性创新与工程化应用（见图 9-5）。

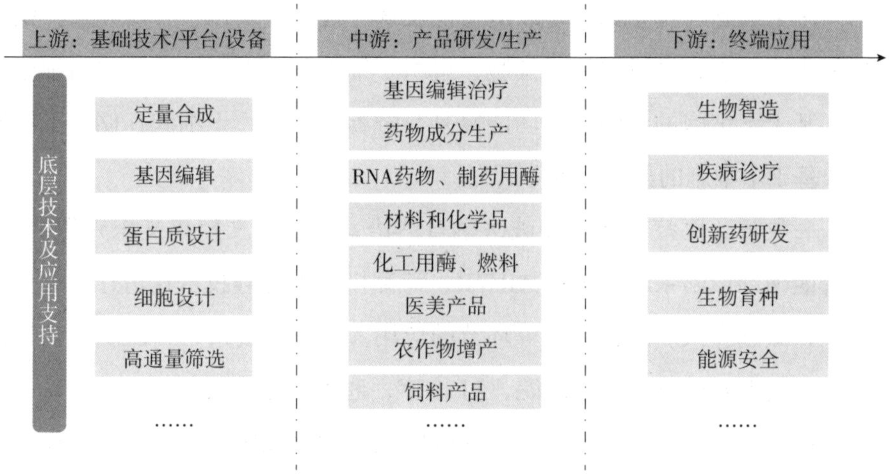

图 9–5　合成生物产业链

资料来源：国研经济研究院东海分院绘制。

（2）聚焦未来医疗（见图 9–6）。

——创新药物研发。突破药物靶标发现与确证、新型抗体药物研发、糖类药物研发、靶向制剂、核酸干扰药物研发等关键技术，促进其在再生医学、重大慢性病治疗、肿瘤免疫治疗、传染病预防与治疗等方向的应用。

——医用器械与装备。围绕预防、诊断、治疗等方面医疗器械临床应用需求，重点发展共生型心脏起搏器、人工器官、全降解支架、3D 生物打印机、手术辅助机器人、影像导航放疗装置、大功率激光康复理疗设备、中医诊疗装备等先进医疗器械；大力发展无创病理检测设备、自适应光学成像仪、新型基因测序仪、高通量全自动生化分析仪、全自动化学发光测定仪、自动化血培养系统等医用检查检验仪器。

——细胞与基因治疗。前瞻布局免疫新靶点发现、新型工程化细胞疗法等基础前沿领域研究，推动建设一批细胞治疗重点实验室和技术创新中心。突破加速新型载体递送、基因编辑、临床级病毒载体、规模细胞培养工艺、高通量靶点筛选、体外基因修饰系统、高质量源头细胞制备、细胞产品溯源等关键技术研发，加速细胞治疗产品相关工程化技术及生产工艺的创新与产业化。

——干细胞与再生医学。以退行性疾病、代谢性疾病、肿瘤等重大疾病治疗需求为牵引，推进多能干细胞、组织干细胞、干细胞定向分化与细胞转分化、基于干细胞的组织器官功能修复与微器官构建、干细胞存储、干细胞治疗及基于干细胞的药物发现等研究。

——数智化医疗服务。突破医学自然语言处理、文档语义识别等技术，发展智能辅助诊断系统。推进 AR/VR、计算机可视化等技术在治疗规划、外科手术、微创介入、活检穿刺等环节的应用。依托宁波市第一医院等当地医疗机构，重点开展以互联网医院、AI 诊疗、远程医疗等服务与应用场景的开发，运用人工智能技术导入医院、互联网医院和远程医疗等资源，建设智能化的医药学服务平台。

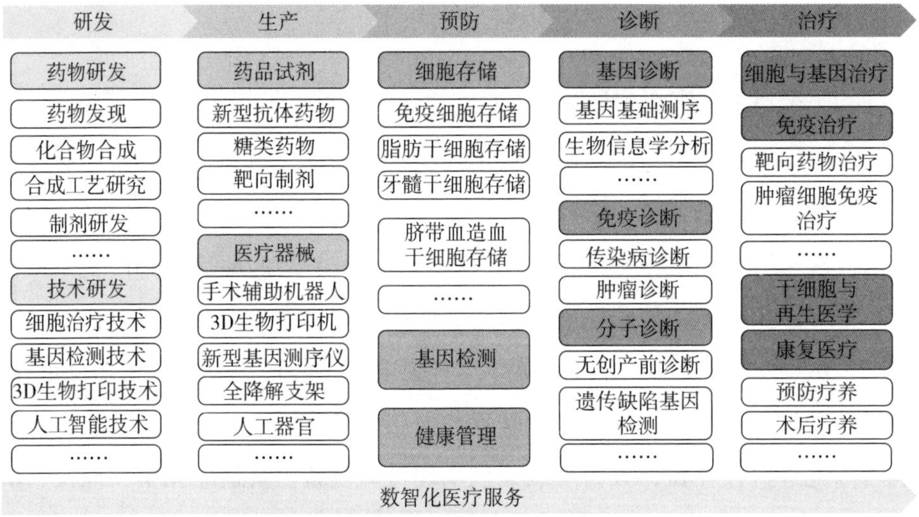

图 9-6　未来医疗产业链

资料来源：国研经济研究院东海分院绘制。

4. 未来智能：数字世界产业

数字世界是人类运用数字技术构建的，由现实世界映射或超越现实世界，可与现实世界交互的虚拟世界，包含柔性电子、未来网络、区块链、人工智能、6G、智能计算、元宇宙等数字相关技术和产业。其中，元宇宙是数字世界的基本表现形式，以柔性电子、未来网络、区块链、人工智能等为代表的上游技术支撑着元宇宙的进一步发展（见图 9–7）。

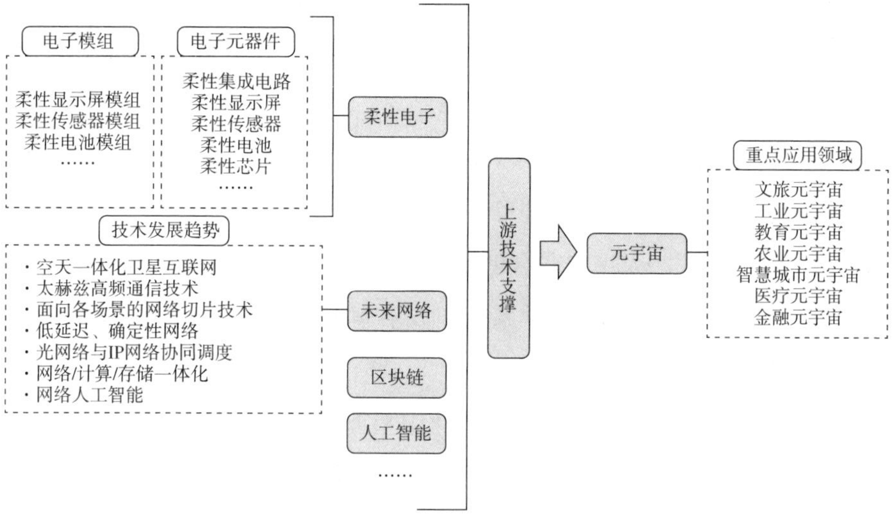

图 9–7　柔性电子、未来网络、元宇宙重点领域

资料来源：国研经济研究院东海分院绘制。

宁波正在全力实施数字经济超常规高质量发展行动，打造数字世界是发展数字经济的重要路径。基于宁波数字基础设施建设较为完善、数字产业不断蓬勃壮大等优势，建议宁波优先发展元宇宙、未来网络、柔性电子等重点领域，利用元宇宙赋能文旅、工业、教育等场景，打造全国数字赋能共同富裕先行市和国际智能制造新高地。

（1）聚焦元宇宙。

——文旅元宇宙，基于区块链、云计算、GIS 等技术，推动天一阁月湖、溪口滕头、四明山国家森林公园等旅游景点打造元宇宙景区，将现实景区、游玩场景、服务内容进行数字化，建设虚拟场景和实体场景相结合、线上线下同步的智慧化景区。在南塘老街、韩岭老街、慈城走马街等街区，试点打造元宇宙数字生活街区，设立虚拟导游，实现“AR+ 街区”沉浸式消费。加快开发 AR 实景导览、VR 解说、景观全息呈现等沉浸式旅游产品，培育云演艺、云文博、云展览等在线文旅新业态。

——工业元宇宙，促进元宇宙技术赋能工业转型升级，发挥航天云网、宝略科技等创新主体作用，推动工业元宇宙新模式、新场景、新业态落地，推动智能网联汽车等产业进行全真生产数字模拟，建设完成一批示范智能工厂。

——教育元宇宙，加快应用VR/AR/MR、数字孪生、人工智能等新兴信息技术，促进教学、科研、管理等各环节创新。鼓励校企联合创办“元宇宙产教融合培养基地”“元宇宙联合创新中心”等平台，开发制作一批元宇宙教学课程，引进虚实结合MR教学系统、数字孪生教学设备等，打造教育元宇宙应用示范基地。

（2）聚焦未来网络。将空天一体化卫星互联网，太赫兹高频通信技术，面向各场景的网络切片技术，低延迟、确定性网络，网络、计算、存储一体化，网络人工智能等领域作为重要研究方向，探索超高速光电太赫兹通信、高速全光通信、第六代移动通信等前沿技术。利用未来网络赋能智能网联汽车发展，加速车联网技术开发，实现车与云端、车与人、车与车、车与路的互联，促进自动驾驶技术创新和应用，提升整车智能化和网联化。整合国内三大运营商、宁波工业互联网研究院、蓝卓、产链数科、航天云网等电信运营商、设备厂商、互联网公司、研究机构及高校的资源优势，加强面向工业互联网、物联网、陆海空天一体化等重大场景的示范应用和成果输出。

（3）聚焦柔性电子。结合柔性电子产业发展趋势，聚焦有机电子、塑料电子、纳米电子、生物电子、印刷电子等领域，推动柔性信息显示、柔性电子器件、柔性电路、柔性可穿戴设备等研究及产业化。依托西北工业大学宁波研究院柔性电子技术研究中心等高端研发机构，编制柔性电子关键技术发展路线图，围绕柔性电子重点领域的共性技术，择优遴选实施主体，推动柔性显示技术、柔性传感技术、柔性电池技术等一批关键核心技术发展及产业化实现新突破。以宁波柔性电子未来产业先导区为空间载体，面向柔性显示与照明、柔性光伏与储能、柔性传感与监测等重大需求，引育一批具有核心竞争力的柔性电子产业头部企业和高端产业平台，建成高水平创新先导区。

5. 未来空间：空天信息产业

空天信息产业是指运用空间基础设施和技术手段，收集、存储、处理和分析来自空天领域的信息并提供多样化服务的新兴产业，主要由卫星制造、卫星发射、地面设备及运营、卫星应用等环节组成，具有技术层级高、产业链条长、关联度大、市场前景广阔、绿色低碳环保等特点（见图 9–8）。

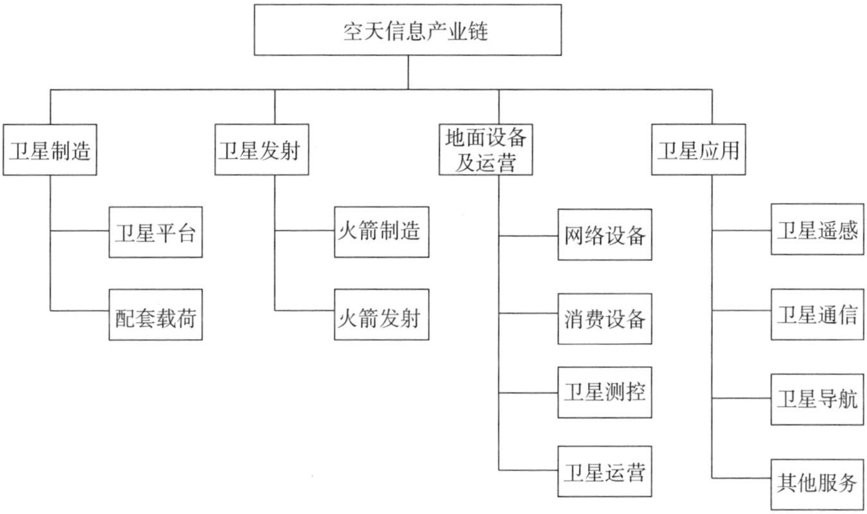

图 9–8　空天信息产业链

资料来源：国研经济研究院东海分院绘制。

当前，北京、上海等地纷纷制定新一轮空天信息产业发展规划，已取得诸多实质性成果。基于宁波制造业配套能力强、应用场景丰富以及发射条件好等优势，建议宁波以星箭制造和卫星应用两大环节为切入点，加快布局卫星和火箭制造集群，丰富和推广应用场景，以此带动新材料、高端装备、电子信息等产业协同发展。

（1）聚焦核心产业。

——卫星和火箭制造。以前湾新区、宁波航天智慧科技城为主要空间载体，快速导入培育一批商业运载火箭、商业卫星研发制造企业，建设火箭、卫星就地生产、就地总装总测、就地发射一体化产业基地。布局中小微卫星平台及载荷制造产业，开发生产气象、资源、海洋等对地观测遥感卫星、高通量通信广播卫星、空间科学研究卫星及相关星载设备。重点支持西北工业大学宁波研究院、北京航空航天大学宁波创新研究院、宁波天擎航天有限公司等机构研制商业卫星和火箭产业。

——空天信息应用服务。发展卫星通信服务，推动卫星与5G、地面NB-IOT融合应用，构建泛在融合高效互联的天地一体化信息网。发展卫星导航与位置服务业，促进现有导航与位置服务向北斗系统更新升级，实现时空精准服务。发展卫星遥感服务，推广遥感技术在国土、气象、海洋、环境、农业领域的应用，实现大面积、全天候、全天时、高时效的观测。

（2）聚焦配套产业。

——高端装备及电子元器件产业，大力发展燃气轮机、推进电机等动力装备以及先进冷凝空分设备、负压温差聚变防腐设备等高端装备。重点突破关键机载电子设备系统集成、地空通信、人机智能交互等核心技术。做大航天光学组件规模，支持舜宇光电、永新光学等企业加大光子扫描隧道显微镜（PSTM）等新型精密测量技术研制力度。

——航天生物和环境产业，发展生物医药、生物保健品和育种制种业，不断强化空间生命科学基础研究和航天工程育种机理研究。发展环境控制及资源再生产业，研发大气、水、食物等再生系统、模块化大气综合调控、水质净化、生物质固废转化等载人航天和民用装备。

（3）聚焦相关服务产业。

——空天文旅服务，建设宁波航天文旅小镇，发展集航天体验、航天文化、航天会展博览于一体的航天主题旅游业。谋划举办世界宇航大会、航天科技会展等高端博览会，为世界各国游客搭建体验航天科技的平台。

——空天科创服务，引进设立航天认证中心等相关机构，为空天信息产业和配套企业提供技术认证服务。组建航天产业专家咨询委员会，引进发展技术评估、市场调查、知识产权等咨询服务机构，促进航天科技成果产业化、民品化。

——空天数据服务，鼓励建设卫星大数据云服务平台、交易平台、结算中心及数据应用研究中心（实验室），依托卫星通信、导航、遥感数据，提供数据加工、空间信息综合服务及软件支持等卫星数据增值服务。

（三）具体路径

未来产业的高投入和高风险特征，决定了市场主体的主观能动性有限，必须建立起一套基于既有科技创新体系、立足基础研究与前沿技术底座、衔接场景培育、联动创新生态主体的未来产业发展系统。

1. 夯实基础研究底座

强化未来技术预测研究。滚动实施未来产业“地平线扫描”计划，通过未来技术识别、技术前景验证、技术应用模拟等多个环节，跟踪研判未来产业技术发展方向，形成以“技术路径—产业链路—场景构想”为基础架构的产业全景图。

筹划组建宁波未来技术创新中心。由甬江实验室牵头，争取承担国家和省级重大项目，组织实施基础研究专项和技术攻关专项，不断强化前沿技术多路径探索和交叉融合颠覆性技术供给。

积极融入长三角未来产业创新网络，重点联动上海、杭州、合肥，拓展国际研发资源边界，探索以开源社区、开源平台、开源项目等形式，打造多元化参与、网络化协同、市场化运作的集成创新生态体系。鼓励布局一批海外技术转移转化网络节点、国际技术转移和创新合作中心。

2. 强化产业平台先导

谋划未来产业先导区，以甬江科创区、高新区、前湾新区、宁波经开区四个重大平台为主要承载空间，加快构建“源头创新—成果转化—产品开发—场景应用”未来产业培育链，积极争创国家未来产业先导区。积极引进培育产业生态主导型企业，鼓励国有企业优化未来产业布局，加大科技型企业创新开放力度，形成一批未来产业细分领域的“未来之星”。

提升发展“万亩千亿”新产业平台，按照一个平台聚焦 1 ~ 2 个未来产业的原则，以“万亩千亿”新产业平台为主阵地，大力发展重量级未来产业，积极招引标杆企业和重大项目，加快未来技术创新、未来场景培育、未来生态构建，打造未来产业发展高地。

争取成为未来产业科技园建设试点，依托建设中的宁波东方理工大学，建立新型研究型大学、政府、科技领军企业共商共建共有的机制，争取被纳入未来产业科技园建设试点及培育名单。探索从基础研究、技术开发到成果转化与孵化的融合创新体制机制，加快突破一批未来产业重点方向关键核心技术，孵化一批具有未来产业特征的高成长性科技型中小企业，培育一批多学科交叉融合的未来产业创新创业人才，形成一批在细分领域具有权威性的未来产业标准规范。

3. 培育标杆示范场景

面向未来生产生活方式，聚焦未来社区、未来工厂、未来医院、未来商业、未来农业等领域，打造未来产业试验场。发布早期验证场景，研究未来技术可行性，加速“0 到 1”的创新突破。发布融合试验场景，支持企业和科研院所联合建设中试基地和验证平台，实施跨界融合示范工程，推动“1 到 100”产业加速孵化。发布综合推广场景，以大规模示范推动“100 到 ∞”的爆发式增长，加快应用迭代与产业化发展。

4. 强化要素和制度保障

健全未来产业推进工作机制。强化顶层规划和协同推进，细化未来产业行动计划，加强基础研究、技术创新和产业化一体化部署。成立未来产业战略咨询专家组，积极引入国家高端智库、科技产业智库等机构，加强未来产业政策、培育机制和统计体系创新研究。

扩大未来产业关键要素供给。强化数据支撑作用，加大公共数据、行业数据对未来产业的开放力度，增强数据要素对未来技术研发、应用场景创新的支撑作用。强化资本服务作用，依托上市公司和行业龙头企业，大力发展产业资本，鼓励以国有创投资本为牵引，组建未来产业引导基金，大力推行“科技金融 + 未来产业园区 + 示范项目 + 明星团队”模式，支持通过前期租金、资金和技术入股等具体方式，将未来产业企业和科技人才团队“扶上马、送一程”，同时分享产业发展红利。

第十章　从就业创业视角看“甬上乐业”

安居乐业，就业是最大的民生。宁波将稳就业、保就业作为头等大事，创新实施“甬上乐业”计划，把解决人民群众就业问题放在突出位置。同时，厚植“创大业、立新业”的土壤，持续优化创新生态、创业环境，各类人才大展宏图、茁壮成长。

面对复杂的外部风险挑战和内部转型压力，宁波需不断完善就业优先政策体系、创业带动就业体系、职业技能培训体系、重点群体支持体系和公共就业服务体系，千方百计扩充就业容量、扩大就业增量、提升就业质量。锚定“劳有岗位、劳有技能、劳有优得、劳有体面、劳有保障”目标，促使劳动报酬提高与劳动生产率提高基本同步，个人职业发展与城市能级提升同频共振，全方位打造高质量充分就业创新城市，率先构建形成以共同富裕为导向的高质量就业创业体系。

一、宁波推动就业创业发展的基本情况

近年来，宁波不断健全就业服务体系，加大创业创新支持力度，促进更加充分和更高质量就业创业。2022 年，宁波城镇新增就业人数 24.4 万人，城

镇登记失业率持续保持低位；扶持创业者1.8万余人，新增创业实体近20万家。高质量发展和高质量就业创业互促共进，成为“扩中提低”改革的重要抓手，全市居民收入增速连续7年均快于GDP增速，2022年城乡居民收入倍差缩小到1.69，城乡协调发展水平居全国前列。

（一）就业创业服务水平持续提升

宁波打破城乡限制，在全省率先实施城乡统一的就业失业登记制度和失业保险制度，实现城乡劳动力同等享受就业创业服务，同等参加失业保险和享受失业保险待遇。积极打破户籍限制，把创业补贴政策和创业担保贷款对象由本市户籍扩大到所有在宁波创业3年内的人员。2022年，全市新建省级大众创业万众创新示范基地4家，发放创业担保贷款、兑现各类创业补贴超6.7亿元。

推进就业服务数字化改革，精简服务流程，所有34个就业服务事项实现“全城网办”。以就业登记和社保数据为基础，动态比对统计、公安、市场监管、税务等部门的数据，精准掌握全市就业规模、结构和走势。完善1600余家重点企业常态化用工监测和近500家企业快速调查模式，为稳就业决策提供数据支撑。深化就业数字应用，升级“甬上乐业”宁波人力资源综合服务平台，覆盖37万家用人单位。

打造“一核驱动多团组联动”人力资源服务产业园体系，持续举办中国（宁波）人力资源服务创新创业大赛，成功获评国家级人力资源服务产业园和全国首批国家级人力资源服务出口基地。充实公共服务力量，推动服务平台下沉，建成高质量就业社区（村）623个。完善双创平台建设，2022年新增3家国家级双创示范基地，累计获得“国字号”双创示范基地称号18次。

面对新冠疫情和国内外经济波动风险，宁波加强助企纾困稳定就业岗位，顶格落实国家和浙江省相关政策举措，打好社会保险“降、缓、返、补、扩”组合拳，在全省率先实施支持企业稳岗优工促生产若干举措，全年为93万家次企业减负超52亿元，60多万家次企业“免申即享”超25亿稳岗资金，跑出稳岗奖金5天发放到位的“全省最快速度”。

（二）灵活就业保障体系迭代升级

随着数字经济的创新发展和居民消费的转型升级，新经济业态拓宽了居民灵活就业的渠道。宁波进一步迭代升级灵活就业服务保障体系，积极打破就业方式限制，将非本市户籍灵活就业人员纳入基本养老和医疗保险保障范围，全市养老、医保参保的灵活就业人员分别超过 54 万和 40 万人。允许新业态平台和建筑企业为劳动者单险种参加工伤保险，建筑业单工伤参保人数超过 115 万人。

在传统社保体系基础上，宁波还在全国首创灵活就业专属普惠保险“灵活保”。该险种充分适应灵活就业者工作时间不确定的特点，不分行业、按日参保、按日计费，前两年政府财政给予补贴，补贴后每天仅需 3 毛钱，便可获得最高 30 万元保额的工作意外伤害保险，截至 2022 年 2 月累计投保人数超过 25 万人。宁波“灵活就业综合保障体系改革”入选浙江省共富试点，获省改革突破奖。

在完善保障体系基础上，宁波还全面推广“零工市场”，构建覆盖市县乡三级、资源可共享的零工服务体系，实现灵活就业人员就近就业，截至 2022 年底已建成零工市场（零工驿站）70 余家。打造“灵活就业服务在线平台”，构建“1+4+N”场景应用体系，搭建符合新兴岗位匹配需求的公共交易平台，实现涵盖找工作、享服务、维权益在内的灵活就业保障全业务集成、全链条覆盖、全市域通用。

（三）重点人群专项活动多元化开展

高校毕业生、失业人员、退役军人、残疾人等就业困难群体，是开展就业创业服务的重点人群。根据这些人群的不同需求特点，有针对性地开展就业创业支持活动，助其找到匹配的平台渠道。2022 年以来，宁波组织“毕洽会”“高洽会”“留创行”等一系列大学生专项活动，创新打响“奔甬而来”品牌，全年吸纳高校毕业生就业 22.7 万人。

开展“春风行动”“就业援助月”等专项帮扶活动，兑付近 4 亿元企业吸纳社保补贴、灵活就业社保补贴、公益性岗位补贴，惠及超 6 万名就业困难人员。发放 1.14 亿元失业补助金，保障 6 万余名失业人员基本生活。实施稳岗就业行动，帮扶失业人员再就业约 14 万人。多措并举促进退役军人就业，新增就业约 1200 人，就业率达到 99.1%。落实残疾人按比例就业和实名制管理，加强公益性岗位帮扶就业，新增残疾人就业 3500 余人，超额完成年度任务。

（四）技能人才培养体系不断完善

制造业高质量发展，离不开高质量的技能人才供给。宁波作为制造业大市和单项冠军之城，始终把完善技能人才培养体系作为就业创业工作的重点。为此，宁波积极打造“155”技能公共实训模式，提供新型学徒制、以师带徒、项目制等多维培训服务。深化“金蓝领”职业技能提升行动，创新“一老一小”技能培训模式，推广新型学徒制和项目制培训。2022 年，全市共开展技能培训 38 万人次，新增技能人才近 14 万人，其中高技能人才超 7 万人，高技能人才占技能劳动者比重超 1/3。同时，深化新时代宁波工匠遴选培育行动，每年评选“技能之星”。

宁波市镇海区扎实推进新时代工匠培育试点工作，创新构建“源头引才”“多方育才”“服务留才”全链条高技能人才培养机制，升级打造年引才超万人、年培育超万人、年受惠超万人的新时代工匠三个“万人”引育工程，在夯实绿色石化、装备制造千亿元级产业集群发展人才基础的同时，为全市高质量发展建设共同富裕培育更多镇海工匠。

在取得扎实成果的同时，要看到宁波在推动高质量就业创业方面依然面临着诸多困难和挑战。后疫情时代外部风险和内部转型压力叠加，宁波工贸经济比较优势面临持续冲击，对就业形势产生直接影响。创业创新氛围不够浓厚，高端人才“引进来”却“留不住”，周边核心城市虹吸效应明显。部分城市重点产业岗位薪酬与城市支出相比缺乏吸引力，高校毕业生群体依然面临结构性失业压力，对职业教育和技能人才的社会认可度和收入回报度有待进一步提升。就业是最大的民生，下一步宁波还需坚持问题导向，抓住重点人群需求，着力打造高质量就业创业体系，为宁波建设共同富裕先行市筑本固基。

二、国内外推动高质量就业创业的经验

共同富裕的基础是高质量的就业。只有保证充分就业，才能实现居民收入的基本稳定。纵观国内外发展形势，虽然产业体系、制度环境各不相同，但各地都把稳定就业作为头等大事加以考虑，从立法、政策、投资、教育、公共服务等多个层面加以保障。

（一）国内推动高质量就业创业的经验做法

党的十八大以来，我国将就业优先政策置于宏观政策层面，明确提出，推动实现更高质量的就业，要求贯彻劳动者自主就业、市场调节就业、政府促进就业和鼓励创业的方针，实施更加积极的就业政策。

2018 年以来，面对中美贸易摩擦加剧、新冠疫情冲击、全球经济环境下行等多重因素挑战，党中央先后提出“六稳”“六保”，明确把就业摆在“六稳”“六保”之首，强化就业优先政策，陆续出台多项有力推动高质量就业创业的顶层政策文件，涉及中小微企业、公共部门、高校等全社会各类机构，聚焦高校毕业生、农民工等重点群体，涵盖强化就业优先政策、就业创业公共服务、高校毕业生等重点群体就业支持、创业带动就业、多渠道灵活就业、劳动者能力提升、人力资源服务业发展等涉及高质量就业创业的方方面面，为推动实现更充分更高质量就业提供政策指引，保障了就业局势的总体稳定。

在国家顶层政策的指导下，全国各地结合自身实际情况，先后出台推动高质量就业创业的地方性政策文件，并在实践过程当中形成了具有较大借鉴价值的地方经验做法。

1. 坚持就业优先推动产业发展

发展是高质量充分就业的重要前提，只有推动产业高质量发展、优化营商环境、激发市场主体活力，才能实现就业质量与就业岗位数量的双升。党

的十八大以来，各地坚持就业优先政策，完善调控手段，强化财政、信贷、投资、产业、消费等方面的政策就业导向并协同联动就业政策。

一方面，围绕产业发展建设重点产业生态圈、培育重点企业、强化科技支撑、锻造技能人才、加大要素保障等支持，推进地方优势产业、未来产业等高质量发展；另一方面，重点面向广大民营企业、中小微企业群体，完善促进企业发展和用工的制度与政策，面向企业和个人设立见习补贴、岗位补贴、社保补贴等各类经济支持补贴，构建常态化援企稳岗帮扶机制，减轻企业负担，增强巩固全社会就业岗位创造能力。

2. 持续激发创业带动就业作用

近年来，创业不仅成为新产业、新业态发展的重要动力，也形成了带动就业的乘数效应。各地通过制定创业扶持政策、设立创业投资基金、完善初创企业融资支持制度、健全创业培训体系、开展创业公益活动、建立创业公共服务平台、打造创业园（孵化基地）等手段，持续优化创业环境，引导创业企业吸纳高校毕业生等重点人群就业和共同创业。上海已营造出活跃的创新创业氛围，每100位16～64岁的居民中参与创业活动的人数平均为11.8人，每个创业企业平均创造8.1个就业岗位。杭州自2018年启动打造创业陪跑空间，提供导师辅导、培训课程、活动策划、产品展示等创业服务资源，打造理念陪跑、社群陪跑、领教陪跑、课程陪跑、空间陪跑、数字陪跑“六位一体”创业陪跑服务，截至2022年底建立孵化空间39个，年均在孵企业900余家，带动就业3400余人。

3. 加大技能教育培训支持力度

劳动者自身技能素质的提升是缓解结构性就业矛盾的关键，可为推动产业转型升级、实现高质量发展提供必不可少的人力资源。近年来，各地通过完善职业培训服务、壮大职业院校以及技能培训机构等供给主体、开展职业技能竞赛、丰富培训内容、创新技能培训模式、提供职业技能培训补贴等手段，紧跟产业、企业的实际需求，支持和引导劳动者持续提升技能素质，强化劳动者竞争力和收入水平。

比如，上海印发《上海职业教育高质量发展行动计划（2019—2022年）》等文件，在打造终身教育体系、建设学习型城市方面成效显著，大力推行“技能＋学历”，打造“双元制”职工继续教育高校试点基地，丰富在岗职工学习资源、畅通学习渠道；打通多元的学历晋升通道，实现中高职贯通、中本贯通，形成“中职—专科高职—应用型本科—专业学位研究生”贯通式培养路径；面向市民创新终身教育“学分银行”，深化终身学习理念，建设学习型城市。

4. 健全就业创业公共服务体系

公共就业创业服务是稳定扩大就业、化解失业风险的基础手段，是打通高质量就业创业服务“最后一公里”的重要抓手。近年来，各地推进基层公共就业创业服务平台建设、优化人力资源市场等就业创业资源对接平台、开展公共就业服务创新及智慧化升级等工作，着力健全公共就业创业服务体系。

比如，上海于2021年5月起草制定《关于进一步完善本市公共就业服务体系的意见》，明确公共就业服务范围，完善包含就业统计分析、职业指导和职业介绍、创业指导、职业技能培训、就业援助等全谱系公共就业服务，打造标准化、智能化、便民化、市场化的高效公共就业服务模式。深圳于2022年9月出台《健全公共就业服务制度工作方案》，各街道设立公共就业创业服务专区，依托社区（党群服务中心）等载体开展就业政策宣传、招聘信息发布、技能培训咨询等活动，建设“南粤家政”基层服务站，逐步构建起“15分钟公共就业服务圈”，帮助居民实现“家门口就业”。

5. 建立健全灵活就业政策保障体系

随着直播带货、外卖骑手等新兴职业和新就业形态的涌现，灵活就业已成为高质量就业创业不容忽视的内容，然而针对灵活就业的政策保障则稍显滞后。对此，上海、杭州等新就业形态发达地区针对灵活就业先行先试，推出了一系列政策保障和创新举措。

比如，上海于2023年3月起实施《上海市就业促进条例》，针对灵活就业设置专章，从灵活就业服务、职业技能培训、权益保障等方面细化保障措施。杭州于2022年12月发布《杭州市人民政府关于推进高质量就业工作的意见》，新增灵活就业社保补贴、民办人力资源服务机构推荐灵活就业人员就业创业服务补贴相关政策意见；2023年4月出台《杭州市网络餐饮外卖配送监督管理办法》，率先实现以立法保障灵活就业人员权益。

（二）国外推动高质量就业创业的经验

促进就业创业是当今世界各国普遍面临的一大难题。为此，德国、日本等发达国家针对各自发展需求和国内制度条件制定相关政策、实施措施，通过调整经济政策、加强立法、加大财政直接投入力度、完善就业服务体系、健全和发展失业保险制度等方式来促进就业、推动创业。

1. 德国就业市场改革和支持创业做法

德国政府从2001年起逐步启动劳动力市场改革，改革内容主要包括以下几个方面。

激励失业者再就业，大幅降低失业金水平，缩短失业金领取时限，且领取者必须接受劳动局向其提供的就业机会。

减轻企业负担，降低雇佣门槛，放宽对临时工的雇佣限制，提高“Minijob”（免税并可选择免缴社保的低薪工作）的工资上限并取消工时限制。

转变劳动部门的职能，设立与企业直接联系的劳动局，并将工作重心从管理失业者转变为帮助其再就业。

修订《职业教育法》，基于德国传统的双元制职业教育体系，将职业教育融入劳动者的各个职业阶段，并进一步强调企业在职业教育中的责任和地位。

引入竞争性职业培训和职业介绍服务，失业者可从联盟就业服务机构领取为期至少3个月的培训券，并自主选择购买任何一个定点机构的服务。

鼓励发展多种灵活就业形式，为失业者自谋职业、经营小本生意、季节性短工等多种就业形式提供补助、税收优惠等扶持政策，提高就业人员的待遇水平。

在创业方面，德国于2022年7月通过了首个扶持初创企业的综合性战略——《联邦政府创业战略》，旨在加强德国和欧洲初创企业生态系统建设，改善初创企业发展条件。该战略围绕德国初创企业面临的挑战提出了十个方面的应对措施，包括利用“未来基金”等金融工具拓宽初创企业融资渠道、简化创业流程并加速数字化转型、支持女性创业者、鼓励学术界主体开展创业活动、改善公益性初创企业发展条件、提高初创企业获得公共订单的能力、开拓企业获取数据的渠道等。

2. 日本促进老龄人口就业的经验做法

作为全球人口老龄化最严重的国家，日本长期致力于探索应对超级老龄化社会的举措，在促进各领域老龄人员参与社会活动、发挥老龄科技人员作用方面采取了一系列措施。

加强立法保障，提高退休年龄。日本于 2021 年 4 月起正式实施《改正高年龄者雇佣安定法》，鼓励企业和员工将退休年龄提高。该法推出后，日本野岛公司率先宣布将雇员的退休年龄从 65 岁上调至 80 岁，即员工到达法定退休年龄后，企业可通过返聘等方式，为有意愿的员工继续提供工作机会。

出台系列引导支持政策，如实施终身工作促进地域合作计划，支持地方公共团体牵头促进老龄人口就业，并在各地公共就业服务中心设置“生涯现役支援窗口”，向老年人提供就业咨询服务。

搭建供需对接平台，日本多地政府开设专门面向退休人员的供需对接平台，鼓励有能力的人继续为当地企业、学校等提供服务，如筑波科学城所在的茨城县曾启动“退休人才活动支援事业”，通过政府官网募集并公开产业技术、自然科学等领域的退休人才信息，推荐他们到相关单位从事讲学和指导工作。

派遣退休人员开发援助，自 20 世纪末起日本通过国际协力机构（JICA）派遣退休科技人员赴发展中国家提供技术援助，同时在民间设立日本花甲志愿者协会等机构，组织退休科技人员赴发展中国家进行短期志愿活动。

三、宁波打造高质量就业创业体系的对策建议

深入实施就业优先战略，不断完善就业优先政策体系、创业带动就业体系、职业技能培训体系、重点群体支持体系和公共就业服务体系，千方百计扩充就业容量、扩大就业增量、提升就业质量，全力化解结构性就业矛盾，切实防范规模性失业风险。锚定“劳有岗位、劳有技能、劳有优得、劳有体面、劳有保障”目标，促使劳动报酬基本与劳动生产率同步提高，推动个人职业发展与城市能级提升同频共振，全方位打造高质量充分就业创新城市，率先构建形成以共同富裕为导向的高质量就业创业体系。

（一）优化经济结构，扩充就业容量

1. 完善就业优先导向机制

加强顶层设计，坚持就业优先导向。在制定区域产业、投资、财政、金融、贸易、消费等方面的重大政策时，综合评价其对就业岗位、就业环境、失业风险等造成的影响，实现经济增长与扩大就业联动、结构优化与就业转型协同。坚持产城人融合发展理念，在区域规划和空间布局中优化人口和就业岗位分布，优化公共服务设施布局，围绕就业重点区域构建完善以公租房、保障性租赁住房和共有产权住房为主体的住房保障体系，着力减少职住分离现象。完善就业监测分析预警处置机制，加强就业形势分析研判，强化重点企业舆情分析、信访跟踪、裁员报告和联动处置，制定防范化解就业领域风险隐患预案，完善逆周期调节一揽子政策储备，及时优化就业岗位供给，稳定社会就业容量。

加强统筹协调，优化考核激励机制。创新构建就业优先统筹工作机制，在市就业工作领导小组（以下简称“领导小组”）统一领导下，完善业务部门横向联动和区（县、市）纵向协同机制，加大工作指导督导力度，确保条块

贯通、协同发力。完善工作推进机制，每月各部门报告工作进展；每季度召开领导小组联络员会议，对账本季度工作进度并研究相关问题；每半年召开领导小组成员会议，总结进展情况及时调整部署，每年度召开领导小组（扩大）会议，总结本年度工作并部署下年度工作任务。健全完善监督考核机制，细化量化部门工作任务目标，制定目标任务和责任清单，将考核结果作为年度绩效考核和领导干部综合考核评价的重要依据。

加强政策宣传，营造良好的舆论氛围。加强就业政策宣传，广泛利用公共媒体、互联网平台、招聘会等渠道，及时更新发布就业创业政策清单，分类梳理面向高校毕业生、灵活就业人员、外来务工人员、退役军人、残疾人等不同群体和经营主体的政策举措，推动就业政策进企业、进园区、进校园、进社区（村）。深入校园、社区开展就业创业主题宣传，讲好创业故事，增强就业自信，稳定就业预期，提高技能人才和技能岗位社会认可度，引导高校毕业生和各类劳动者建立科学务实、勤劳致富的就业观念。积极开展就业之星、创业新秀、吸纳就业先进单位等典型评选活动，推动形成全社会关心重视就业创业工作的舆论环境和社会氛围。

2. 夯实产业就业供给基础

加快转型升级，优化制造业就业结构。把握制造业绿色化、新型化、高端化趋势，加快构建形成“大优强、绿新高”的现代化产业体系，重点培育形成数字产业、绿色石化、高端装备等万亿元级产业集群，打造新型功能材料、绿色能源、关键基础件、智能家电、时尚纺织服装、现代健康等千亿元级产业集群。加强优质企业培育行动，培育一批“中国制造业500强”企业、国家级单项冠军企业和国家级专精特新“小巨人”企业，筑牢宁波制造业就业基础。推动数字经济和制造业深度融合，稳步加大智能工厂、数字化车间建设力度，培育一批国家智能制造试点示范项目。通过产业平台提升、工业投资攻坚、企业“四上”培强、科技创新加速、品质管理创优、数字融合赋能，构建空间布局合理、产业特色明显、资源要素集聚、产城整合发展的产业集群平台，不断提升宁波制造业在全球产业分工中的地位，稳步提升制造业就业岗位收入水平。

加快产业裂变融合，提升服务业就业质量。围绕服务业高质量发展“百千万”工程，以数字化、融合化、品质化、绿色化、国际化为方向，聚焦智能服务、港航服务、商贸服务、文化服务、高品质生活服务等重点领域，坚持创新赋能、数智赋能、融合赋能、低碳赋能、变革赋能五大路径，加快构建发展动能强劲、业态结构高端、区域特色鲜明、辐射功能强大的现代服务新体系，加快推动服务业跨越式发展，持续提升服务业就业质量。深入实施生产性服务业、港航服务业、专业服务业三大攻坚行动，推动服务业产业裂变融合、做大做强，充分释放服务业就业容量大、创业活力强的优势。加快服务业数字化转型，催生更多新产业新业态新商业模式，培育多元化多层次就业需求，创造更多数字经济领域就业机会。进一步发展服务业总部经济，集聚服务业重点平台和领军企业，新增一批省级服务业创新发展区，加快培育现代服务业人才，持续提升服务业企业核心竞争力，充分发挥服务业吸纳就业“压舱石”作用。

加快乡村振兴，拓展农业农村就业渠道。深化农业供给侧结构性改革，持续推进城乡一体化发展，培育发展比较优势强、带动能力好、就业容量大的乡村富民产业。深入推进新型农业经营主体质量提升，支持发展龙头企业带动、农民合作社和家庭农场跟进、小农户参与的产业化联合体。加强农业龙头企业培育，提高农业产业化经营水平，实现农业跨产业、多功能、多业态发展，拓展农业就业空间。以农产品加工为基础，以流通企业及综合型超市为纽带，以休闲旅游文化为方向，推进农村三产融合，拉长、延伸产业链，以农产品附加值提高带动农民收入提升。以“阿拉宁波”区域公共品牌为核心，大力推动“一村一品”“一乡一业”发展，构建“市级集体商标 + 县域产业品牌 + 乡镇特色单品”的品牌体系，积极打造覆盖全市、下沉乡镇的农村电商生态。

3. 增强企业岗位创造能力

稳定民营经济发展，增强中小微企业岗位创造能力。坚持“两个毫不动摇”，以打造企业梯队、培育龙头型示范企业为抓手，以实现产业协同发展为核心，持续提升政策服务效能，赋能民营经济高质量发展。聚力打造营商环境最优市，不断改善民营经济发展的市场环境、法治环境、开放环境、政务环境、政商环境，对吸纳就业成效显著的民营企业在评先评优、项目资助、融资担保等方面给予支持。弘扬企业家精神，培育企业社会责任，积极构建企业与员工共同发展、共同富裕的包容文化。发挥中小微企业吸纳就业的主渠道作用，完善促进中小微企业发展和用工的制度环境与政策体系，构建常态化援企稳岗帮扶机制。加大科研基础设施、大型科研仪器等向中小微企业开放力度，持续减轻中小微企业创新发展负担，增大中小微企业就业岗位创造潜力。实行个体工商户分类培育，选优“拔尖”培养一批新产业、新业态领域个体工商户，扩大就业“蓄水池”“中转站”储备，持续丰富居民就业选择。

发挥国有企业稳定就业能力。稳定扩大国有企业招聘规模，聚焦重大项目、基础设施等重点领域，推动国有企业扩大有效投资，持续挖掘岗位潜力，提供更多见习、就业机会。拓宽招聘渠道，积极运用人力资源服务市场化手段，规范程序、择优录用，吸纳更多高素质人才，推动国有企业做大做强。建立完善国有企业市场化薪酬分配机制，对工资总额难以满足扩大招聘需求的，经主管部门同意给予一次性增人增资，核增部分据实计入工资总额并作为下年度工资总额预算基数。完善国有企业考核评价机制，将促进就业工作情况纳入国有企业考核评价内容，引导发挥国有企业吸纳就业引领示范作用。

（二）加强创业支持，扩大就业增量

1. 推进创业载体平台建设

盘活存量空间，打造创新创业载体平台。鼓励城市地区利用老旧商业设施、工业厂房、仓储用房等改建创业孵化基地和众创空间，鼓励农村地区利用村内闲置厂房、民居等改建农文旅创客空间等创新创业载体平台，打造市级创业公共实训基地以及各区分基地。鼓励引进龙头骨干企业、高校、科研院所等主体参与各类创新创业载体平台的投资、建设、运营，结合自身优势、

区域产业特点、平台特色，聚焦细分领域发展，形成多点布局、功能互补、联动发展的创新创业载体网络。

完善载体平台软硬件功能和全周期服务。完善创新创业载体平台硬件配置。针对创业企业的共性需求，完善载体平台的创业场地、会议室、开放空间、办公设备、数字化基础设施等基本硬件设施配置。针对科技创新、文化创意、时尚设计等各细分领域，完善载体平台的专业设备配置。对初创企业场地租金等给予补贴等支持，以共享办公、共享运营、共享仪器设备促进场地及设备的高效率、低成本使用，降低初创企业启动门槛。优化创新创业载体平台专业服务支持，引入创业指导、知识产权、人力资源、财税咨询、金融服务等专业第三方服务机构，完善创业孵化指导、创业导师服务、创业项目路演、创业资讯发布、创业人才引进、创业文化交流等综合服务。打造集创业技能实训、创业项目孵化、创业企业服务、创业人才服务、创业产品展示等主要功能于一体的一站式平台。

发挥载体平台的规模效应和品牌效应。结合甬江科创区建设目标，聚焦新材料、工业互联网、智能制造等重点领域，在国际青创小镇等主导功能片区培育市级创新创业孵化示范基地，联动上海、杭州等长三角地区主要城市，引进国内外高水平科创团队，打造“硬核”科技领域的“品牌化、规模化、专业化、国际化”创新创业载体平台，强化服务评估和标准建设。借助载体平台的规模效应和品牌效应，在助推创业企业快速成长和市场拓展的同时，吸引更多优质资源集聚，形成创新创业的良性循环。

2. 强化重点人群创业支持

强化对在校大学生和高校毕业生等青年创业的支持。深度融合创新创业教育与高校人才培养体系，鼓励本地高校开设创新创业通识必修课程、实训课程和示范专业课程，柔性引进民营企业家担任创业导师，培养创业精神和创新创意思维。做强中国宁波青年大学生创业大赛等地方赛事品牌，发挥以赛引智、以赛育企作用。降低大学生创业门槛，强化高校创业指导站、大学创业园等平台服务能力，提高对在校大学生和毕业 5 年以内高校毕业生等重点群体自主创业的租金补贴标准，支持以成本价提供办公设备、科研设施等，加强大学生创业补贴、创业担保贷款及贴息、税费减免、知识产权保护等政策信息梳理发布及公共服务。

加大对农民工、残疾人等重点人群的创业支持力度。引导农民工返乡创业，打造四明山区、象山海岛等地农创孵化基地，依托乡村“共富工坊”为农民工返乡创业提供资源对接，鼓励返乡人员运用自身职业技能开展农村电商、农村物流等创业项目。盘活农村闲置空间打造返乡创业园，为返乡人员提供农文旅创业指导、创业实训等创业支持，以及社保、住房、医疗等方面的公共服务支持。面向持证残疾人等其他重点人群，完善创业帮扶、创业补贴等支持政策，加强对残疾人自主创业、残疾人创业领军人才等创业带动就业优秀事迹的奖励激励和全媒体宣传，持续营造“大众创业、万众创新”社会氛围。

鼓励高校、科研院所科研人员等创新型人才创业。支持高校、科研院所等事业单位科研人员离岗创业或以专利技术入股等方式参与共同创业，落实事业单位科研人员离岗创业期间人事关系保留等保障，完善科研人员创业股权激励政策。在给予科研人员更大选择权和兜底保障的同时，最大限度激发科研人员创业热情，发挥全市高水平创新型人才资源作用，提升创业企业和产品含金量。

3. 加强创业金融服务支持

围绕创业初期需求，拓宽创业融资渠道。加强风险投资、创业投资等直接融资支持，发挥宁波市创业投资引导基金等政策性基金作用，引进培育一批天使投资人和创投机构，加快优质初创项目与社会资本供需对接。引导商业银行、政策性融资担保公司、融资租赁公司等金融机构加大创业信贷、创业融资担保、融资租赁等间接融资产品的开发与投放力度，拓展抵质押物范围，为大学生等重点群体创业带动就业项目提供利率优惠的专项金融支持和绿色通道。

围绕创业企业避险、资金周转等需求，加强综合金融服务支持。利用宁波国家保险创新综合试验区优势，升级推广电商创业护航保险、大学生农业创业综合保险、象山人才创业险等现有保险产品，持续探索覆盖面更广、保障更精准的创业保险，帮助创业企业筑牢风险防范屏障，提高创业企业“存活率”。鼓励银行围绕核心企业，面向上下游中小微创业企业发展特色供应链金融产品，在提升银行风控能力的同时，助力中小微创业企业缓解资金周转问题、提高生产运营效率、降低交易成本。

加强金融科技应用，强化金融风控能力。支持以商业银行为主的金融机构加大金融科技在风控领域的应用力度，利用人工智能、大数据、云计算、区块链等数字化技术提升金融机构对创业融资项目的尽职调查、风险控制、风险管理能力，提高金融服务的普惠性、有效性、透明度，以更优惠的融资成本和更高的审批效率，降低创业企业风控成本，提高风险管理效率。

（三）完善服务体系，提升就业质量

1. 构建技能人才培养体系

推动职业教育提质培优，提升产教融合水平。结合宁波产业发展需求，推进宁波城市职业技术学院、浙江药科职业大学等职业院校设立具有宁波特色的专业学科，采取校企联合招生、合作办学等方式，扩大院校招生规模。联合产业链龙头企业，在职业院校开设“技术精英”试点班，邀请行业专家和企业技术主管共同组建精英班教学指导委员会，每年定额定向为企业输送产业人才。加快建设现代产业学院，打造高水平技能人才培养基地，采取“引入高校人才—产业学院培养—对接用工企业”的形式，构建政府统筹主导、社会力量深度参与、主体多元、形式多样的现代职业教育体系，促进在甬高校人才供给和宁波产业需求有机融合。

完善职业培训服务体系，提升劳动者技能素质。构建“一人一技”终身职业技能培训制度，发挥全国首个职业技能培训地方性法规《宁波市职业技能培训条例》政策优势，深入谋划面向产业工人、高校毕业生、退役军人等重点群体的各类培训，推出一批适应产业发展和社会所需的技能人才培训、激励、评价等方面的政策制度。定期开展职业市场需求情况调查，发布职业

市场需求目录，引导和激励劳动者参加市场紧缺职业、新兴职业技能培训。大力开展定岗、定向式职业培训，推行“职业培训包”培训模式，采取项目制培训，提高技能人才职业素养和岗位技能。探索“互联网+”培训新形态，建设宁波市职业技能线上培训平台，支持职业院校与社会培训机构开发数字培训课程，向社会开放数字培训资源和教学课程。

健全人才职业技能等级制度和多元化评价机制，拓宽技能人才职业发展通道。支持龙头企业联合生态企业、职业院校、培训机构、行业组织等相关单位，打造新职业技能标准体系，完善行业企业评价规范，构建人才培养资源库。优化技能人才职业技能等级认定政策，建立完善“新八级工”制度，鼓励企业面向职工构建与待遇相匹配的新时代技能人才职业技能等级制度。健全技能人才多元化评价机制，逐步推行企业技能人才自主评价，重点扩大“专精特新”企业自主评价覆盖面，灵活运用业绩评审、直接认定、职业技能竞赛等多种方式，通过线上考核、远程监控等信息化手段，创新技能评价方式，将评价结果与技能人才使用、待遇挂钩，在工程技术领域贯通高技能人才与专业技术人才职业发展通道。

广泛开展各类职业技能竞赛，以赛促学促就业。构建以宁波市“技能之星”职业技能竞赛、市级一二类竞赛为主体，以企业岗位技能竞赛为基础的职业技能竞赛体系，搭建高技能人才培养、选拔和技艺展示的平台。推动行业开展特色竞赛活动，举办乡村振兴职业技能大赛。健全竞赛管理制度，加强竞赛队伍建设，推行竞赛、展览、演出、会议相结合的办赛模式，建立政府、企业和社会多方参与的竞赛投入保障机制，提升职业技能竞赛科学化、规范化水平。鼓励企业建立与竞赛获奖情况挂钩的岗位使用及薪酬待遇长效激励机制。

2. 健全公共就业服务体系

优化人力资源市场的配置作用，提高人力资源市场规范化水平。依托“甬上乐业”宁波市人力资源综合服务平台，构建“整体联动、部门协同、一网办理”的综合服务体系。积极创建全国公共就业创业服务示范城市，加快零工市场体系建设，以区（县、市）商业广场、公园社区、科技孵化园、文体中心等各类场所作为常态化驻点，采用岗位推送、探岗直播、零工市集、共富洽谈会等招聘形式，为求职者和用工单位搭建对接平台，促进人岗双向“奔赴”。运用“宁波市人力资源和社会保障局”微信公众号、新甬派客户端人社频道等公共媒体平台，大力宣传宁波就业创业优惠政策，及时公布人才招聘、技能培训、劳务推荐等各类信息，扩大公共人力资源服务信息的覆盖面。

完善企业用工监测体系，密切跟踪劳动市场变动情况。充分利用浙江省企业用工监测服务系统，密切监测全市企业用工形势变化，完善就业形势分析例会制度，实现用工信息监测动态化管理。依托平台信息，合理引导人力资源需求方与供给方进行交流对接，创造更多“双向选择”机会。建立入企联系服务对接机制，指导企业通过薪酬协商、工时调整、轮岗轮休、在岗培训等措施稳岗留人。针对可能出现规模性裁员行为的企业，提前指导其制订裁员安置方案，依法依规妥善处理劳动关系，及时提供企业间、地区间劳动力余缺调剂信息对接和求职指导服务，帮扶困难企业职工稳岗转岗。

加强失业人员帮扶保障工作，提供就业援助精准服务。充分发挥失业保险兜底功能，落实失业保险扩围政策，对符合条件的失业人员按时足额发放失业保险金和失业补助金，给予其困难救济保障，提升其抵御重大失业风险能力。以就业援助月、春风行动等活动为抓手，对就业困难人员、长期失业人员开展跟踪帮扶工作，有针对性地提供政策宣讲、就业指导、岗位推介、技能培训、招聘会推送等就业援助组合式服务。

拓宽灵活就业群体就业渠道，构建多维度保障机制。多渠道促进灵活就业，持续推广“灵活就业在线”数字化应用平台，实现地图式岗位匹配，促进快捷上岗。探索推进零工市场、零工驿站、零工微市“三位一体”灵活用工体系建设，打造多元化的“零工载体”，建立“即时快招”服务模式，形成层次鲜明、各有侧重的充分就业优享服务圈。强化权益保障，大力推动全国首创灵活就业专属普惠保险“灵活保”普及，填补灵活就业人群保险保障缺口。

3. 加强重点群体就业支持

促进高校毕业生就业。加强学生择业就业观念引导，加强学生在校期间职业生涯教育和就业创业指导，优化就业创业指导课程标准，建立“职业、学业、择业、创业”四位一体的大学生生涯规划与就业指导体系，推动高校毕业生积极理性就业。强化见习引导，鼓励全市企事业单位设立就业见习基地，遴选一批技术含量高、市场需求大的见习岗位，吸纳在校生及未就业高校毕业生等群体参加就业见习，使其在实践中掌握业务知识技能，提升职场综合素质，增强个人职场竞争优势。强化就业服务，实施“公共就业服务进校园”行动，通过导师面对面、人工智能实时政策咨询、模拟面试等模式，为学生提供就业服务。聚力打造“奔甬而来”招才品牌，赴全国高校开展甬企巡回招聘宣讲活动，分行业、分类别举办高校毕业生专场招聘会，依托“甬上乐业”宁波市人力资源综合服务平台以及B站、抖音等新媒体平台，线上线下同步开展“毕洽会”“留创行”等毕业生专项招聘活动，积极推广直播带岗、空中宣讲、视频面试等新模式，促进供需对接，吸引高校毕业生留甬就业创业。

加强城镇青年就业支持。聚焦城镇青年就业需求，在宁波先进制造业和现代服务业发展过程中，创造更多适合城镇青年群体的高质量就业岗位。实施青年就业启航计划，发挥就业创业服务机构、青年之家、“宁波亲家园”等各类平台作用，对城镇青年开展职业引导，提供就业体验、跟踪帮扶等就业援助，促进其进入市场就业。探索组织青年职业训练营和就业训练工场，推出商务模拟公司、导师结对指导等青年就业特色服务项目，增强青年职业发展能力。迭代升级青年人才驿站，为来甬就业青年解决住宿难、求职难、融入难等问题，提供短期免费住宿、政策信息咨询、就业指导、社会融入等一站式服务，打造来甬就业青年人才之家。

推进农村劳动力和农民工就业。促进农村产业就业融合发展，结合乡村振兴战略，依托本地历史文化、特色优势产业、旅游资源等，发展特色种养殖、农产品加工、手工业等劳动密集型产业，开展劳务品牌创建，培育一批劳务品牌龙头企业，积极拓展适合农民工特点的工作岗位，加快将本地劳务品牌打造为促进就业名片和返乡创业名片。深化长三角省际劳务协作，推动区域内信息对接和培训联动，为农民工外出就业提供支持。加强农民工就业服务，在全市各级就业管理服务机构开辟农民工绿色通道，设立农民工服务窗口，优先办理农民工就业服务事项。促进农民工多渠道灵活就业，在农贸市场、商业广场等人员集中的场地新建一批零工市场，为务工人员和用工单位提供求职登记推荐、招聘信息发布、招聘洽谈等服务，支持各地搭建线上“数字零工驿站”，提升服务效能。

加强退役军人、残疾人就业援助。持续开展退役军人就业摸底调查工作，建立退役军人就业动态工作台账。定期举办“甬尚老兵”退役军人就业精准对接会，推广“高质量就业 e 路通”，为退役军人提供精准选岗分析，为企业推送合适的岗位人选，在退役军人和用人企业间搭建“无障碍”的沟通桥梁。开展退役军人适应性训练和职业技能培训工作，建设退役军人教育学院，加强政校企三方联动，助力退役军人改善知识结构，提升就业竞争力。实施残疾人个性化就业服务行动，推进机关、事业单位、国有企业带头安排残疾人就业，合理设置招录计划与岗位，适当降低残疾人录用门槛。依托宁波市残疾人劳动就业服务中心和宁波市残疾人联合会，举办残疾人就业专场招聘会、“暖心活动”专场（网络）招聘会，精准推动残疾人就业。

第十一章　从经济转型视角看县域经济转型都市圈经济

在扎实推进共同富裕、加速实现中国式现代化的战略目标下，县域经济高质量发展是解决城乡差距、地区差距和群体差距问题的关键。

县域经济不仅关系着城乡间的要素配置，而且关系着发展成果的分配状态，是城乡融合发展和区域协调发展的关键抓手，更是社会财富稳定增长和合理分配的重要基石。

宁波县域经济发达，但局限性也日益突出，有限且封闭的地理空间、碎片化的商品和要素市场、中低端锁定的产业结构、不平衡不充分的城市功能，对经济社会发展的支撑作用有所减弱。

当前，在长三角一体化大背景下，上海大都市圈、杭州都市圈、宁波都市区等加速建设，宁波市推动县域经济转型迎来新的历史时机，应紧紧抓住空间格局的变化机遇，对外强化圈层连接，对内做强城市经济，在统筹推进产业升级和城市建设中，实现新一轮韧性增长。

一、都市圈经济的概念、内涵和主要特征

都市圈是城市群内部以超大特大城市或辐射带动功能强的大城市为中心、以1小时通勤圈为基本范围，城镇高密度分布的一种高级化城市形态。都市圈内的各个城市不仅在地理位置上邻近，更具有较大的功能关联性和互动性。

从国际领先的全球都市圈以及国内领先的上海大都市圈、广州都市圈等区域经济特征来看，都市圈经济就是在都市圈的空间格局下，通过更加开放、多样、复杂的跨区域关联互动，形成协同性更强、区域能级更高、经济总量更大、城市功能更完备的区域经济形态，主要呈现出以下五大特征。

第一，拥有顶级生产服务与全球资本支配能力。打破行政区划边界，实现城市间高度协同，为技术研发、产品设计、市场营销等业态发展创造了巨大的市场，催生了发达的生产性服务业，进一步充实和畅通了产业链条，对全球资本形成极强的吸引力。

第二，拥有高端制造体系和强大的内生创新动力。传统制造业的中低端环节逐渐外溢，为高端制造业提供了更广阔的发展空间。一体化水平高，物流体系效率高，产业间、企业间联系紧密且分工明确，行业、企业、人员交流频繁，人群多样化程度高，城市具有强大的包容性与开放性。创新氛围浓厚、创新收益更高、创新成本与风险更低，新知识与新技术的生产、共享、转移、应用具有优质土壤。

第三，拥有前沿文化品牌与顶尖的创意产业集群。文化和创意产业更加发达，成为城市软环境的重要依托、现代化产业体系的重要组成部分、凝聚城市人群的内在力量和城市归属感与认同感的重要来源；同时，城市更加开放、包容，具有更强的国际影响力。

第四，拥有全球连接能力与高效便捷的交通网络。对外，具备专业化分

工的机场、港口、铁路等重要交通枢纽，具备畅通国际交往的必要通道。对内，具备促进各城市间人员高效流动的通达便捷的交通网络，尤其是拥有完善的城际和市域（郊）铁路网络。

第五，拥有绿色生态环境与高品质的基础设施供给。为了适应不断流出和流入的人口，必然拥有与其规模和需求相匹配的生态环境、公共服务基础设施等，总体上呈现更优质、更均衡、更便利的特征。

相比于县域经济，都市圈经济在经济边界、集聚形态、基础设施、空间体系、核心功能、产业系统、发展动力、主导企业等方面均展现出不同的状态，总体来说发展水平更高、与周边地区的协同性更强，兼具城市经济与“圈经济”双重属性特征。县域经济向都市圈经济的转型，不仅是经济层面的跨越式发展，更是社会全方位的一次整体性重构（见表 11–1）。

表 11–1　县域经济和都市圈经济的比较

	县域经济	都市圈经济
经济边界	行政区	位于高效协同的经济区，对外开放程度高，具有覆盖全球的经济辐射能力及全球资本支配能力
集聚形态	低、小、散	经济密度显著高于一般区域，具有高能量的经济磁场
基础设施	相对独立	互联互通，形成“海陆空”综合立体交通网，以轨道交通为主要出行方式，内部交通网络高效便捷，对外具备全球连接能力
空间体系	城镇体系	都市圈体系，城镇化率较高，城乡高度融合，城市间高度协同，具有紧凑开放的网络型空间结构
核心功能	生产主导	生产、生活、生态功能高水平均衡，且对外共享协同
产业系统	产业链节点	高端制造体系，顶级生产服务功能，拥有前沿文化品牌与顶尖的创意产业集群
发展动力	要素驱动	创新驱动，不同创新主体间协同性强，具有全球领先的创新共同体
主导企业	民营企业	以全球行业龙头企业，全球领先高新技术企业、全球顶尖跨国企业为引领，以广大中小科技型民营企业为支撑，总部经济突出

资料来源：国研经济研究院东海分院整理。

二、发展形势和现实基础

宁波推进新型城镇化、全域都市化、市域一体化，推动县域经济向都市圈经济转型。宁波市下辖10个区（县、市），其中鄞州、海曙、江北、镇海、北仑、奉化6个区依托中心城区优势和行政区划调整，已基本实现向城市经济、都市圈经济转型。相比之下北翼的余姚市、慈溪市和南翼的宁海县、象山县县域经济特征依然比较突出，城市经济属性和“圈经济”特色很不明显，必须在全面考虑发展环境、现实依托和差距不足的基础上，集中力量寻求重点突破。

（一）四个重大背景

1. 高能级都市圈为县域发展带来新的增长动能

伴随着我国经济社会发展格局的变化，以都市圈为主体的新的空间动力系统正在加速形成，在产业升级、创新策源、城市建设等方面的引领示范作用日益凸显，为县域经济的发展带来了新的机遇。根据赛迪顾问发布的《2022中国县域经济百强研究》，全国“百强县”“千亿县”中逾7成位于或毗邻核心都市圈。尤其是上海大都市圈内，百强县数量达13个，是百强县最为集中的区域。

余姚、慈溪、宁海、象山四县（市）是宁波都市区重要组成部分，紧邻上海大都市圈和杭州都市圈。《上海大都市圈空间协同规划》中赋予慈溪、余姚全球功能性节点城市地位，定位宁海、象山为全球功能支撑性节点城市；《宁波都市区建设行动方案》明确慈溪、余姚为宁波北部副城等重要战略地。这些规划都为四个县域转型都市圈经济提供了依据和指导，应主动接沪联杭携苏，紧密衔接台州辐射温州，深入参与产业共同体、科创共同体、区域共同体、发展共同体和命运共同体建设，通过更大范围的要素流动，实现更合理的生产分工、更有效的价值配置、更活跃的资源聚合，以更广阔的地理空间谋求更长远的发展。

2. 新时期新型城镇化对县域提出更高的要求

2022 年中共中央办公厅、国务院办公厅印发《关于推进以县城为重要载体的城镇化建设的意见》，国家发展改革委印发《“十四五”新型城镇化实施方案》，我国的城镇化战略实现了从偏向城市到突出县城的转换，从观念上引导社会的发展眼光从大城市逐步延伸至县域。在发展重点上，除强调特色产业发展外，更对市政设施体系、公共服务供给、城市智慧治理、人居环境质量等软硬基础设施方面提出了新的要求。

综合赛迪顾问等发布的百强县榜单，余姚、慈溪、宁海、象山四县（市）的能级和规模均位列全国百强，应积极转变发展理念，统筹生产、生活、生态、安全需要，以现代化的目标推进产业发展和城市建设双轮驱动，在强化产业基础的同时，补足基础设施短板，提升城市管理水平，增强综合承载能力，打造特色鲜明、富有活力、宜居宜业的现代化城市。

3. 宁波打造中国式现代化市域样板需要县域发展作为支撑

宁波市第十四次党代会作出了加快建设现代化滨海大都市的战略部署。在市委十四届三次全体（扩大）会议上再次强调以“两个先行”引领现代化滨海大都市建设，奋力打造中国式现代化市域样板。在全域都市化、市域一体化视角下，大都市空间框架逐步构建，向北谋划建设翠屏山中央公园，强化余慈统筹，联动中心城区，共同构建北翼千万级人口大都市区的格局；向南推进宁海、象山县域中心城市建设，使其成为宁波南翼重要增长极和辐射台温地区的门户。南北四县域共同构成了现代化滨海大都市的核心承载空间，是宁波“打造一流城市、跻身第一方阵”重要的战略支撑空间。

在宏大战略构想下，余、慈、宁、象四县（市）应充分发挥区域格局中的区位优势，承担好门户枢纽、智造绿芯、滨海花园等核心功能，协同中心城区深度参与长三角一体化和大湾区建设，共同提升宁波能级，加大对外区域的影响力。

4. 县域正处于高质量发展提升能级的关键阶段

余、慈、宁、象四县（市）都是典型的县域经济，起步于乡镇企业、民营经济，发展于块状经济，壮大于产业集群。但在县域经济的格局下，产业结构属于中低端、城市形态相对初级、城市化水平和开放水平有待提高，各类要素“流量”多、“留量”少，已经无法适应新时期现代化的发展需求和不断扩大的城市人口规模。慈溪、余姚与昆山、张家港等制造业发达的县域相比，缺少“大优强、绿新高”产业属性，宁海、象山与温州乐清市、台州温岭市等滨海型的县域相比也存在差距。

对照高质量发展要求，余、慈、宁、象四县（市）必须全面提升产业价值、创新能力、城市品质，进一步强化资源配置能力，提升城市能级，在高质量发展中争先进位。

（二）四个现实依托

1. 区位优势日益凸显，具备空间潜力

北翼，慈溪、余姚是宁波都市区、杭州都市圈和上海大都市圈黄金交会节点，1.5 小时交通圈内可抵达 4 个国际机场和 2 个国际深水良港。2021 年，胜陆公路全线通车，慈溪、余姚、杭州湾新区实现同城化。已规划兴建的通苏嘉甬铁路、宁波至慈溪市域（郊）铁路以及宁波大道快速路（公园大道—东海大道—余慈大道），将进一步凸显慈溪和余姚的地理区位优势。

南翼，宁海、象山坐拥象山港和三门湾两大港湾，处在宁波、台州、舟山、绍兴等周边城市辐射区内，是宁波经由三门湾大桥连接台州的关键通道，也是宁波都市区建设的先行地、示范地。该区域内的甬台温铁路宁海站，甬临线、盛宁线、象西线、沿海南线等交通干线公路，石浦港区与正在建设中的宁海通用航空机场构成了“海陆空”齐备的综合交通网络。

2. 经济基础相对扎实，具备规模实力

慈溪、余姚综合经济实力长期保持在全国百强县前列，根据赛迪顾问《2022 中国县域经济百强研究》，两者分别位列全国第六和第十三，GDP 分别达到 2521.58 亿元和 1513.6 亿元，两地 GDP 约占宁波 GDP 总量的 1/3。两地

的民营经济相对发达，有 11 万家企业，近一半（44%）规上企业设置研发机构，有产值超亿元特色产业群近 50 个、国家级单项冠军企业超 20 家、国内大型制造中心 15 个。

宁海、象山综合经济实力相较宁波其他地区并不突出，但在全国范围内仍较为亮眼。2022 年，在外部环境压力持续增加的形势下，两地的 GDP 分别达 900.7 亿元和 720.0 亿元，其中象山战略性新兴产业、装备制造业增加值增速居宁波市的第一、第二。

3. 城市框架初具雏形，具备一定承载能力

北翼，余慈地区已形成两地共建的前湾新区，慈溪北部前湾沪浙合作区、浒山中心城区，东部观海卫—龙山片区，西部周巷小家电智造小镇；余姚北部融湾新城片区、古城余韵核心片区、东南智慧文化片区、姚江东部门户片区等重点城市功能组团。根据“七普”数据，慈溪、余姚常住人口分别为 182.95 万和 125.40 万，合计约占宁波常住人口总量的 1/3。且人口增量主要在城市，城镇化率均到 80% 以上。2022 年，慈溪、余姚城乡居民人均收入倍差为 1.56∶1 和 1.62∶1，均明显优于宁波市（1.69∶1）和浙江省（1.90∶1）总体水平。

南翼，宁海、象山加速推进县域中心城市建设，已形成宁海中心城区、南部滨海经开区、西部生态经济区、西店小城市经济腹地，象山中心城区、象山大目湾新城核心区、象山港产业新城、环石浦港经济区等重点城市功能组团，城镇化率和城乡居民收入水平稳步提升。

4. 地域文化各具特色，具备内生动力

余姚和慈溪位于翠屏山门户区，史前文化、运河文化、青瓷文化、阳明文化、红色文化、中医药文化底蕴深厚，拥有中国大运河宁波段这一世界文化遗产，同时拥有上林湖越窑遗址、河姆渡遗址、浙东抗日根据地旧址、王阳明故居等国家级文保单位 11 处、中国历史文化名镇 1 处，中国历史文化名村 2 处。

宁海、象山两地红妆文化、霞客文化、诗路文化、古镇文化、乡村文化、海洋文化、渔文化、影视文化等独具特色。宁海是《徐霞客游记》开篇地、“中国旅游日”发祥地；象山生态旅游资源丰富，拥有象山渔鼓、渔民号子等非物质文化遗产。两地共拥有国家级文保单位4处、中国历史文化名镇2处，中国历史文化名村2处。2021年，宁海、象山代表宁波入选“浙江省文化和旅游产业融合试验区”；2023年，宁海成为宁波首个上榜浙江省5A级景区城的地区，也是宁波唯一入选首批“国家全域旅游示范区”的地区。

（三）四个短板制约

1. 交通短板制约经济边界延展

城际交通短板明显。北部余姚、慈溪两市对外主要靠沈海高速、杭州湾环线高速、胜陆高架、余慈高速等几条干线公路，交通线路明显不足。唯一的高铁站——余姚北站，距余、慈两市市中心均有约30分钟车程，建设规模仅两台六线，却承担着两地超300万人口的出行需求。南部宁海、象山两县以甬台温高速、甬莞高速为主的高速公路处于满负荷运行状态，与毗邻地区交通连接偏弱，如宁海与三门、天台、新昌等地仍以低等级公路连接，断头路、瓶颈路尚未打通，象山连接金华—义乌都市区的高等级公路缺失问题依旧存在。

交通基础设施建设滞后。在公路密度方面，余姚为1.3千米/平方千米，慈溪为1.2千米/平方千米，宁海为0.9千米/平方千米，象山为1.1千米/平方千米，均远低于萧山（1.76千米/平方千米）、余杭（1.93千米/平方千米）等浙江省同类型县（市、区）。在运输结构方面，高等级公路占比偏低，通用航空较为薄弱，场站枢纽建设相对落后，尤其是水运交通基础设施较为薄弱。在交通服务方面，面向智慧交通、绿色交通等新一代前沿技术的运输系统建设、运输组织创新未能充分跟上硬件的发展，综合交通运输服务未能体现应有的能力、效率和质量。

2. 创新短板制约产业结构升级

产业结构“新”度不足。大部分中小企业处于产业链附加值较低的环节，余姚、慈溪地区以小家电、轴承、塑料制品、模具等传统制造业为主，宁海以模具、文具、灯具、汽配业为主，象山以针织、水产品加工业为主。2020年，慈溪、宁海、象山三地战略性新兴产业增加值均远低于宁波市整体水平。第三产业功能较弱，2022年余姚、慈溪、宁海、象山第三产业占比均低于浙江省和宁波市平均水平。以传统产业为主导的产业结构在新发展阶段已难以拓展新的增长空间（见表11–2）。

表11–2　四县（市）与宁波整体及其他同类县（市）产业结构比较

地区	三产结构（2022年）	战略性新兴产业占规上工业增加值的比重（2020年）	生产性服务业占服务业增加值的比重（2020年）
余姚	3.6 ：59.3 ：37.1	48.5%	—
慈溪	2.6 ：60.7 ：36.7	16.10%*	40%
宁海	6.1 ：48.5 ：45.5	18.80%	—
象山	13.7 ：38.0 ：48.3	19.20%	—
宁波	2.4 ：47.2 ：50.4	29.70%	60%
昆山	0.7 ：51.9 ：47.5**	55.20%	49%
张家港	1.0 ：51.2 ：47.8**	35.70%	63%
余杭	1.6 ：12.8 ：85.6	36.15%	—
顺德	1.7 ：59.5 ：38.8	—	—

注：* 统计口径为慈溪市本级。** 昆山、张家港三产结构为2021年数据。
资料来源：国研经济研究院东海分院整理。

创新创意缺乏活跃氛围。一方面，科技“含金量”不高，2021年，慈溪、余姚、宁海、象山R&D经费投入强度（R&D支出占GDP的比重）分别为3.07%、3.54%、2.81%、2.72%；另一方面，企业创新动能不足，研发支撑创新能力较弱，2021年余姚、慈溪、宁海、象山高新技术企业数量分别为388家、484家、285家、172家，与昆山、张家港、顺德、余杭等县（市、区）相比均存在明显差距（见表11–3）。

表 11-3　2021 年四县（市）与宁波整体及其他同类县（市）创新实力比较

地区	R&D 经费投入强度	有效高新技术企业数量
余姚	3.54%	388 家
慈溪	3.07%	484 家
宁海	2.81%	285 家
象山	2.72%	172 家
宁波	2.76%	3919 家
昆山	3.9%	2264 家
张家港	3.56%	852 家
余杭	4.51%	1678 家
顺德	4.20%	2860 家

资料来源：国研经济研究院东海分院整理。

3. 资源短板制约城市功能塑造

医疗服务水平不高。慈溪、余姚、象山、宁海尚无三甲医院，落后于萧山（1 家）、余杭（2 家）、顺德（4 家）等同类地区；每千人拥有执业（助理）医师分别为 2.52 人、2.95 人、3.53 人、3.41 人，每千人拥有床位数分别为 3.58 张、2.77 张、4.12 张、4.87 张，普遍低于宁波市平均水平（3.59 人、4.73 张），如表 11-4 所示。

表 11-4　2021 年宁波市各区（县、市）医疗、养老、教育资源对比

地区	医院数（家）	每千人床位数（张）	每千人执业（助理）医师数（人）	每百名老年人拥有养老床位数（张）	省一级普通高中特色示范学校数量（所）
宁波	198	4.73	3.59	5.6	16
海曙	33	7.39	5.89	5.4*	2
江北	18	7.48	4.23	5.6*	1
北仑	17	3.22	2.78	6	1
镇海	11	5.09	3.52	5.43	1
鄞州	41	5.80	4.26	6.07	5
奉化	13	4.85	3.33	5.8*	2

续表

地区	医院数（家）	每千人床位数（张）	每千人执业（助理）医师数（人）	每百名老年人拥有养老床位数（张）	省一级普通高中特色示范学校数量（所）
慈溪	27	3.58	2.52	3.32*	1
余姚	12	2.77	2.95	6.12	1
象山	15	4.12	3.53	7.5	1
宁海	11	4.87	3.41	5.05	1

注：带 * 为 2020 年数据。
资料来源：国研经济研究院东海分院整理。

养老服务基础设施薄弱。慈溪和宁海每百名老年人拥有养老床位数分别为 3.32 张和 5.05 张，明显低于宁波市平均水平（5.6 张），医养结合水平普遍不高。

教育资源供给不足。难以满足群众对“上好园”“上好学”的基本需求，慈溪、余姚、象山、宁海均仅有 1 所学校获评浙江省一级普通高中特色示范学校。

4. 形象短板制约城市品质提升

余姚、慈溪地区城市形象相对老旧，环翠屏山地区自然景观优美，文旅资源丰富，但有机融合本地自然人文资源、特色鲜明、生态友好的农创文旅等业态不成规模；且与村镇开发建设相对割裂，城市形象没有形成有序衔接。余、慈交界处的村镇风貌陈旧、基础设施薄弱、村级镇级工业区零散分布、住宅整体品质不高，环境脏乱差问题明显。

宁海、象山地区依山傍水，区域内散落的部分村庄由于“空心化”、经济发展水平、历史文化等因素影响，乡村治理内力发展不足，环境问题凸显。特别是临海的小渔村，村庄普遍存在住宅多占多建、基础设施滞后和发展空间不足并存的问题。

三、发展目标和总体思路

站在新的历史方位和新的时代起点，宁波的县域经济必须进一步明确发展的指导思想、战略目标和战略重点。既要着眼于以上海为龙头的长三角城市群的发展目标，也要立足于宁波都市区的发展定位，更要契合自身发展需求，提高标准、勇争一流。

（一）总体思路

以高质量发展为首要任务，以南翼、北翼协同为关键抓手，以开放的视野打开空间格局，发展科创产业增强创新动能，构建未来城市，创造幸福生活，通过“融圈、强城、兴产、富民”四大步，推动县域经济向都市圈经济转型，率先成势，为宁波打造共同富裕先行市和现代化市域样板提供强大动力。

（二）基本原则

交通先行，打通要素流动主动脉。发挥交通的基础性、引领性、战略性作用，积极推进轨道交通的连接扩展，统筹干线铁路、城际铁路、市域（郊）铁路、城市轨道建设，织密公路网络，联动港口、机场等重大交通基础设施，打造互联互通的综合交通运输体系，以交通圈拓展都市圈、融入经济圈。

空间接应，布局动能接力承载地。依托交通廊道，构建城市框架，积极构建全新城市空间格局。系统推进全域国土空间综合整治，“点、线、面”协同成片推进城市更新，打造高能级创新空间、产业空间、生活空间和生态空间，布局重大平台、重大项目，全面增强城市承载能力。

产业提质，塑造中心城市强极核。统筹推进产业基础高级化和产业链现代化，全面增强科创功能，谋划布局新赛道、新产业，协调发展高端生产性服务业和便民生活性服务业，通过生态构建、沿链聚合、集群发展，重塑发展新优势。

民生为本，筑牢共同富裕新底色。高水平提供人性化、数字化、多样化的公共服务，全面提升人的精神富裕程度，打造更加宜居宜业的城乡环境，倡导更加绿色低碳的生产生活方式，实现科学化、精细化、智能化的城市治理方式，加快创造人城境业高度融合的新型城市。

（三）发展理念

从“城市崛起”向“融入区域”转变。县域经济向都市圈经济转型要跳出县域视角，积极融入长三角一体化建设，在产业分工、资源分享、功能对接、要素配置等方面，与其他城市形成交互作用，在共同愿景、错位发展、相互支撑的格局下实现从创造个体价值到创造区域价值的转变。

从“创新驱动”向“创新引领”转变。县域经济向都市圈经济转型，要进一步强化创新在城市发展中作为“第一动力”的核心地位，把创新作为赢得优势、制胜未来的关键，用新的思维、新的模式、新的制度引领经济社会的全面转型发展。

从“转型发展”向“均衡发展”转变。均衡发展体现了经济、社会、生态等各方面的协调发展，以及城乡之间的相对均衡。县域经济向都市圈经济转型，要牢牢树立新发展理念，一体推进“硬实力”和“软实力”建设，紧密联动、全面发力，逐步消除差异，实现高水平的相对均衡。

从“行政主导”向“社会共建”转变。“社会共建”是一种更加开放的发展模式，以内部的改革释放外部的增长潜能。县域经济向都市圈经济转型，要凝聚更广泛力量，跳出“财政思维”，敢用市场主体、敢拓新的渠道、敢引多种资源，用市场化思维和灵活性制度解决经济社会发展问题。

（四）发展目标

未来，余姚、慈溪、宁海、象山四县（市）陆海空立体化、沪杭甬同城化、全市域一体化的现代综合立体交通体系基本形成，有机融合、梯次有序、功能完备的城市空间进一步拓展，先进智造、未来产业、数字经济等全新产业格局释放新的创新动能，高品质、低碳式、智慧化、人本化的城市生活成为样板，余慈片区成为全国智造名城、长三角创新网络节点、接沪联杭携苏的重要门户和城乡共同富裕的标杆城市，宁象片区成为全国山海生态创新示范城市、长三角活力创新的集聚高地和辐射温台地区的前沿阵地。

四、关键问题的突破路径

对标都市圈经济的形态特征，结合宁波县域经济的现实基础，以问题为导向，从以下五大方面提出关键问题的重点突破路径。

（一）谋划布局高效交通网络

发展都市圈经济，应构建高强度、多样化、高频次、强时效的城市交通格局，通过交通轴连接增长点，形成发展轴。“十四五”时期，宁波市正在加速构建都市圈综合交通网络，通苏嘉甬铁路、甬台温高铁以及宁波至慈溪市域（郊）铁路、宁波至象山市域（郊）铁路、宁波至余慈城际铁路以及快速路和主干道等重大项目逐步强化了县域对外通道。下一步可适度超前谋划，预留重大项目空间，海、陆、空立体式推进，实现节点向枢纽提升。

1. 争取双站设置，形成陆域强节点

苏州下辖的昆山、常熟、太仓、张家港四大全国“百强县”已实现高铁站全覆盖，其中昆山、太仓、常熟各有两个高铁站，太仓仅 80 多万人口就拥有太仓站和太仓南站，两站相距约 12 千米。另外，嘉善市也拥有嘉兴北站和嘉善站“双高铁站”配置。

宁波在县域层面应全力打造以高铁站为核心的枢纽型、功能性、网络化交通节点。向北，全面加强宁波北部综合枢纽体系建设，适度超前谋划慈溪站、慈溪东站“双高铁站”配置，推动通苏嘉甬铁路、沪甬跨海通道（沪甬城际）经慈溪东站通向宁波西枢纽，形成“双站联动、多向贯通”的枢纽形态。向南，补齐最后一块县域高铁站空白，重点推进甬台温高铁象山站建设，

争取在南部滨海经开区设置宁海东站，向南直通台州、温州、福州，宁海站、宁海东站、象山站三站协同提升南部枢纽能级。

2. 提升机场功能，拓展空中大走廊

目前宁海通用机场已经启动建设，宁波前湾新区通用航空机场正在加快推进建设，下一步将形成“云上公交”和“干—支—通”无障碍串飞航线网络。

在此基础上，可超前谋划宁波前湾新区通用机场改扩建项目，充分留足土地空间，适当时机争取使其从通用机场到民用机场，将其打造成为宁波第二机场（上海第四机场）。

目前，四川遂宁安居通用机场已经启动民用运输机场建设前期工作，湖南株洲芦淞通用机场正在谋划从A1级改扩建为4C级，升格为长株潭第二机场。伴随着宁波都市区及上海大都市圈能级提升，宁波栎社机场和上海虹桥、浦东以及南通机场（上海第三机场）不足以承载更大规模的需求，改扩建宁波前湾新区通用机场可满足上海南部、宁波北部乃至绍兴、嘉兴、舟山等地区的出行需求。

3. 加强港区建设，扩大海上朋友圈

随着城市产业的不断迭代发展，对货运物流的需求日益增长。但目前，无论是北部的余姚、慈溪还是南部的宁海、象山，配套的货运枢纽和沿岸港口建设都已经相对饱和，区域要素流动主要依赖公路，道路交通拥堵、物流成本过高、企业产品竞争优势受损、区域辐射带动能力不强等问题日益显现。

应抓住宁波舟山港世界一流强港建设机遇，北部分期推进杭州湾港区建设，近期加快淞浦、镇龙浦岸线附近码头建设和环杭州湾南岸货运铁路建设，中远期积极争取在七姊八妹列岛布局海运码头，争取设立有海关监管和保税功能的保税物流中心（B型）。在南部，推进象山港货运铁路建设，全力争取设立综合保税区。

（二）构建更加开放的城市空间

北翼的余姚、慈溪，南翼的宁海、象山相邻，人口密度相近，产业结构相似，但在行政区划分割、利益诉求不同、发展阶段差异等因素影响下，往往难以形成发展合力，城市发展方向逐渐偏离、核心功能定位同质竞争、空间资源配置错位等问题日益突出。必须跳出县域空间，以“跨界”和“破界”实现发展“无界”。

1. 坚持湾区引领、加强南北统筹

北翼，把前湾新区作为未来发展重要战略空间，以“一湾引领”，联动慈溪、余姚打造战略性大平台、链群式大产业、旗舰型大项目，以高能级的先进智造、高层次的创新创业、高水平的区域合作、高品质的产城融合引领北部大发展、大跨越。向北承接沪苏杭各类要素资源，向南全面接入宁波主城区，形成“未来发展拓展轴”。

南翼，以南湾新区建设为抓手，推进宁海、象山相向发展，突出海洋特色，协同培育海洋科技、创新创意、健康休闲等主导产业，错落布局产业、人文、生态三类空间，共同展现年轻、时尚城市形象。向北，紧密融入宁波中心主城区，向南，联动台州辐射温州，形成“三生融合示范轴”。

2. 扩容中心城区，建立强镇支撑

针对中心城区，以城市更新为抓手，全面改善城市风貌，增强以商务会展、金融科创、文化创意等现代服务业为核心的城市功能，提高中心城区人口密度和经济密度，增强集聚力和辐射力，形成中央活力区。北翼，推动慈溪中心城区与前湾新区相向发展，谋划观海卫片区一体发展，加快余姚做大北部融湾新城片区的步伐。南翼，适时推进撤镇设区，扩展宁海、象山中心城区建成区面积，实现县域人口向中心城区聚集，全面提升城市化率水平。

针对中心镇，以打造现代化一流小城市为目标，一体推进城市化建设，鼓励集群式、组团式发展，打造功能互济、城景相融、亦城亦乡的“藤蔓城市”。北翼，重点打造掌起—龙山组团、观海卫组团、周巷—姚北组团和中意产业园区—泗门组团。南翼，重点打造西店—强蛟组团、力洋—长街组团、石浦组团。

（三）凝聚面向未来的产业竞争力

随着全球经济格局发展出现新变化，新一轮科技革命和产业变革加速，资源要素争夺更加激烈。产业是县域经济转型的基础支撑，应深刻把握智能低碳、协同融合、集聚开放等现代产业发展趋势，不断强化产业韧性、提高竞争力，加速实现从“地方产业”到“全球产业”的蜕变。

1. 瞄准千亿元级产业，打造全球智造创新中心

余姚、慈溪、宁海、象山四县（市）制造业基础扎实，已形成一批百亿元级产业集群，但总体看仍缺乏一个推动制造业提质跨越的引爆点。对标高质量发展要求，应以生态圈经济和新物种经济引领传统产业转型升级，推动产业链、供应链、创新链深度耦合，做强优势产业基础，形成自主可控的全新产业格局。

再造传统产业优势。坚持“高端化、智能化、绿色化、服务化、特色化”转型方向，推动汽车及零部件、家电、模具、文具等传统产业与前沿技术、跨界创新、颠覆模式“高位嫁接”，推进“新材料 + 产品 + 品牌”全方位提升，实现主导产业“大而优、大而新、大而强”的新跨越。慈溪、余姚应加强产业协同，共同打造全球小家电创新中心和全球智能汽车产业高地；宁海、象山应聚焦模具特色产业，重点打造全球高端模具供应链中心，强化关键技术、材料、零部件、整机、系统集成、后端服务的全链条培育，推进“研发—产业化”“整机—零配件”“生产—展示—销售”“制造—服务”等全面协同发展。

超常规发展数字经济。培育壮大集成电路、新型数字元器件（组件）、数字智能终端、电子信息材料等数字制造业，提升发展互联网及软件信息服务、数字产品及互联网批零服务、数字内容服务、数字基础设施等数字服务业。加快推进新一代信息技术与先进制造技术深度融合，以“灯塔工厂”“未来工厂”建设为抓手，重点推进“大优强”培育企业和单项冠军企业、专精特新“小巨人”等骨干企业数字化改造，实现企业设计、研发、生产、管理、服务等全流程智能化运行。鼓励区域特色产业“大脑”建设，依托龙头企业，聚焦汽配、家电、模具、文体用品等行业打造一批行业级工业互联网平台，加

速产业链上下游业务、数据等要素集成，优化产业链发展的分工和协作。

全面强化服务业功能。立足双循环，做精做深现代商贸业发展，重点推动内外贸一体化发展，大力培育一体化经营市场主体，推动商品交易市场与国内国际市场接轨；深化对外开放，利用宁波“一带一路”建设综合实验区等契机，积极开拓中东欧、日韩、东南亚等多元化市场，建立国际化营销、物流和售后服务网络，推动服务贸易、数字贸易、转口贸易等新型贸易方式发展。服务先进智造，大力发展科技服务、软件与信息技术服务、人力资源服务等生产性服务业。服务城市发展，精细化发展会展服务、商务服务、文化创意等引领性服务业，特色化发展旅游休闲、健康养老、数字生活等新兴服务业。

2. 发力未来经济，形成具有引领力的新引擎

近年来，各城市都在积极谋划未来产业，以期通过赛道调整实现产业能级的快速提升。宁波也在积极布局人工智能、柔性电子、清洁能源、深海空天信息等未来产业。

面向长远发展，应抢先布局“新赛道”，创建未来产业先导区，立足产业基础和比较优势，积极布局新能源、航空航天、生命健康、海洋科技等重点前沿领域，通过赛道调整塑造经济增长新动能、构建新的增长点、掌握未来发展主动权，实现产业能级的快速提升。

聚焦新能源产业。推进风电、光伏、生物质能等新能源产业整体布局和开发，重点打造一批“零碳”工业园区和“零碳”美丽乡村。积极发展新型储能产业，形成以储能新材料、新装备、新系统为核心的产业集群，打造一批电源侧、电网侧、用户侧新型储能示范试点项目，争创区域性储能示范区；试点开展虚拟电厂建设与运营，以工业互联网为底层技术支撑，推动共建智慧虚拟电厂平台。鼓励发展氢能产业，积极布局氢燃料电堆、氢燃料电池系统、氢燃料电池物流车、专用车和无人机等板块，率先开展氢能基础设施建设和示范应用。

聚焦航空航天产业。积极布局大飞机关键环节，全力争取 C919 等国产大飞机相关战略项目，谋划引进支干线飞机总装、部装生产线及系统集成项目；鼓励民营企业融入中国商飞、波音、空客等商用飞机供应链，加快布局关键零部件集群，推进建设航空零部件产品制造基地。做强通用航空和无人机，依托宁海通用机场和杭州湾新区通用航空机场，有序发展通航整机制造和行业级无人机总装项目，加快布局新能源飞行器、发动机及零部件、控制系统等研发和生产项目，加快培育航空教育培训、航空运输物流、航空旅游和运动体验、通航运营、保险租赁、无人机服务等服务业态。培育发展商业航天产业，大力布局商业运载火箭和微小卫星研制等核心产业，加速集聚航天新材料、数字化装载设备、地面保障设备、卫星测控、卫星应用等上下游产业环节企业。

聚焦生命健康产业。做大生物制药产业，特色化发展中成药、中药饮片、养生保健品等现代中药，加速集聚医药外包服务平台、医药供应链服务平台等。发展集群式医疗器械产业，重点做大生物材料和高端医疗装备两大产业，推进医疗器械高端化、融合化、智能化发展，打造医疗器械产业集聚发展品牌基地和创新示范中心。鼓励发展高端康养服务，打造医疗、养生、休闲功能一体化的高端康养服务生态圈，支持康养产业与体育产业、农业等融合联动发展。

聚焦海洋科技产业。打造长三角临港装备制造基地，高水平发展以风电装备、高技术船舶等为主的临港装备产业。大力发展海洋生物产业，加强海洋生物医药制品研发及推广应用，推动海洋生物制品多元化，鼓励发展海洋保健品。突破发展海工装备产业，提高平台研发设计与关键核心设备国产化水平，开展全海域全海深地形地貌探测、海洋矿产勘探、深潜器、海底作业机器人及深海养殖装备等深远海技术研发，发展海洋防护涂料、海洋环境复合材料等海洋新材料。

3. 深化产业治理，打造更具活力的产业空间

加大开发区（园区）整合提升力度，注重顶层设计与战略布局，重点打造“万亩千亿”新产业平台和千亩以上连片工业社区示范项目，加快形成功能布局合理、主导产业明晰、资源集约高效、产城深度融合、特色错位竞争的发展格局。

打造“万亩千亿”新产业平台。集中力量将浙江慈溪滨海经开区、浙江余姚经开区、浙江象山经开区、宁海经开区打造成为以新材料、机器人及关键零部件、高端装备、新能源等为特色的“万亩千亿”新产业平台，不断加强基础设施、服务管理等软硬环境建设，支持一批重大产业项目、专业楼宇载体、创新孵化基地以及未来社区等集聚落户。创新园区运营模式，参考上海临港创新产业园、东久智造园等项目，探索产业园区 REITs 上市，以资产证券化推动园区可持续经营。

打造千亩以上连片工业社区示范项目。坚持“公资带动、社会参与、连片改造、产业为主”的改造思路，鼓励按创新引领类、新兴智造类和转型升级类三级产业空间，分类型、分步骤推进小微企业园和镇村级工业园向工业社区转型升级，促进产业功能与城市功能整合协同，实现更快更优更实地聚人聚产。参考佛山南海区，重点打造千亩以上连片工业社区示范项目，在创新土地使用方式方法，推动主导产业发展、产业生态圈构建、高端资源链接等方面进行有益探索。

（四）形成更加自主的科技创新力

在从规模扩张向存量优化的内涵式发展转型阶段，大力发展以创新为核心的知识经济，通过创造新的思想、新的技术和新的模式，始终为城市发展提供可持续的生命力。这种生命力，体现为不断迭代的创新创意成果，依托于研究型高校、研究院所和旗舰企业等城市中顶级锚机构和创业公司、各类专业人才的流动，而功能完善、高度开放的创新生态则是吸引优质资源的重要保障。

余姚、慈溪、宁海、象山四县（市）不乏高水平研究院所和旗舰企业，应大力发展以应用为导向的科创产业，高水平打造新型创新空间，高标准构建“众创空间—孵化器—加速器—专业园”完整的孵化链，系统性塑造“源头创新—技术开发—成果转化—新兴产业”完整的创新链，在更加开放、更加包容的氛围中激发出强大的创新力量。

1. 塑造空间动力，布局新型创新载体

打造轨道交通上的科创大动脉。沿宁波至慈溪市域（郊）铁路、宁波至象山市域（郊）铁路、宁波至余慈城际铁路等轨道交通通道，协同提升中心城区和城镇组团创新空间，鼓励围绕铁路站点高水平打造创新型街区、科技型园区等载体，推动科技要素和活动集聚。以局域创新带动片区发展，支持周边工业园区转型升级，培育壮大园区的科技创新、产业升级等多元复合功能，推动产业和创新在空间上的高效融合，构筑多点开花的创新圈层。

打造一流高效的产业创新融合载体。大力支持新型研发机构发展，突出体制机制创新，强化政策引导保障，注重激励约束并举，调动社会各方参与，以更加多元的组织形态、更加灵活的运营方式，更加市场化的用人导向，提升创新效能。加强技术创新中心建设，依托龙头企业和科技型中小企业力量，争创国家技术创新和制造业创新中心，在技术攻关、成果转化、力量协同、创新服务、科技合作、人才引育、支撑产业等七大方面先行示范。鼓励建设一批加速器、孵化器、众创空间、生活实验室等创新载体，全面构建多层次立体产业孵化生态系统。

2. 强化创新协同，融入全球创新链

充分利用全市科创资源，全面融入甬江科创大走廊建设，主动参与长三角科创共同体建设，在都市圈空间范围内，构建协同创新、富有活力的区域创新体系，打造长三角创新网络节点。同时，积极推动国际合作，以全球视野谋划科技创新。

联动甬江实验室。甬江实验室是宁波面向未来的重大战略性科研平台，作为新型研究机构，其组织模式和体制机制更加开放灵活。应主动参与甬江科创大走廊的建设和延伸，鼓励科研院所、优势企业、创新团队向甬江实验室申请加盟建立协同创新中心，合作共建实验室二级研究机构，积极参与重大专项攻关联盟，共同承担科技创新重大项目，突破一批“卡脖子”技术，取得一批原创性成果，形成一批“重大场景应用”。

连接上海大都市圈。《上海大都市圈空间协同规划》提出，打造全球领先多元知识集群，形成前沿基础科学创新源、应用型基础创新源、技术应用型创新源、未来科技创新源和重要知识集群。应主动承接G60科创走廊辐射，围绕数字经济、生命健康、智能装备、空天信息等重点产业领域，积极开展协同攻关，重点推进与长三角国家技术创新中心的战略合作，共同开展技术成果转移转化、中小微科技企业孵化培育等关键任务。

融入全球创新网络。强化与德国、日本等创新大国和“一带一路”沿线国家和地区、RCEP成员国开展科技合作，深化中意宁波生态园、宁波宁海中乌高端新材料平台等载体建设，鼓励与海外高校科研院所开展人才共享与培养、科技成果转移转化等领域合作。策划组织重大科研学术交流、国际科技博览会等活动，形成并搭建国际交流合作的大舞台。

3. 强化资源整合，提升产业创新组织水平

加强“产业＋创新”相向发展，打通重点产业、关键技术和成果孵化等创新要素之间的梗阻，以市场化的创新组织和创新服务，架起桥梁和纽带。

探索建立以市场化为导向的新型科技攻关组织方式。聚焦新能源、航空航天、生命健康、海洋科技等未来产业科技赛道，依托研究院所和旗舰企业，搭建关键技术攻关新型组织架构，集聚各专业领域顶尖人才和创新资源，形成跨领域、大协作、大投入、高强度的创新组织体系，制定关键技术攻关专门方案，逐个分解、分项落实、精准突破。

提升产业创新组织市场化水平。大力发展科技服务业，培育一批精通市场和技术的科技中介、技术经纪、专利服务、咨询评估等方面的机构，着力打通技术转移和成果转化“最后一公里”。支持产业集群重点龙头企业牵头建设产业联盟、技术联盟，协同突破技术瓶颈、解决无序竞争等行业发展难题。

建立健全“点穴式”产业创新保障机制。提升改革服务和管理方式，创新资金、人才、数据等要素保障方式，充分发挥政府产业投资基金、引导资金的杠杆作用，对关键技术靶向攻关项目持续跟踪，集中力量精准投入，撬动更多社会资源关注和参与投资。深化“揭榜挂帅”“科技赛马”等制度，推动各类人才加速集聚，开展协同产业创新攻关。

（五）建设人民更加向往的未来城市

新时代的城市建设，应重点解决千城一面、万楼一貌等问题。在绿色建筑、生态建设、智慧城市等方面先行先试，形成示范效应。由县域经济向都市圈经济转型应补足城市建设短板，突出地域文化特色，探索构建“居者心怡、绿色低碳”的现代化城市。

1. 构筑安居暖心的品质城市

公共服务作为民生之基、幸福之本，与民心紧紧相连，是扎实推进共同富裕的重要方面。新型城镇化方案也着重强调了县域公共服务基础设施的完善布局。在过去的发展中，慈溪、余姚、宁海、象山以物为主的“硬基建”水平显著提升，但医疗、教育、养老等方面以人为主的“软基建”相对落后，不足以支撑日益增长的人口规模和人民日益增长的对美好生活的向往。

未来，应将城市建设重心从“硬基建”逐步转向民生领域“软基建”，强化与上海、杭州等周边城市互联互通互享，提升城市软实力。

推动城乡公共服务均衡发展。以人口为导向，以城镇组团为单位，重点补齐教育、医疗等公共服务短板。促进教育资源均衡供给，鼓励慈溪中学、余姚中学等重点中学扩容招生，积极探索教育集团化办学模式，深化长三角教育共同体建设，积极发展产教融合型职业教育和高等教育。强化医疗资源均衡供给，把握“千县工程”建设契机，推动慈溪市人民医院、余姚市人民医院、象山县人民医院升级三甲医院，推动宁海县第一人民医院向三乙医院晋级；参与跨区域、跨城市医疗合作，争取复旦大学附属中山医院、上海交通大学医学院附属瑞金医院、浙江大学附属第一医院、复旦大学附属妇产医院、宁波市妇女儿童医院等综合性、专业性一流医院设立分院；健全老年医疗服务体系，支持康复护理、安宁疗护等机构建设和床位资源配置及老年友好单元、老年友善医疗机构建设，扩大长期护理保险试点范围。

营造全龄友好城市氛围。创建青年发展型城市，塑造充满青春活力的城市界面，重点加强青年主题街区、青年未来社区、青年发展大厦、青年驿站、城市书房、文旅驿站等多层次、多主题青年空间建设，开发和举办一批紧跟潮流和青年喜爱的大型城市活动，塑造青春时尚动感的城市生活场景，打造具有鲜明符号特色的青年活动品牌。建设儿童友好城市，立足“城市—街道—社区”三个层级，重点开展儿童友好公园、学校、医院、场馆、历史街区、商圈等建设试点工作，形成公共空间友好、服务设施友好、出行环境友好以及社区交往有温度的儿童友好生活圈。打造老年关爱型城市，重点完善居家养老服务网络，探索“社区 + 物业 + 养老服务”和“农村 + 标准化诊所 + 养老服务”嵌入式养老服务模式。

2. 创建心之所向的幸福家园

社区和乡村是城乡空间的基本单元。在城市层面，伴随着城市建设的深入推进，老旧小区改造已经到提点扩面阶段，未来社区的创建逐步向县（市）层面延伸，取得了实质性进展。但在乡村层面，未来乡村的美好图景已经绘就，现实路径仍在探索。余姚、慈溪、宁海、象山四县（市）的乡村临山近水，拥有独特的自然人文风情，建议支持村企合作共建，有序推进实施“共同富裕幸福示范村建设计划”，重点以“幸福”为落脚点，紧紧围绕村民物质和精神需求，重塑乡村风貌、培育乡村业态、传承优秀文化、丰富公共服务、营造乡风文明，形成引领品质生活体验、彰显浙东韵味的新型乡村功能单元。

围绕幸福乡村生态现代化，构建“未来风貌”场景。塑造江南韵、本土味、现代风的新江南水乡山村风貌。以村级道路为脉络，利用沿路住宅外墙、指示牌、车站等标识，打造文化微景观。

围绕幸福乡村产业现代化，构建“未来产业”场景。盘活闲置用房，打造返（留）乡青年集中创业办公、活动交流的文旅农幸福创客地。重点聚焦手工创作、直播电商等新产业、新业态，成立农创、艺创、云创等孵化基地，带动村集体经济增长和“新乡村”人口集聚。

围绕幸福乡村文化现代化，构建“未来文化”场景。丰富阅读空间、展陈空间、文化活动空间，打造居民身边的精神“充电站”。

围绕幸福乡村生活现代化，构建“未来健康”场景。充分利用四明山脉、天台山脉的富氧特色，探索打造幸福“养生谷”，培育扶持发展康养经济、银发经济。探索打造农村标准化诊所，构建集线上线下于一体的智慧养生平台。

围绕幸福乡村治理现代化，构建“未来邻里”场景。以中华文化、国学文化和慈孝文化为内核，形成特色“幸福公约”。实施村内公共空间微改造，以“共享庭院”等开放空间打造幸福议事厅。

3. 建设生态友好的滨海城市

生态环境保护和生产生活低碳化是贯穿新型城镇化建设的主题之一。余姚、慈溪、宁海、象山四县（市）坐拥宁波杭州湾、象山港、三门湾三大湾区，山、海、岸、滩、岛、林等自然资源丰富，应牢固树立生态优先、绿色发展理念，加快形成凸显资源节约和环境保护的空间格局、产业结构、生产方式、生活方式，建设生态健康、环境优美、宜居宜业、绿色低碳的都市生态。

锚固自然生态本底。慈溪、余姚围绕四明山脉，宁海、象山围绕天台山脉，提升森林资源质量，强化生态屏障功能，积极开展生物多样性保护工作。积极推进城市中湿地修复和森林公园、口袋公园建设，鼓励布局一批青年型、科创型、人文型、运动型、山水型城市主题公园。

打造森林海岸城市景观。北部，联动慈溪、余姚推进翠屏山中央公园建设，大力推动文旅融合示范区建设，串联自然保护地、景区村庄、古迹遗址和非遗文化，打造一批具有历史厚度、彰显城市文明的文旅融合标志性项目。南部，联动宁海、象山重点塑造象山港山海文旅景观、大目湾运动休闲景观、石浦滨海文化景观，谋划建设一批彰显滨海特色的标志性公共建筑或公共空间，鼓励建设滨海图书馆、音乐厅、电影院等现代化文化、艺术新空间。

全面推进城市生活生产近零碳可持续转型。因地制宜打造一批近零碳社区，通过构建清洁取暖、绿色出行、垃圾分类、废物利用等低碳生活方式减少资源消耗，降低社区碳排放量；探索推广个人“碳账户”等激励机制。打造一批近零碳园区，综合利用节能、减排、固碳等多种手段，通过优化能源利用结构与产业结构、加强低碳管理、资源循环化利用，形成低碳产业集群。

支持发展循环经济，推动工业集中区块建设“静脉”产业园，通过“资源—产品—再生资源”闭环经济模式实现固废、污水等自我循环、再造输血。

五、要素支持的创新探索

从县域经济到都市圈经济的转型，是一场涵盖经济、社会、文化等各方面的系统性变革，不仅要明确转型方向、发展路径，更要解决发展中的限制性问题和内生性问题，必须在创新和改革中最大限度激发各主体的积极性和创造性。

（一）破解水资源制约

慈溪、象山等地均存在总量缺水、结构性缺水、季节性缺水等问题，尤其是优质饮用水相对缺乏，难以满足人口增长需求和城市生活品质提升。可稳步推进海水淡化重大项目和分质供水环状网络建设，为城市发展释放更多发展潜力。

强化布局海水淡化重大项目。借鉴舟山海水淡化经验，充分利用海岛城市丰富的海水资源，不断增强海水淡化能力。推进重大海水淡化项目建设，强化技术攻关，积极开展淡化水水质提升工程，实施海水淡化后矿化处理、供水管网更新改造等工程项目，全力保障饮用水品质。重点鼓励工业园区建设项目使用淡化海水、再生水等水资源。目前，舟山已投运海水淡化项目 30 个，建成海水淡化厂 18 家，海水淡化总规模为 34.1 万吨 / 日，平均成本已经控制在每立方米 5 元以内。成批量规模实施海水淡化的成本，可远低于从外部引水的成本。

积极推进分质供水环状网络建设。利用宁波作为首批国家典型地区再生水利用配置试点城市机遇，通过双水管、双水表的设置，将优质水源用于生活饮用水，将普通水用于工业企业生产、市政道路绿化浇洒等场景。深入推进工业集聚区分质供水，建设工业制水厂。借鉴义乌分质供水模式，以水表安装免费、水价优惠、信用激励等方式鼓励广大市民和企业使用分质水，并通过“信用＋服务”“内部改造设计服务费用减免”等措施提高用户积极性。

（二）破解土地要素制约

土地资源利用已经从“增量时代”步入“存量时代”，存量面积大、现有存量管理面积中可供开发增量面积小、未来可供开发的土地增量潜能小，向存量要空间、向存量要发展是大势所趋。

在产业用地方面，近期，优先推进空间换地，向上，积极推进“工业上楼”，通过打造一批新型“摩天工厂”，加速形成产业集群、企业集聚、要素集成、区域集中的小微企业产业新型生态群落；向下，合理开发利用地下空间，借鉴江苏经验，鼓励工业项目利用地下空间建设仓储、停车以及生活配套等设施，鼓励新型工业社区和按照工业用地管理的研发类项目建设一层以上的地下空间。工业用地结建的地下空间建筑面积可不计容。在同一空间内可整体或分别设立地上、地表和地下建设用地使用权。中长期，探索推广容积率奖励政策，借鉴北京、上海、深圳以及日本东京等地的经验，使产业项目建筑规模优化与贡献产业发展、贡献社会公益相结合，以现行宁波市工业用地节地标准为奖励上限，区分新增项目和更新项目，设计推广容积率奖励政策。

专栏四 国内外容积率奖励政策案例[①]

容积率奖励是国内外先进城市推动土地要素优化配置的手段之一。在国内城市中，深圳和上海率先提出了城市更新容积率管理的相关办法，在基准容积率基础上，采取“转移”与“奖励”双措并举，在保障企业发展权的同时，将更新用地建筑规模增加与贡献公共利益相挂钩。此外，我国台湾地区

① 资料来源：张尔薇、何思宁、徐海涛、李金龙、吕佳、周千钧、苏莉萍：《产业高质量发展与产城融合目标下产业用地指标管理研究——基于亦庄新城的实践探索》，2021 年 8 月。

和日本东京等地也积极探索容积率奖励办法，推动产业优化和城市更新。

一、深圳：“转移容积”和“奖励容积”并举

深圳提出“转移容积”和“奖励容积”两种方式（见图 11-1）。“转移容积”是企业通过无偿移交用地保障规划公共利益落实而获得的容积转移，确保了公共利益的永久性。移交部分的用地面积需满足贡献基准建筑面积折算的土地面积标准，超出标准部分的移交用地面积与基础容积率的乘积可作为转移容积转移至更新产业用地内。“奖励容积”指在更新用地范围内落实规划公共利益而获得的容积奖励，奖励上限为地块基础容积的 30%。

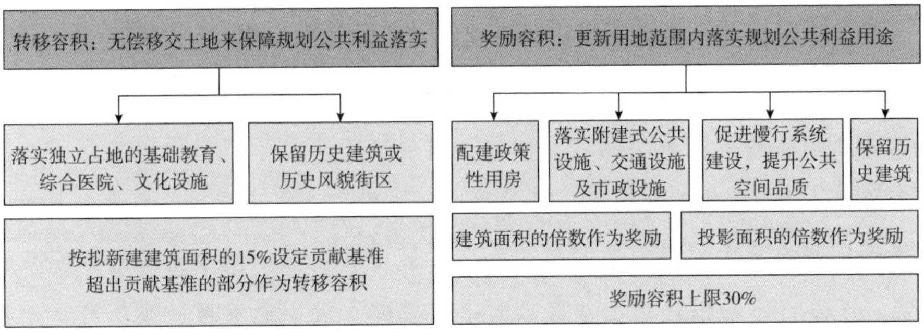

图 11-1　深圳产业用地指标优化方式

二、上海：“容量调整”和“容量转移”并重

上海以公共利益、风貌保护为导向，提出“容量调整”和“容量转移”两种方式（见图 11-2）。有更新需求的商业办公类用地可以通过提供公共开放空间或公共服务设施获得容积率奖励。政府秉持“只求所用不求所有”的原则，根据企业能否划出独立用地、能否移交产权设定不同的奖励额度，给企业选择空间，更易调动企业自主更新的积极性。此外，对于区位条件不佳、规模不足、提供地下公共服务等情况进行奖励标准的折减。

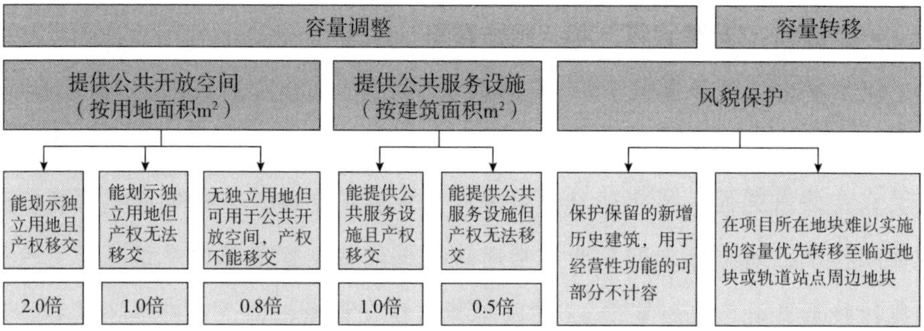

图 11-2　上海产业用地指标优化方式

三、中国台湾：更新项目容积率奖励“立体化”发展

中国台湾针对存量产业用地，以强化土地使用效能、促进投资为导向，提出更新项目的容积率奖励“立体化”发展方案。位于都市计划工业区内基准容积率小于2.4的工业用地，可以通过新增投资、能源管理、捐赠产业空间或缴纳回馈金等方式获得容积率奖励，并规定奖励额度上限为基准容积率的50%，逐步将非都市计划工业区纳入适用范畴，以支撑更多产业项目自主更新需求。

四、日本东京：空间引导与奖励规则相结合

东京将规划奖励办法与空间引导相结合。以基准容积率为基础，结合规划和城市设计要求明确企业获得容积率奖励的必要项目与选择项目，并依据区位条件差异对奖励额度、奖励上限进行差异化设定。纳入规划范围的更新项目需履行该地区更新导则要求的公共服务设施建设、优美环境塑造、城市空间开放等贡献内容来换取相应的容积率奖励。在这个过程中，政府通过有序引导更新促进城市空间优化与城市结构重塑，而开发主体通过调整高开发强度取得开发投入与收益的平衡。

在农村用地方面，持续深化集体经营性建设用地改革，探索集体经营性建设用地入市，建立入市增值收益分配机制，实现农村集体经营性建设用地

与国有土地同等入市、同权同价；深化推进城乡建设用地“增减挂钩”，有效盘活农村存量经营性建设用地；推进农村土地征收制度改革，调整征地片区综合地价最低保护标准，制定公共利益征地相关制度。持续深化农村耕地经营权改革，进一步推广承包地经营权抵押贷款扩面提质，探索承包地经营权在公开市场流转机制，探索土地合作社等承包地经营权入股形式；加快推进农村土地征收制度改革，完善定价机制、提高补偿标准。逐步提高土地出让收入用于农业农村的比例；深化集体林权确权登记颁证改革，健全林地经营权流转制度，推行公益林补偿收益权质押贷款、林权及林地经营权流转证抵押贷款。争取宅基地“三权分置”改革试点扩面覆盖，打开宅基地资源、资产、资本的转化通道，探索农房抵押贷款和宅基地使用权抵押贷款；探索宅基地使用权流转制度，完善出租、入股、合作等多种方式，鼓励社会资本等利用农村闲置宅基地及闲置农房发展民宿等乡村产业项目；深化推进农村宅基地综合整治，盘活闲置用地、提高土地利用效率。

（三）破解资金来源难题

在地方财政收支压力不断加大、土地财政不可持续性问题日益突出等背景下，无论是产业转型、城市建设还是创新投入都面临着“钱从哪里来”的现实问题。必须跳出“财政思维”，积极发动企业群体，规范利用资本市场，以市场化思维推动大项目建设。同时，也要发挥广大人民群众的参与意识，形成全社会合力，共同推动城市发展。

做大做优做强国有企业。主动服务县域发展战略需要，推动国有平台在产业转型、科技创新、文旅发展等方面担当作为。持续深化国资国企改革，鼓励通过资产重组、授予特许经营权等方式，提高国企资本运作和融资能力，推进国企混改、上市，做大资产规模、提高信用评级。

激发社会资本活力。积极探索“镇企”“村企”协作机制，实现资源共享、优势互补、双向促进、共同发展。探索基础设施 REITs 等投融资产品，推广政府和社会资本合作模式，利用社会资本加快提升公共服务、市政基础设施、保障性租赁住房等供给的质量和数量。

促进金融服务实体经济发展。推广基于信息共享和大数据开发利用的“信易贷”模式，深化“政银企保”“政策性保险”“银税互动”“银商合作”等机制建设，推动银行等金融机构创新信用融资服务和产品，缓解中小微企业和个体工商户融资难题，激发制造业、战略性新兴产业、“三农”、生态环保、外贸等专项领域活力，发展订单、仓单、保单、存货、应收账款融资和知识产权质押融资。探索投贷联动深化发展，创新中期流动资金贷款新模式，增设存量建设用地整治政府专项债券和市场化盘活存量建设用地基金。

第十二章　从区域均衡发展视角看宁波南翼地区崛起

共同富裕是全体人民的富裕，是人民群众物质生活和精神生活都富裕，不是少数人的富裕，也不是整齐划一的平均主义，要分阶段促进共同富裕。宁波南翼地区偏远乡村、海岛较多，成为宁波建设共同富裕先行市中的重点关注对象。

《宁波高质量发展建设共同富裕先行市行动计划（2021—2025 年）》中提出“南翼崛起计划”，目的就是推进当地发展，实现全体人民共同富裕。南翼地区资源、生态、文化等优势突出，然而经济等短板也非常明显，需要大力推进经济发展，持续把社会财富“蛋糕”做大、做强、做优，奋力缩小与宁波其他地区的差距，重点发挥生态、文化优势，对标对表宁波高质量发展建设共同富裕先行市的系统架构，不断提升经济发展、公共服务、文化建设、生态文明、社会治理等方面能力。

一、南翼地区在宁波建设共同富裕先行市中的重要地位

（一）南翼的提出及其范围

宁波市“十二五”规划纲要提出，以奉化宁海象山组团为南翼。根据

宁波市“十四五”规划与《宁波高质量发展建设共同富裕先行市行动计划（2021—2025年）》，宁波南翼的范围主要指宁海及象山。宁波市第十四次党代会指出，宁波要形成“一体两翼多组团、三江三湾大花园”的空间发展格局。在《宁波市国土空间总体规划（2021—2035年）》中，宁波南翼地区布局为“双湾双城多点”，“双城”即宁海城区及象山城区。根据上述政策文件对南翼地区的有关表述，本章对宁波南翼地区的研究以宁海县和象山县为主。

（二）南翼地区在宁波建设共同富裕先行市中的重要地位

缩小地区差距、城乡差距、收入差距是促进共同富裕的核心任务和主攻方向。宁波南翼地区经济社会发展相对薄弱，宁海县、象山县与北翼的慈溪市、余姚市、北仑区差距较大，是宁波实现高质量发展、迈向全面现代化、推动共同富裕的重点关注地区。为此，《宁波高质量发展建设共同富裕先行市行动计划（2021—2025年）》提出，实施南翼地区崛起计划。聚焦宁波南翼地区，促进区域协调发展，缩小差距、补齐短板对于宁波建设共同富裕先行市具有重要意义。

宁波南翼地区的宁海县和象山县具有滨海优势和丰富的资源禀赋，向海图强发展海洋经济，后来居上释放发展潜力，是宁波南翼地区实现共同富裕的一把关键钥匙。宁波南翼地区作为辐射温州、台州的“桥头堡”，其崛起不仅有利于宁波打通发展经脉、畅通经济通道，对于周边城市的经济社会发展也具有积极带动作用，有助于长三角一体化背景下宁波都市圈能级的提升。

二、南翼地区在共同富裕方面的现状分析

（一）优势条件

1. 海洋资源集聚

宁波南翼地区位于东海之滨，坐拥象山港和三门湾两大港湾，海洋资源

禀赋丰富，发展海洋新兴产业、旅游业、现代渔业等优势明显。宁海县海岸线总长177千米，“港、岛、涂、渔、能”等海洋资源的组合优势鲜明，开发利用潜力大。象山县拥有海域面积6618平方千米、海岸线988千米、海岛505个，分别占宁波全市的84.7%、59%、82.7%。此外，象山县的海洋旅游资源在长三角地区独占鳌头，获评首批国家级海洋生态文明建设示范区，不仅拥有25处、总长15.1千米的金色沙滩，还拥有韭山列岛国家级自然保护区、花岙岛国家级海洋公园和渔山列岛国家级海洋生态特别保护区。

2. 生态优势显著

宁海、象山两县山、海、林、水资源非常丰富，绿色产业较为发达，生态文明建设优势显著。宁海连续五年居全国“绿水青山就是金山银山”发展百强县第二位，建立健全环境治理和生态补偿机制，探索建立以生态系统生产总值（GEP）为核心的“绿水青山就是金山银山”转化评估体系和“两山银行”试点，推动生态资源向生态资产、生态资本高效转化。象山地处东海之滨，蕴藏着万象山海的自然风光、千年渔乡的民俗风情、百里银滩的运动风尚、十分海鲜的美食风味、一曲渔光的影视风华等独特风景，依托突出的生态优势打造海上“两山”理论实践地金名片。

3. 文化丰富多元

南翼地区人文底蕴深厚、滨海文化浓郁，诗路文化、古镇文化、海洋渔文化、影视文化等各具特色。地域民俗和民间艺术盛行，拥有十里红妆婚俗、泥金彩漆、前童元宵行会、竹根雕、渔民号子等10余项国家级非物质文化遗产。文物资源丰富多样，宁海古戏台、象山东门灯塔、花岙兵营遗址等被列为国家级文物保护单位。人杰地灵、能人辈出，曾涌现出方孝孺、潘天寿、柔石、陈汉章等历史名人。文化节庆活动丰富，宁海是《徐霞客游记》开篇地及“5·19中国旅游日”发祥地，象山的中国开渔节则被列为全国十大民俗节庆。宁波南翼地区具备发展文化和旅游产业强大的基础。

4. 产业特色鲜明

2022年数据显示，宁海县三次产业结构比为6∶48.5∶45.5，第二产业与第三产业基本相当，象山县该比例为13.7∶38∶48.3，第三产业所占比重最高，宁波南翼地区整体形成以高新制造业、文化旅游业、现代渔业为主导的产业类型。

传统制造业优势突出，民营经济发达。拥有得力集团、华翔集团、东方日升等知名企业，已形成文具、灯具、模具、汽车及零部件、五金机械、临港装备、纺织服装等百亿元级产业集群。区域内分布有宁海西店工业园、象山临港装备园、象山城东工业园等产业集聚区。

农林渔业与旅游业融合发展，推进乡村振兴。宁海利用西部山地峡谷生态林，发展森林温泉旅游业。象山蟹钳港区域在虾蟹、枇杷、火龙果、柑橘等优势产业基础上，发展乡村旅游。宁海强蛟渔港和象山石浦渔港聚焦渔业旅游及海岛观光产业链。

文旅体产业一体化发展，打响地域品牌。象山发挥滨海优势，主打“北纬30度最美海岸线”及“青年与海”品牌。依托象山影视城发展“影视＋旅游”特色产业。借助协办杭州亚运会契机，开发松兰山旅游度假区与半边山旅游度假区，吸引游艇俱乐部、帆船俱乐部等入驻，实现滨海运动与休闲旅游的双体验。

5. 社会治理先进

宁海在建设基层治理体系上大胆探索，不断创新，取得了丰硕成果，有些经验已走在全国前列，成为“宁海模式”。比如宁海首创“小微权力清单36条”，涉及集体管理事务的19个事项和17项便民服务举措，通过晒出“新家底”和明确“分内事”，让基层权力在阳光下运行，为基层治理提供宝贵的宁海实践。象山以“村级抓规范、镇级抓源头、县域抓统筹、行业抓整体、区域抓联动”为重点，以乡村基层治理、镇乡（街道）矛盾化解、县镇村三级群众诉求高效办理为主攻方向，通过建立健全党委领导、政府负责、民主协商、社会协同、公众参与、法治保障、科技支撑的现代化县域治理体系，构建起共建共治共享的社会治理格局。

（二）存在的短板

1. 交通区位处于劣势

城际交通短板明显。象山县处于宁波交通末梢位置，与宁波主城有象山港相隔。宁海虽与主城相连，但地势以丘陵山地为主，交通通道难以打通。宁海、象山两县以甬台温高速、甬莞高速为主的高速公路处于满负荷运行状态，与毗邻地区交通连接偏弱，如宁海与三门、天台、新昌等地仍以低等级公路连接，断头路、瓶颈路尚未打通，象山连接金华和义乌都市区的高等级公路缺失问题依旧存在。

交通基础设施建设滞后。公路密度方面，宁海为 0.9 千米 / 平方千米，象山为 1.1 千米 / 平方千米，均低于宁波北翼的余姚（1.3 千米 / 平方千米）、慈溪（1.2 千米 / 平方千米）。运输结构方面，高等级公路占比偏低，通用航空系统尚未建成，场站枢纽建设相对落后，尤其是象山至今未通高铁。

2. 经济基础较为薄弱

宁波南翼的宁海县、象山县整体经济发展在宁波 10 个区（县、市）中处于相对落后水平。2022 年，宁海和象山的地区生产总值分别为 900.7 亿元和 720 亿元，居全市第 8、第 10 位。两县财政总收入居全市末两位，人均可支配收入也处于全市平均值以下水平（见表 12–1）。

表 12–1　2022 年宁波各区（县、市）主要经济指标

地区	GDP（亿元）	人均 GDP（万元）	财政总收入（亿元）	第一产业增加值（亿元）	第二产业增加值（亿元）	第三产业增加值（亿元）	全体居民人均可支配收入（元）
海曙	1501.3	14.19	207.63	17.2	425.8	1058.3	74504
江北	860.3	17.10	177.53	8.9	271.1	580.3	72762
北仑	2630.8	29.93	905.35	8.9	1300.1	1321.8	70751
镇海	1374.3	26.63	129.26	7.3	954.9	412.1	73425
鄞州	2734.8	16.45	467.87	30.7	751.2	1952.9	77552
奉化	907.3	15.48	107.15	36	547.4	323.9	54462
慈溪	2521.6	13.52	364.08	66	1531.3	924.2	66342

续表

地区	GDP （亿元）	人均 GDP （万元）	财政总收入 （亿元）	第一产业 增加值 （亿元）	第二产业 增加值 （亿元）	第三产业 增加值 （亿元）	全体居民人均 可支配收入 （元）
余姚	1513.6	11.97	205.79	53.8	898.3	561.6	65773
象山	720	12.50	100	98.4	273.7	347.8	59160
宁海	900.7	12.70	97.1	54.5	436.5	409.7	60691

资料来源：国研经济研究院东海分院根据网络公开资料整理。

产业方面，南翼地区宁海、象山两地的第二产业及第三产业增加值相较宁波其他区（市）有待提高。渔业规模化、组织化程度偏低，全产业链条尚不健全。传统制造业占工业比重高，且大多数处于产业链中低端，产业创新能力有待提升，创新平台载体缺乏。旅游业对城市发展的带动性较弱，文化配套发展不均衡，文旅品牌有待提升。

3. 公共服务亟须完善

医疗服务水平有待提高。宁海县、象山县均无三甲医院；每千人拥有执业（助理）医师分别为 3.41 人、3.53 人，普遍低于宁波市平均水平（3.59 人）；象山县每千人拥有床位 4.12 张，明显低于宁波市平均水平（4.73 张）（见表 12–2）。

养老服务基础设施配套不足。象山县海岛区域养老服务力量不足，养老基础设施薄弱。宁海县每百名老年人拥有养老床位数仅为 5.05 张，明显低于宁波市平均水平（5.6 张），医养结合水平普遍不高（见表 12–2）。

优质教育资源供给不足。宁海、象山均仅有 1 所学校获评浙江省一级普通高中特色示范学校，难以满足群众对“上好学”的基本需要（见表 12–2）。

表 12–2　2021 年宁波市各区（县、市）医疗、养老、教育资源对比

地区	医院数 （家）	每千人拥有 总床位数（张）	每千人拥有执业 （助理）医师数（人）	每百名老年人拥有 养老床位数（张）	省一级普通高中特色 示范学校数量（所）
宁海	11	4.87	3.41	5.05	1
象山	15	4.12	3.53	7.5	1

续表

地区	医院数（家）	每千人拥有总床位数（张）	每千人拥有执业（助理）医师数（人）	每百名老年人拥有养老床位数（张）	省一级普通高中特色示范学校数量（所）
宁波	198	4.73	3.59	5.6	16
海曙	33	7.39	5.89	5.4*	2
江北	18	7.48	4.23	5.6*	1
北仑	17	3.22	2.78	6	1
镇海	11	5.09	3.52	5.43	1
鄞州	41	5.80	4.26	6.07	5
奉化	13	4.85	3.33	5.8*	2
慈溪	27	3.58	2.52	3.32*	1
余姚	12	2.77	2.95	6.12	1

注：带 * 为 2020 年数据。
资料来源：国研经济研究院东海分院整理。

4. 生态掣肘有待消除

作为生态保护区面积占全县区域比重最大的两个县，宁海、象山承担了宁波全市的生态功能，尤其是海滨、山地地区，除发展农业、旅游业等第一、第三产业外，很难拓展工业空间，南翼地区第二产业发展受限。对于南翼地区来说，工业发展落后导致无法提供充足的就业机会，对外来人口欠缺吸引力，本地居民也有被宁波市区以及其他先进地区虹吸的现象，从而在一定程度上限制了商务服务、公共服务、文化旅游等第三产业的发展。因此，如何破解生态掣肘难题，找到发展生态经济的独特路径，是南翼地区亟待解决的问题。

三、南翼地区在共同富裕方面的发展思路

（一）总体思路

坚持以满足人民日益增长的美好生活需要为根本目的，重点围绕《宁波

高质量发展建设共同富裕先行市行动计划（2021—2025年）》对南翼地区的任务部署，大力推进经济发展，持续把社会财富“蛋糕”做大、做强、做优，奋力缩小其与宁波其他地区的差距，重点发挥生态、文化优势，推进物质文明、政治文明、精神文明、社会文明、生态文明全面提升。对标对表宁波高质量发展建设共同富裕先行市的系统构架，围绕经济发展、公共服务、文化建设、生态文明、社会治理等方面对南翼地区的崛起提出对策建议。

（二）功能布局

基于《宁波市国土空间总体规划（2021—2035）》提出的“双湾双城多点”的南翼都市转型发展格局，以及南湾新区、象保合作区、象山影视城等现有产业平台的情况，将南翼地区分为东部滨海文旅休闲区、西部山地森林度假区、南部湾区新兴产业区、北部临港生态公园区、中部魅力都市生活区。

1. 东部滨海文旅休闲区

以松兰山—大目湾、东海半边山、东门岛、花岙岛、檀头山岛等象山半岛东边区域为核心，主要发展文化旅游、休闲度假、滨海运动等产业，打造“北纬30度最美海岸线”。充分发挥滨海资源优势，依托帆船帆板、海钓等项目的知名品牌赛事集聚效应，重点发展“两杆经济”。以松兰山—大目湾为核心，开展帆船帆板等竞技型专业运动，打造运动员水上竞赛培训中心、长三角水上运动专业赛事中心。大目湾新城区域重点发展内湾运动、游艇消费、滨海居住、滨海双创（文创、科创）四大产业类型，打造宁波文旅体融合发展样板。以“山、港、影”为主题，依托内港水域、山海资源发展游艇休闲、户外探险等产业，重点打造“最美西海岸”系列产品。依托象山影视城发展创意产业，打造全国海洋运动与影视融合发展示范区。围绕檀头山岛、东门岛、高塘岛、花岙岛、半招列岛等岛屿，开发艺术岛、海钓、水上飞机、海上滑翔、热气球、海岛越野等高端时尚运动休闲项目，打造海岛运动休闲区。环石浦港区域围绕渔港、渔业、渔民、渔村、渔船、渔节等资源打造渔文化体验区，开发出海捕鱼、水产养殖、休闲垂钓、渔味制作等渔主题海洋运动休闲产品。

2. 西部山地森林度假区

依托宁海西部山地、森林、登山步道等资源，以宁海深甽森林温泉旅游度假区为核心，发展登山、越野、探险、露营、温泉度假等户外运动休闲业态，高质量供应滑雪场、山地户外营地、航空飞行营地、汽车自驾运动营地、公共船艇码头、攀岩场地以及公园、绿道、健身步道等户外活动场地。统筹周边登山杖、帐篷、雪地靴、滑雪杆等制造产业，加强新材料、先进技术与设备、互联网技术在户外运动用品制造领域的应用，不断提高“海陆空”三位一体式户外运动装备器材的研发制造水平，打造全系列户外用品市场，抢占户外产品研发高地。以中国著名“驴友”徐霞客为第一任代言人，结合宁海自然、人文特色资源，培育户外运动赛事与节庆活动，打造全球知名的登山、徒步、露营等品牌赛事。整合户外休闲、品牌赛事等户外业态，打造西部户外产业集群。

3. 南部湾区新兴产业区

以南湾新区为主阵地，高水平建设宁东新城，高起点谋划布局高新制造产业，主要发展航空航天、生命健康、新能源汽车、新材料、海洋科创等战略性新兴产业，加快打造宁海智能汽车、宁波模具产业园、宁波象保合作区、宁波影视星光等一批特色产业平台，集聚一批具有国际影响力的高新制造企业、科技创新企业和科技中介企业，培育一批符合新兴经济与科技发展趋势的高新技术产业化项目，初步形成航空航天、海洋产业等新兴产业集群，形成百亿元级产业集群。支持集群领军企业联合行业上下游、产学研力量，共同组建产业技术创新联合体，形成定位清晰、优势互补、分工明确的协同创新机制，提升产业技术创新能力。

4. 北部临港生态公园区

以象山港南岸为主要片区，包含强蛟半岛以及环西沪港区域，以生态保护为主要任务，重点发展海洋新能源、水上运动、休闲渔业、现代渔业养殖、乡村民宿等生态产业。围绕生态海湾公园的建设目标，重点突破海湾水质较差、生态系统健康程度较低等瓶颈，加强特色水产资源保护，推进生态修复，重点发展海上风电、滩涂光伏等海洋新能源产业，形成绿色生态产业发展集聚区。积极拓展公众亲海空间，加速推进滨海美丽乡村建设，依托特色渔村发展乡村民宿、滨海运动、休闲渔业、农业种植等乡村特色产业，发展“运动休闲 + 特色农（渔）产品 + 乡村康养度假”的乡村综合体，建设滨海宜居型美丽海湾。

5. 中部魅力都市生活区

以宁海县和象山县城区为核心，布局公共服务、商务服务、文化创意、城市休闲等业态，推进社会治理示范，建设两大魅力县城，提升空间品质和服务能力。加快补齐县城公共服务设施、环境基础设施、市政公用设施、产业配套设施短板弱项，建设 15 分钟便民生活圈。着力解决困难群体和农业转移人口、新就业大学生等新市民住房、就业、看病、养老等问题。推进城市智慧化、低碳化更新，建设宜居、创新、智慧、绿色、人文、韧性城市，推进城市现代化试点示范，将两大县城打造为人民高品质生活的空间。促进产城融合发展，以产业集聚带动人口集聚，提升县城综合承载力和辐射带动力。

四、南翼地区在共同富裕方面的发展对策

（一）做大共富蛋糕，着力发展区域特色产业

推进经济高质量发展，做大财富蛋糕，是实现共同富裕的必由之路。根据宁波南翼地区的产业特色与短板，提升现代海洋产业、培育发展新兴产业、转型升级传统优势产业，对于夯实经济基础、活跃民营经济、稳定扩大就业具有重要意义。

1. 大力发展海洋经济

宁波南翼地区依海而生、向海而兴，极具发展潜力。以建设国家级宁波海洋经济发展示范区为契机，大力发展蓝色海洋经济，将资源优势转变为产

业优势和发展优势，打造南翼地区跨越式发展的强力引擎。

打造现代渔业全产业链。推进绿色水产养殖业发展，拓展深水抗风浪网箱、大型海藻等离岸养殖。健全水产良种繁育，依托北欧（中国）鲑鱼RAS陆基养殖等项目，加快水产养殖主导品种改良和新品种培育。聚焦海洋捕捞业，谋划建设远洋渔业专用码头和远洋渔业综合性基地，加快“甬利”号南极磷虾捕捞加工船在建项目进程。做好水产品贸易，提升中国水产城综合服务功能，建设集渔业交易、数据分析、产品溯源、市场管理于一体的水产品交易中心。

壮大海洋装备制造产业。提质发展高技术船舶研发制造，加强智能船舶、生态环保船舶、高技术远洋渔业船舶、LNG特种船舶、海洋作业支持船、深水钻井船、起重铺管船的研发生产，发展船用主机、动力系统、发电设备及系统、船舶安全与环保设备等关键系统和配套设备。推进海洋工程装备研发设计及制造，聚焦深海勘探装备、海洋空间综合立体观测网、深海油气资源开发装备、海洋环保装备、海洋钻井平台以及海上应急抢险救助装备等，积极引进仿生鱼、水下机器人、深海探测设备等重大产业化项目。

培育海洋生物产业集群。围绕海洋生物制品、海洋保健品、海洋创新药物和新型医疗器械、生物芯片、诊断试剂等重点领域培育产业集群。突破海洋生物化工、海洋生物酶等基础技术，开发深海鱼油、DHA、深海鱼钙等海洋保健品，加强与梅山、舟山、青岛、上海等地科研院所合作，研发海洋动植物细胞大规模培养等关键技术。

2. 重点发展新兴产业

抓住新一轮科技革命和产业变革孕育的历史发展机遇，加快培育新兴产业，推动产业结构转型升级，增强区域发展新动能，为实现共同富裕打下坚实基础。

推动新能源产业成为南翼地区经济增长极。加快发展风能、太阳能等绿色能源。推进实施中国海装风电智能化装备产业园、国电象山海上风电场和中广核象山涂茨海上风电场等重大项目。依托南翼地区光伏太阳能产业原有基础和资源优势，聚焦太阳能高效电池片及组件的研发、生产和销售，推动光伏并网、储能设备生产及系统集成等关键技术突破。

加大新材料产业研发与成果转化力度。宁海依托中乌高端新材料产业园等优势载体，重点发展超薄精密合金、铜合金、镁合金、钛合金等高端金属合金材料，以及有机硅新材料等先进高分子材料，同时加强对高强高韧 PBT 合金材料、无卤阻燃聚酯复合材料等的研制。象山以功能膜材料、海洋新材料、新型应用材料等领域为重点方向，依托中化国际、勤邦新材料、激智新材料等重点企业，建立产学研合作平台，推进新材料产业化和规模化应用。

与城区联动加快发展航空航天配套产业。重点发展航天关键核心元器件、航天新材料、航空制造等领域。吸引集聚航天科技企业入驻宁波南翼地区。开发制造关键机载电子设备以及卫星射频天线、卫星通信模块、雷达等关键部件。发展卫星数据应用，依托浙江（宁波）北斗数据中心发展空天信息应用服务。布局通用飞机发动机及零部件、飞控系统等研发和生产项目。

借助宁海温泉资源优势拓展生命健康产业。重点依托宁波生物医药产业园，推动生物制药、医疗装备及高值医用材料、诊断试剂、生物保健品及医疗美容等五大细分行业特色化、集聚化发展。深化康养产业融合创新，积极布局健康养老和健康食品等新兴业态，着力推动跑步机等优势体育用品制造产业升级。

3. 转型升级优势产业

推动宁波南翼地区模具、汽车零部件、文具及纺织服装等传统优势产业提质升级，向产业链中高端攀升，不仅关乎产业发展前景，而且有助于区域经济爬坡过坎。

加快模具产业改造提升。推进模具行业产业大脑生态体系建设与应用。加强快速原型制造技术、多工位级进模设计、多工位冲压传递模设计等先进技术和工艺的应用。推进模具创新综合体项目建设，整合产业园的模具产业资源，与工业互联网领先平台对接合作，增强行业影响力。依托机械科学研究总院南方中心、合力模具等高能级平台建设检验检测公共服务平台，共建产业技术研究院，对产业整体实施智能化升级改造。

推进汽车零部件产业智能化发展。建设智能工厂和数字化车间，发展动力系统、制动系统、汽车电子等关键零部件，研发应用汽车数字化集成系统。打造以华翔轻量化汽车零部件为引领的汽配特色产业基地。加快布局智能网联汽车关键环节和核心零部件产业，发展智能网联汽车先进搭载装置，搭建智能网联汽车在线服务平台。加快新能源汽车关键零部件行业发展，推进与城市电动车、氢燃料汽车电池系统及控制等关键零部件配套。

促进文具产业提档升级。打造领先的全产业链模式，引导得力集团及其他文具企业整合全球供应商资源，拓展海外市场，实现与创意设计业、动漫游戏业、工艺美术业的深度融合，有效提高文具产业产品档次和质量水平。重点推进文具与文创产业在市场信息、产品开发、职工技术、原材料采购、产品销售及时尚引导等方面的共享联动。

推动纺织服装产业向中高端迈进。主攻研发设计，发挥浙江理工大学象山针织研究院的作用，加强与中国美术学院等专业院校合作，将重点放在高端面料研发、织造关键技术突破、创意设计等环节。加强品牌营销，巩固欧美和日韩市场，开拓南美洲、非洲等海外新市场，鼓励企业采用“互联网+生产+贸易”方式，通过线上直播电商、跨境电商等手段扩大销售。

（二）城乡协调发展，使南翼地区融入宁波大都市区

城乡协调发展是推动共同富裕的关键环节，而南翼地区交通短板是限制城乡发展的薄弱一环，要通过陆、海、空立体式推进，构建高强度、多样化、高频次、强时效的区域交通格局，推动城乡一体化发展。同时，加强南翼地区教育均衡发展，健全覆盖全民、统筹城乡、公平统一、可持续的多层次社会保障体系，为南翼地区奋力融入宁波大都市区添砖加瓦。

1. 交通联网，推进城乡一体化发展

打通陆路连接通道。在公路建设方面，深入谋划象山至宁海高速公路及向东延伸至涂茨段、大东海最美岸线公路等远景项目；加强国土空间规划控制，打通南翼地区与金华、义乌的连接通道；同时，以宁波市交通强国试点

建设任务为切入点，推进农村公路加密提档升级和县域范围内公路养护及大中修，支持南翼地区规划建设县乡快速连接线，加快形成环象山港快速交通网络。加快交通连岛项目建设，开通环石浦港海上交通线路，开展石鹤海底隧道项目前期工作，争取开工建设乌岩港大桥及接线工程，全面提升岛内公路等级，力争贯通对外高等级公路。在高铁方面，补齐最后一块县域高铁站空白，重点推进甬台温高铁象山站建设，争取在南部滨海经开区设置宁海东站，以宁海站、宁海东站、象山站三站协同提升南部交通枢纽能级。在市域（郊）铁路方面，进一步推进宁波—象山市域（郊）铁路建设，争取使宁波—象山市域（郊）铁路延长线至石浦，覆盖象山南部区域；加强宁波城区至宁海城际前期谋划，实现宁海城市中心区至长三角中心城市 1.5 小时互通。在公共交通方面，强化城乡公交一体化规划统筹，探索定制公交模式，加强象山西部、宁海东西部乡镇进县公交建设，实现班线客运、城乡公交、城市（镇）公交无缝换乘。

拓宽海上交通通道。推动石浦港、象山港正式对外开放，加强港区码头与基础设施建设。在码头建设方面，力争动工兴建西周晴嘴头、新桥大白沙、高塘岛黄湾塘等乡镇小型通用码头，破解港区吞吐量发展受限难题。在港区基础设施建设方面，谋建象山港 5 万吨级进港主航道，开展石浦港常态化清淤工作，加快象山港和石浦港航道、锚地建设，同时推进象山港货运铁路建设。

开辟空中运输通道。宁海通用机场已经启动建设，应紧抓浙江省加快发展通用航空业契机，谋划象山通用航空发展，填补象山县交通运输体系中的空白。

2. 教育均衡，促进社会公平性

努力办好“家门口”的每一所学校，深化“以城校带乡校”“以强校带弱校”“以名校带新校”的帮带模式，全面推动区域整体办学水平迈上新台阶；推进义务教育阶段城镇学校与乡村学校建设教育共同体，加快县域集团化办学，创建全国义务教育优质均衡发展县；成立“山区海岛专项教育基金”，通过与城区以及宁波市区结对帮扶的形式，利用先进数字网络设备开展远程教育互动，解决山区海岛教师师资力量薄弱和紧张的难题；深化融合型、共建型、协作型教育共同体建设，探索双语教育和教育国际合作新模式，吸引赫德、安生、云谷等优质K12及K15教育品牌布局。积极参与长三角教育共同体建设，与华东师范大学、宁波大学、浙江师范大学、杭州师范大学等高校开展合作；深化职业教育产教融合，推进职业教育与技工教育融通，完善“产教融合、校企共育”办学模式。

3. 强化保障，提升居民幸福感

在医疗方面，强化医疗资源均衡供给，把握“千县工程”建设契机，推动象山县人民医院升级为三甲医院，推动宁海县第一人民医院向三乙医院晋级。打造“互联网 + 医共体”模式，推动医疗资源下沉，基本实现“大病不出县，常见病不出镇，小病不出村”的分级诊疗就医格局。

在养老方面，完善居家养老服务网络，将居家养老服务设施建设纳入未来乡村、未来社区建设，探索“社区 + 物业 + 养老服务”和“农村 + 标准化诊所 + 养老服务”嵌入式养老服务模式。加快基层智慧健康站建设，提升基本医疗、全周期健康管理服务能力，实施社区乡村健康计划，加大对重度失能失智老年人照护的政策支持力度，提高老年健康管理水平；深化“山区海岛助老”行动，保障宁海、象山西部山区、象山东部南部海岛等特殊地区的基本养老服务。

在就业创业方面，加大宁海农民创业园建设推广力度，结合宁海本地特色，发展水产养殖、果蔬种植、现代休闲观光农业等类型创业园，加大小额贷款贴息政策力度，形成具有一定规模与品牌特色的农民创业集聚示范基地。加快建设大目湾青创社区，构建“创业园 + 孵化基地 + 导师”青年创业孵化体系，搭建汇集培育、实训、孵化、对接、展示、交流等功能的青年创业服务平台，完善青年就业创业政策体系和金融支持体系。

（三）精神文化引领，打造全市文化旅游高地

共同富裕既要“富口袋”也要“富脑袋”，精神文化是实现共同富裕的重要内容，在精神生活领域要实现共同富裕，必须把公共文化服务、文化传承、文化产业发展等文化建设作为实现基础与主要路径。宁波南翼地区与宁波其他地区相比，具有很大的文化优势，南翼地区要扬长避短打造全市文化旅游高地，为实现地区共同富裕贡献力量。

1. 夯实红色文化根基，铸就精神高地

红色文化是中华民族特有的文化基因，是国家发展中形成的重要精神财富，是革命基因和民族复兴的“精神坐标”，是中国特色社会主义文化的有机组成部分，对于实现共同富裕具有重要推动作用。宁波南翼地区拥有柔石故居纪念馆、西南农会旧址、殷夫故居、张苍水纪念馆等红色资源，红色文化根脉深厚，为经济社会发展筑牢了精神基石。

以红色文化引领基层党建。充分利用红色资源优势，大力夯实红色文化根基，深入挖掘革命精神和历史内涵，继承优良革命传统。深入挖掘红色文化资源的深层次内容，将红色文化资源的精髓与当今时代的特征有机结合起来，发挥红色精神传承在推进共同富裕中的作用。结合纪念馆、文化馆、博物馆、展览馆等文史场所资源，建设新时代基层党建创新实践基地，利用“党建＋助农”“党建＋公益”“党建＋慈善”等系列项目，推动基层党员对新时代红色革命精神入脑入心。以红色文化为主题，定期举办节庆会展等活动，开发党性现场教育基地、党员思想传播基地等红色研学党建产品。

建立红色教育体系。全面梳理挖掘红色资源，着力打造特色鲜明、主题突出、功能完善的党史学习教育阵地，统筹构建集“看、听、悟”为一体的红色教育体系。联合地区宣传部门将全县爱国主义教育基地的红色遗址遗迹、红色人物、红色故事、红色旅游线路等串珠成链、连点成片，绘制“红色基因图谱”，利用宣讲、赛事、游学等方式打造“网络红色教育基地”。联合区域内中小学，打造红色“四点钟课堂”。运用现代声、光、电等高科技以及多元化的视听艺术及新媒体技术手段，全景展现宁海、象山特有的红色历史文化风貌，推进“互联网＋革命文物”教育平台建设，运用多媒体等信息技术对红色文物进行全景式、立体式、延伸式展示宣传。打造红色旅游村、红色民宿、红色乡村度假综合体、红色乡村节庆活动、红色乡村创客基地等项目，建设主题红色旅游精品线路，促进红色文化资源产业化。

2. 建好基层现代公共文化体系

完善基层公共文化服务体系。加紧配套县级、村（社区）级综合性文化服务中心建设，完善乡镇综合文化站设施设备，健全公共图书馆、文化馆（站）、博物馆、非遗馆和乡镇（街道）综合文化站、村（社区）综合性文化服务中心等建设和服务标准规范体系，提升基层公共文化设施水平。探索开展基层公共文化设施社会化运营试点，推动社会力量参与公共文化设施运营、活动项目打造和服务资源配送等。

提升公共文化服务效能。进一步推动公共文化设施向市民免费开放，通过错时开放、延时开放、夜间开放等途径，积极拓展服务内容、创新服务形式。广泛开展"一人一艺""一人一技"等群众文化活动，满足不同群众的文体需求。创新开展创意集市、街区展览、嘉年华等文化活动，打造一批融合图书阅读、艺术展览、轻食餐饮等服务的"城市书房"，因地制宜建设乡村文化礼堂、乡村戏台、非遗传习场所等乡村公共文化空间。探索公共文化"互联网+"建设，丰富在线公共文化产品，优化云上数字化文化服务，促进公共文化服务精准供给，拓展公共文化服务范围。

推进非遗文化创新性转化。深入开展非物质文化遗产调查和整理研究工作，进一步健全非物质文化遗产保护机制。积极申报各级非物质文化遗产代表性项目，规范开展传承人认定工作，推行名录项目、传承基地、传承人"三位一体"的保护方式。积极探索"非遗+产业""非遗+文物保护""非遗进社区""非遗+课堂"等多种创新模式。推动非遗项目进景区、景点，充分发挥山、海、港、城浑然一体的特点，建设潮尚非遗景区。将传统技艺、戏曲音乐、舞蹈、民间传说等非遗元素融入旅游项目开发与旅游市场推广，培育一批旅游演艺项目。开展"跟着非遗游石浦"主题活动。深入挖掘非遗资源，使学校、民宿、酒店与非遗有效对接，开发一批特色鲜明的非遗主题研学线路、民宿酒店。

3. 打造全市文化旅游业增长极

加快布局滨海运动产业。按照“因地制宜、差异发展”的思路，依托南翼地区“海、滩、山、岛”的资源优势，主打滨海户外运动、休闲度假、品牌赛事等特色产品，发展具有浙东特色的滨海体育旅游产业。依托山、海、滩、岸、港等资源，开展帆船帆板、龙舟、沙排沙足、登山攀岩、海钓等户外运动。积极发展赛事经济，吸引长三角地区户外运动、水上运动赛事集聚南翼地区，增强区域赛事规模效应，带动体旅产业发展。鼓励有条件的景区拓展滨海运动休闲项目。

实施精品示范工程，创建一批优质户外运动休闲基地、休闲小镇和项目线路。深入挖掘南翼地区特色海洋文化，积极举办嘉年华、音乐节、美食节等各类海洋节活动。吸引更多旅游企业、酒店、体育组织、文创企业落户园区，通过一体化平台的打造与运维、品牌共建、资源共享等方式，构建体育文化旅游产业链。

创新发展渔文化旅游业。依托宁海、象山渔业养殖捕捞、渔村渔俗等渔文化基础和海洋渔文化（象山）生态保护区国家级平台，发展渔文化非遗展示、影视音乐创作、休闲捕捞、渔文化研学等业态，创新发展渔文化旅游业。深耕海洋渔文化IP，打造“渔文化”主题旅游线路。围绕“海港、海鲜、海玩、海味、海趣”，布局集海鲜集市、海洋文创集市、海鲜大排档、海宴餐厅、滨海宴会厅、海盐浴场、酒吧街于一体的城市网红打卡地。谋划渔文化主题的“文化+”“海鲜+”“乡村+”“运动+”等系列特色体验线路。利用滨海地域优势，与渔业养殖基地、渔村渔民等合作开展鱼类科普、捕捉拉网、美食制作等渔业研学项目；结合产业特点，与海洋产品加工企业合作开发海洋生物知识相关的研学项目。

多点培育乡村游新业态。发挥南翼地区的特色乡村资源优势，加速农渔业与文旅产业的融合，培育自然教育、乡村康养、民俗体验、红色研学、民宿度假等业态。坚持文旅产业与未来乡村生活相适应、与乡村振兴相融合的定位，通过发展休闲度假、旅游观光、养生养老、创意农业、农耕体验、乡村手工艺等形式途径，培育多样化、个性化的乡村旅游业态。采用“特色景点 + 产业园区 + 农业种植（水产养殖）”模式，打造集生态农（渔）业、休闲观光、果品采摘、亲子游乐、节庆会议、特色民宿于一体的乡村旅游消费场景。

（四）社会治理创新，推动城市现代化建设

社会治理现代化是实现经济社会高质量发展的重要保障，也是推进共同富裕的内在驱动力。南翼地区在生态治理和基层治理方面具备先进经验，要进一步发挥两者优势，创新治理模式，同时依托数字技术推动社会治理现代化，不断优化社会治理结构，逐渐提升应变能力，持续推动南翼地区经济社会高质量发展。

1. 创新生态治理新方式

建立区域生态环境治理机制。针对象山港区域，需要明确不同参与主体的作用边界，发挥好政府的引导作用，协调好其他参与主体的行动，共同推进区域生态环境治理。建立多方协同工作机制，如联席会议和联络员制度等，共同讨论生态环境标准规范，制定统一的执行标准，更好地推动象山港区域生态环境治理。

发展海洋绿色产业，进行海洋生态修复。通过扩大海上风电规模推进海洋经济绿色低碳化进程，积极对港口进行现代化升级，推进航运业脱碳，实行“绿色港口计划”，通过在码头安装电力终端、使用可替代燃料等途径发展绿色航运。推进海洋塑料垃圾治理，探索“渔民—渔船—渔港”海洋垃圾治理模式，鼓励和发动渔民积极践行垃圾不落海的承诺，主动打捞作业范围内可见海漂垃圾。发展壮大海洋塑料回收产业，支撑海洋塑料污染治理；加强海水养殖污染防治，以象山港、三门湾等海洋渔业养殖集中区为重点，控制养殖用药尾水排放，发展生态养殖。大力推动传统渔业产区的现代化转型，通过对水产养殖公司进行补贴的方式来推进设备升级，减少渔业活动对环境的影响；开展岸线滩涂保护修复工作，以石浦港、西沪港、蟹钳港、下洋涂、蛇蟠涂等滩涂为重点区域，针对沿海滩涂功能退化、破碎严重的问题，实施

海岸带综合整治修复工程，竭力保持海岸线的原始形态。

2. 探索基层治理新路径

以“党建引领 + 法律援助”凝聚基层治理合力。利用律师行业党委优势，推进党员律师担任村（社区）法律顾问，全面参与基层“援法议事”，提供法律指引和政策解释，解决基层重大经济、民生、社会事务以及合同纠纷问题。实现法律援助申请线上、线下同步，为基层群众提供多种维权途径。形成以街道、村（社区）调解员为核心，多元力量组成的人民调解员队伍，选配党员调解员组建“流动调解点”，并义务上门为偏远农村的老年人、残疾人等不方便群体开展法律服务。

以“村企共治 + 群众参与”激发基层治理动力。一方面进一步发挥宁海在基层治理方面的优势，打造村企治理“共同体”试点，推动村企共商、村企共网、村企共建，引导企业有序参与基层社会治理。鼓励企业员工与村民结对，共同完善提升村规民约，形成特色“幸福公约”，常态化开展公益活动。另一方面建立健全村（居）民自治模式，以“共享庭院”等开放空间形式打造幸福议事厅，推进村民议事会、道德评议会等有序开展。

3. 数字赋能治理现代化

推进社会治理数智化。构建现代化指挥平台，促进应急指挥中心、服务管理中心等相互结合，建设“城市大脑”，助推不同专业平台参与市域社会治理现代化发展。利用大数据、人工智能等多元技术，构建数据应用体系，建立数据收集平台，明确城管、社会治理等相关数据标准，进而在构建智慧型城市时，面向社会主体服务，充分发挥集成效应，增强县域社会治理能力。

实现政务服务数字化。以数字技术引领政务服务多场景智能应用，充分考虑业务量的周期性、随机性特点，科学预测特定时间的业务办理量，根据各项政务特点及群众需求提前做好政务服务安排，提高群众的满意度。借助“互联网 +”搭建满足便民需求的政务服务平台，实现群众、企业办事从“找多个部门”转变为“找一个窗口”，运用云计算、大数据、人工智能等数字技术，促进政务服务形成即时感知、科学决策、主动服务、高效运行、智能监管的新型治理形态。优化政务公开信息化平台，推进决策、执行、管理、服务和结果公开，利用微博、微信等大众网络平台及时将信息向社会公开，优化政策公开和智能推送服务。开展政府开放日、网络问政等主题活动，增进与公众的互动交流。

第十三章　从革命老区视角看四明山共富

四明山片区涉及余姚市、海曙区、奉化区共 13 个乡镇（街道），包括 198 个行政村、13 个社区，总面积逾 1300 平方千米，常住人口约 30 万人。该片区兼具革命老区与山区“双重身份”，一直是宁波主要的欠发达地区之一，地区、城乡、收入“三大差距”问题较为突出。

为统筹生态与发展难题，宁波成立专项资金支持片区发展，在多方主体、多种资源的支持下，余姚市梁弄镇、海曙区龙观乡等中心乡镇逐步探索“红绿”相宜、三产共融、城乡互促的发展模式，通过发展特色产业、推进村镇建设、抓好强村富民等举措，实现了区域经济和村民经济双提升。

但必须看到，四明山片区发展不持续、不平衡、不充分问题仍然存在，产业创富、养老育幼、便利生活等核心关切问题仍未能得到有效解决。下一步，应以城乡融合发展为根本动力，协同推进革命老区共同富裕与乡村全面振兴同频共振、同向并行，大力推进新技术、新模式、新要素、新机制的探索应用，有序实现产业提质，功能优化、民生改善、生态增绿和乡村增富，形成“内生发展、开放发展、借力发展，转型发展，共享发展”等多条共富路径，为宁波打造共同富裕先行市和中国式现代市域样板提供重要支撑。

一、四明山革命老区建设共同富裕样板区的重要意义

（一）缩小“三大差距”，促进共同富裕的山区实践

缩小地区差距、城乡差距和收入差距是浙江高质量发展建设共同富裕示范区、宁波高质量发展建设共同富裕先行市的核心任务。四明山革命老区位于四明山脉，是典型的山区，受到区位、资源、生态、交通等多方面的限制，周边的乡村发展相对落后，地区生产总值、人民平均收入、公共服务覆盖度远远低于全市平均水平，“三大差距”问题较为突出，依然是宁波主要的欠发达地区之一。

四明山革命老区建设共同富裕样板区，一方面，能够从顶层设计上，全面激活山区乡村资源优势，创新优势产业发展，补足公共服务短板，促进产品服务消费，为乡村人民群众切实创造更多物质和精神财富；同时，也能以点及面，在深化改革、探索实践的过程中，形成适合山区发展的共富之路，为其他山区地区提供经验借鉴和实践示范。

（二）破解“三农问题”，推动乡村振兴的具体抓手

我国历年来对“三农”（农业、农村、农民）问题高度重视，近二十年来每年的中央一号文件都强调“三农”问题在全党工作中“重中之重”的地位。党的二十大报告再次强调要全面推进乡村振兴，坚持农业农村优先发展，加快建设农业强国。从过去的实施乡村振兴战略到现今的全面推进乡村振兴，我国的“三农”工作又站上新高度、迎来新起点，要求从整体性、全局性视角出发，统筹好产业、人才、文化、生态、组织五大关系，因势利导、因地制宜实施振兴政策，让每一个乡村都踏上致富之路，让每一个农民都获得发展实惠。

四明山革命老区拥有资源禀赋各异的众多乡村，建设共同富裕样板区，

其本质也是打破“只见树木、不见森林”或“等量齐观、平均用力”的过程，从农民的现实需求出发，鼓励每一个乡村差异化瞄准农村经济建设、政治建设、文化建设、社会建设、生态文明建设中的难点痛点，在产业提质、农民增收、乡村治理等重点问题上走出新路子，实现更高水平、更高标准、更高质量、更优体制机制的共同富裕。

（三）践行“双向流动”，共建乡村基本单元的有益探索

新时代的乡村发展是城乡融合化和要素市场化视角下的新型发展，将农村和城市作为有机的整体，实现城乡之间资源要素的自由流动，从而改变长期以来各种发展资源从乡村到城市单向流动的关系。国家层面一直鼓励科技、人才、资本等核心要素向乡村流动，但事实上，由于政策制度等软环境以及基础设施等硬环境的约束，提供要素的主体、要素下乡的方式和要素投入的领域仍然相对单一，更多地把乡村作为一个可投资的潜力市场，而非一个可生活的美好空间。

四明山革命老区建设共同富裕样板区，要求对要素流动模式进行全新尝试和探索，以共建共享共创的理念，鼓励更丰富的人群主体、更广泛的社会资本和更丰富的技术创新反哺并深度参与到现代农业、乡村服务业、农业科技创新、人居环境整治、文化艺术创新等方方面面的建设中来，让农业真正成为有奔头的产业，让农民成为有吸引力的职业，让农村成为安居乐业的美丽家园。

二、四明山革命老区建设共同富裕样板区的现状基础

（一）四明山革命老区建设共同富裕样板区的优势

1. 红色文化、自然生态等资源丰富

四明山革命老区作为红色文化扎根区与绿色生态涵养区，具备发展的基

础资源优势。以四明山为中心的浙东抗日根据地，是全国十九个根据地之一，也是南方七大游击区之一。这里有中共浙东区委旧址、浙东行政公署旧址、新四军浙东游击纵队军史陈列馆、浙东抗日军政干校旧址、四明山革命烈士纪念碑等多处红色革命遗迹。

四明山片区植被、水资源和生物多样性丰富，是宁波的自然资源储备区域。该片区森林面积 138.8 万亩，约占宁波市森林面积的 20%，森林覆盖率高达 72.1%。这一区域还是甬江水系的主要发源地，也是宁波最重要的水源涵养地和饮用水水源地之一，拥有宁波全市 2/3 的大型水库和星罗棋布的中小型水库。该片区同时拥有白颈长尾雉、鸳鸯、水杉、独花兰等国家重点保护野生动植物。

2. 农业、旅游业等产业经济基础良好

四明山汇集了中国浙贝之乡、中国竹笋之乡、中国红枫之乡、中国桂花之乡和中国樱花之乡等金名片，具有良好的农业基础。目前，绿色粮蔬、特色水果、高山茶叶、精品苗木、传统药材、生态笋竹等特色产业集聚化发展，建成现代农（林）业园区 20 余个，形成浙贝母、茶、竹 3 条农业全产业链。

同时，四明山也是著名的休闲旅游目的地，年均游客接待量超过 1000 万人次。截至 2022 年，该区域拥有 1 处 5A 级景区、4 处 4A 级景区和一批特色景区；基本建成鄞江、溪口、梁弄三大门户式旅游休闲服务基地，形成了西部健康运动休闲、北部养生养老度假、东部乡村慢生活体验和南部宗教文化旅游的发展格局。

3. 硬件基础设施与民生公共服务日益优化

交通、电力、通信、能源、给排水设施不断完善。四明山区域公路网密度达到近 110 千米 / 百平方千米，行政村、旅游景点等公路通达率和公交通达率均实现 100%。该片区涉及的海曙、奉化及余姚均获评“美丽经济交通走廊达标县”和“省四好农村路示范县”。区域形成以大电网供电为主、水电和光伏等清洁能源供电为补充的城乡电力供应系统，实现 4G 信号、宽带全覆盖，管道燃气、加油站、充电桩等设施网逐步扩展。联网供水与分村供水相结合的模式基本形成。

教育、医疗、养老等公共服务基础逐步夯实。该区域拥有各类学校 70 余所，教育资源质量进一步提升。该区共有医院、卫生院 10 余所，横街镇卫生院等乡镇卫生院扩建项目加速推进。该区有居家养老服务中心（站）200 多个，养老机构近 30 家，每百名老人拥有养老机构床位数约 2.83 张。此外，经过整治提升，村落人居环境更加整洁美观。美丽乡村创建稳步推进，逐渐形成“一村一品”“一村一景”的局面，山区群众过上新生活。

4. 部分村镇乡村振兴模式新颖、成果突出

近年来，四明山革命老区在“红绿”融合及产业模式创新方面摸索出了一条新路。以农促旅、以产增收，部分村镇取得突出成果，实现了生态建设及经济发展双赢。

如余姚梁弄镇横坎头村是四明山革命老区建设共同富裕样板区的一面“红色旗帜”。2022 年，横坎头村人均收入达到 47108 元，较 5 年前增长 70.9%；村级集体经济发展能力增强，年经营性收入达到 366.34 万元，较 5 年前增长 10.3 倍。横坎头村逐渐探索形成了农文旅融合发展、红色文化与绿色产业齐头并进的发展模式。“浙东红村旅游综合体”“希望的田野 · 横坎头田园综合体”“植物工厂”等项目逐步推进；通过党建联建实现片区共同发展；推出以横坎头村为中心，串联汪巷村、甘宣村等周边村落的红色研学旅游线路，形成村落合作共赢的良好态势。

海曙区龙观乡凭借光伏村产业模式及生物多样性在世界舞台上崭露头角。截至 2022 年，龙观乡 10 个行政村光伏普及率近 100%，带动村集体经济和村民收入快速增长，入选第三届“全球最佳减贫案例”。生物多样性保护成效显著，“四明秘境，多彩龙观”被收录进联合国《生物多样性公约》缔约方大会第十五次会议官方数据库。龙观乡还通过提升庄顶公路、龙溪线等美丽经济交通走廊，形成集高山湖景、健身步道、民宿旅游、生物多样性等元素为一体的乡村休闲旅游环线，2022 年接待游客 98.6 万人次、实现旅游收入 6500 万元。

（二）四明山革命老区建设共同富裕样板区面临的挑战

近年来，四明山区域保护性发展取得显著成效，但与人民群众对共同富裕的美好期盼和全市实现高水平现代化发展的要求相比，四明山区域在推进产业高质量发展、加强区域协调发展、优化基本公共服务、满足人民精神文化需求、探索生态价值转换等方面还有较大的发展空间。

第一，受到发展空间的客观限制。四明山区域内有国家生态保护红线区，面积逾 600 平方千米，约占四明山区域总面积的 45%，另有逾 35% 的面积属于水源涵养、水土保持等生态功能保障区，部分村镇几乎没有新增可发展的建设用地。

第二，产业效益有待提升。农业层面，竹笋、茶叶、花木等传统优势产业，在退花还林政策实施、市场竞争日益激烈等因素影响下加速收缩，规模农业、科技农业、农村电商等还在初级发展阶段。工业层面，为保护好全市的“绿肺”“水缸”，四明山区域一直严格走生态保护发展路线，大量清退工业企业，绿色能源等战略性新兴产业仅点状发展。服务业层面，以农文旅融合为代表的休闲产业规模性和品牌性相对不足。

第三，统筹发展力度不足。一方面，行政协调难度大，四明山区域涉及多个行政区划和不同管理部门，各方在开发理念、规划思路、项目布局、政策保障等方面合力有限。另一方面，城乡统筹发展还需加强，在村镇规划建设、公共服务供给、基础设施配套、要素资源配置等方面存在不平衡、不充分等问题。

第四，政策支持相对“粗放”。目前的政策支持以生态公益补偿及市级层面专项资金支持为主，支持的领域和力度无法满足四明山区域多层次、高质量发展要求；且四明山区域各乡镇发展水平不一，发展突出的村镇容易获得较多资源支持，而相对落后地区则获得关注度不足。如何以有限的政策工具提升区域自我造血能力，实现精准帮扶，是摆在四明山区域面前的一大难题。

三、全国其他地区山区共同富裕的经验与启示

（一）丽水山区共同富裕的经验与启示

丽水位于浙西南革命老区，是典型的山区市，区位交通条件不佳，经济增长动能不足，是浙江建设共同富裕示范区任务最重、需求最迫切的地区。然而，优越的山区生态资源也为丽水带来了新机遇。作为全国生态产品价值实现机制改革试点示范区，近年来丽水拓展“绿水青山就是金山银山”转化通道，打造共同富裕美好社会山区样板。截至2022年，丽水市农民人均可支配收入增幅实现全省“十四连冠”，为山区共富提供了宝贵的经验借鉴。

1. 丽水山区共同富裕的经验做法

（1）聚焦强村富民，推进农业高质量发展。2022年，丽水市域面积超过80%是农村，农村人口占全市总人口的约35%，农业占GDP比重达7.3%，“三农”发展决定了共同富裕的成色。对此，丽水大力发展品质农业，推动强村富民。一方面，推动生态产业化、产业生态化，推广稻鱼共生新型种养模式等生态循环农业，创新、推广山区适用机械装备与技术，以科技赋能农业高质量发展；另一方面，健全产品质量认证体系，升级产品生产、营销、溯源全链条，完善产地准出、市场准入衔接，推动农产品列入中欧地理标志互认互保清单。

（2）体系化打造“山”字系列区域公共品牌。近十年来，丽水先后注册“丽水山耕”品质农业、“丽水山居”田园民宿、“丽水山景”乡村旅游、“丽水山泉”优质饮用水、“丽水味道”特色美食等“山”字系列区域公共品牌，以品牌赋能生态产品增值，推动山区产品标准化管理，拓展“山外”市场。其中，“丽水山耕”是全国首个覆盖全区域、全品类、全产业的地级市农产品

区域公共品牌，兼具权威性、行业约束性、市场主体灵活性；通过“母子品牌”模式整合县域、企业农产品；通过健全品控体系提升品牌价值，产品平均溢价率超30%。

（3）先行探索生态产品价值，实现机制创新。率先建立GEP（生态产品总值）核算评估应用机制，破解生态资源价值量化难题。2019年以来，丽水科学设计并编制GEP核算指标体系，出台全国首个山区城市生态产品价值核算技术办法、首份《生态产品价值核算指南》地方标准，构建“市县乡村”四级GEP核算体系，推进GEP进规划、进决策、进项目、进交易、进监测、进考核；建设立体化、数字化生态环境监测网络，构建“空、天、地”生态产品空间信息数据资源库，绘制“生态价值地图”。同时，通过健全“生态信用”评价管理制度，推出“生态贷”“两山贷”等产品，建立健全绿色金融体系；建立生态产品政府购买机制，建设“两山公司”“两山银行”，培育基于GEP核算的多主体、多层次生态产品市场交易体系，实现生态产品“可抵押”“可交易”。

2. 对四明山革命老区建设共同富裕样板区的启示

四明山应充分发挥山区生态资源优势，打通“绿水青山”向“金山银山”转化通道。第一，通过建立健全山区GEP核算体系，创新核算方式，拓展核算结果应用，完善生态产品价值实现机制。第二，推动产业生态化与生态产业化，强化有机农业、生态农业、农文旅融合等发展模式，提升农产品附加值。第三，梳理整合四明山区域业态资源并形成地方特色品牌，优化地方特色产品管理和品牌营销，推动四明山货走出宁波，吸引外地游客走进四明山。

（二）重点革命老区振兴的经验与启示

2021年国家发展改革委明确了位于赣闽粤原中央苏区的赣州、吉安、龙岩、三明、梅州，位于陕甘宁革命老区的延安、庆阳，位于大别山革命老区的六安、信阳、黄冈，位于左右江革命老区的百色，位于川陕革命老区的巴中，共12个革命老区重点城市。革命老区是共同富裕建设的重要一环，形成了红色文化价值转化、特色优势产业发展、基础设施及公共服务提升等乡村振兴共性经验。

1. 重点革命老区振兴的经验做法

（1）强化红色基因的保护与传承。保护与传承红色基因是革命老区的使命，也是以文促旅实现老区振兴的重要手段。对此，广东、河南、四川、江西等地聚焦红色文化保护传承，在普查与保护红色文物、文化遗址，优先支持老区革命遗址抢救、整理、维修等工作的基础上，立足重点老区红色资源发展文旅业态，推出红色文化线路，打造红色文化传承区，扩容提质红色景区，规划建设长征国家文化公园等大型红色文旅项目。

（2）因地制宜做大做强特色优势产业。产业发展是革命老区强化自身“造血功能”，实现强村富民的根本。与城市相比，革命老区产业发展相对滞后，且受到先天条件制约。对此，广东、江西、四川等地找准革命老区自身比较优势，加强统筹规划，加大专项奖补等政策力度，为重点老区提供招商引资、科技创新、技术改造、金融扶持、电商扶贫等领域支持，助力老区特色优势产业集群化、链式化、差异化、高质量发展。例如，广东设立老区苏区发展专项奖补资金、给予省级产业类和创新类发展专项资金倾斜等财政支持，通过对口帮扶、“蜂王型企业 + 产业集群”产业共建等模式发展革命老区优势产业；江西赣南革命老区做大赣州稀土和钨、南康家具、吉安电子信息等特色优势产业，做优赣南脐橙、井冈蜜柚、南丰蜜橘等特色农业。

（3）补齐基础设施和公共服务短板。与城市相比，革命老区基础设施相对落后，公共服务水平普遍较低，对于保障老人儿童等重点群体生活、留住青壮年劳动力、吸引人才流入等形成制约。对此，四川、广东、江西、河南、福建等地格外强化中央和省级资金统筹保障与政策倾斜，推动财政资金、项目等向老区聚集，带动社会资金投入，推动政策性银行设立老区发展信贷专项，加大对老区交通、能源、水利、危旧房改造等基础设施，以及基层医疗、卫生健康、义务教育、职业教育、公共文化等民生公共领域项目建设投入。

2. 对四明山革命老区建设共同富裕样板区的启示

四明山既要聚焦自身优势“锻长板”，也要关注不足之处“补短板”，齐头并进推动共同富裕。第一，聚焦红色文化、红色遗址等红色资源保护利用，放大革命老区特色，打造红色文旅业态。第二，依托山区比较优势，聚力打造特色产业集群。第三，加快补足基础设施、公共服务等短板，加强对老区内外交通、能源、水利等基础设施升级改造以及医疗、教育、文化等民生公共服务升级等重点项目的支持。

四、四明山革命老区建设共同富裕样板区的总体思路

以习近平新时代中国特色社会主义思想为指导，全面贯彻落实党的二十大精神，坚持新发展理念，统筹推进“五位一体”总体布局和“四个全面”战略布局，围绕做大产业扩大税源和提升居民收入两条主线，以自然文化禀赋为基础底色，以城乡融合发展为根本动力，以数字化改革为赋能手段，立足现实基础，统筹保护和发展两大关系，聚焦人民群众所盼所需，协同推进革命老区共同富裕与乡村全面振兴同频共振、同向并行，大力推进新技术、新模式、新要素、新机制的探索应用，有序实现产业提质、功能优化、民生改善、生态增绿和乡村增富，形成内生发展、开放发展、借力发展、转型发展、共享发展等多条共富路径，为宁波打造共同富裕先行市和中国式现代化市域样板提供重要支撑。

五、四明山革命老区建设共同富裕样板区的路径建议

（一）发挥山区资源优势，推动产业高质量发展

1.“红绿”融合激活山区文旅产业发展

依托四明山革命老区深厚的红色文化底蕴与山区优质的森林水体生态资源，发展红色研学、红色疗休养、生态民宿、森林学校等特色文旅项目，打造特色化、品牌化、高质量的地方文旅产品和服务，优化老区产业结构，以“旅游+”激发老区活力、激活资源价值，拓宽物质共富与精神共富之路。

以红色文旅产品延续红色基因。发挥横坎头村等核心村作用，片村引领“红色根脉强基工程”，统筹强化四明山革命老区旧址、红色文物史迹等挖掘梳理与研究保护工作，建设四明山红色文化数据库，分批次开展对革命遗址、文物等的保护修缮，以及爱国主义教育基地、重点文保单位申报等工作。打造四明山红色文旅标志产品，丰富红色载体展陈方式，做大梁弄“浙东延安”等红色品牌。以浙东四明山革命根据地为核心，串联浙东红村横坎头、四明山烈士陵园、红色古村等红色旅游资源，面向党建考察、爱国主义教育、文化旅游等需求，创新沉浸式体验式的红色文化教育，做精做优红色研学、“清风廉韵”等特色旅游产品，开发红色餐饮、红色住宿等文旅消费项目，打造各地红色文旅内部环线和四明山全域红色文旅联合线路。打造地方特色红色演艺产品，依托四明阁“天天演”等载体，结合红色历史与越剧、姚剧、甬剧等地方传统剧种，以及脱口秀、短剧等通俗艺术，支持专业文艺院团与群众文艺团体创作并演绎四明山革命老区故事。开发红色文创产品，推动“艺术振兴乡村”模式在四明山革命老区的实践，吸引艺术家、艺术院校驻村和文创客扎根，带动村民设计兼具红色文化元素与较高审美水平的文创产品，在促进精神共富的同时，以旅游文创消费带动老区增收。

保护性开发多元生态旅游产品。将观光、教育、运动、康养等功能充分植入生态旅游。突出四明山省级旅游度假区的自然本色，升级打造杖锡樱花园、彩色茶园、浙东大竹海等特色景观，串联生态秘境，丰富四季旅游产品。在龙观等地建设集科普研学于一体的生物多样性体验基地，与中小学合作共建“森林学校”等生态文明教育游项目，打造生态研学旅游示范地。在保护山区生态环境与生物多样性前提下，适度建设或修缮生态共融的健身长廊、登山步道等运动休闲设施，形成“四明山区域千里特色古道网络”，培育四明山百公里挑战赛、环四明湖马拉松等品牌赛事，打造“运动四明”新名片，促进体育旅游消费。发展山区休闲康养产业，依托龙观柏庭养老度假区等产业基础，做优高山康养度假产品。发展生态民宿，吸引乡村文旅龙头企业、精品酒店集团等投资运营高端生态民宿项目，结合古村落保护开发工作，带动农创客、本地农户打造个性化生态民宿，树立四明山生态民宿品牌，带动绿色农产品等各类生态产品消费。

完善旅游配套软硬件设施。健全旅游综合服务功能，升级鄞江、溪口、梁弄三大门户，完善核心景区游客集散中心以及各景区周边便利商店、旅游公厕等设施，提升服务质量，打造“四好农村路”并提升景区“微巴士”、观光步道网、环湖骑行道、停车场等综合交通服务水平。完善“智慧旅游”体系，加快四明山区域主要景区、乡村旅游点数字化改造，优化智慧旅游导识系统，打造互联互通、便捷高效的立体式公共服务网络；应用 VR、AR 等技术打造“数字四明山”，提供“游、食、住、行、购、娱”一站式旅游信息综合服务，接入“浙里好玩”、宁波“文旅晓灵通”等省、市级数字化游客服务平台，在优化游客体验的同时，提升游客画像分析与景区动态管理能力。

2. 科技创新驱动农业现代化高质量发展

立足四明山区域农业基础，根据山区特点开展农业科技创新与应用，推动特色农业标准化、集约式、成链式发展，做大生态循环农业、绿色有机农业、农产品精深加工业等，应用数字技术助力乡村振兴，多管齐下实现生产效率、农产品品质、农村生态、农民收入等提升。

加强符合山区特点的农业科技创新与成果推广应用。发挥本地农业大户、龙头农企、强村公司以及乡土专家、科技示范户等的科技强农带头作用，成立山区农事服务中心等平台，深化四明山区域与高校院所、高新技术企业等科创主体合作。加快科技成果在农业领域的转化应用，优选一批农业专利，为四明山区域企业、村民争取免费试用或最优价格使用方案。推进丘陵山区智慧农机、节能型农机等装备的试验与产业化应用，借助“机器换人”实现山区农业规模化发展。协同全市新材料、空天信息产业等战略性新兴产业，推动先进农业材料、山区农业遥感等技术攻关与应用。推广测土配方施肥，开发绿色智能肥料等产品，发展精准农业。加强育种育苗栽培、农产品保鲜、农业节水等技术创新，全面提升农业科技含量与现代化水平。

标准化、集约式、成链式发展特色农业。深耕四明山区域特色农业，打造特色农产品优势区，做大做强优质粮蔬、高山茶叶、特色水果、名贵药材、精品花木等产品，建设特色生态农业功能区、未来示范农业园，推动特色农业标准化、集约式发展。做长特色农业全产业链，以浙贝母、笋竹、高山茶叶等优势品种为重点，实现从上游现代种业创新到下游农产品精深加工的全产业链转型升级，完善冷链物流等配套保障，整体打造区域公共品牌，打造地理标志强企富农。发展生态循环农业、绿色有机农业等高品质高附加值农业，重点推广林下经济模式，构建“林下种、林中养、林上采、林间游”立体农业格局，打造四明山区域特色畜、禽、鱼、蜂等生态养殖产品。发展名贵中药材产业，建设浙贝母、三叶青等中药材产业基地，实现规模化种植、标准化生产、产业化经营、电商化销售。

借力数字技术完善农产品营销、品牌培育、溯源等环节。发挥数字技术在四明山农产品营销推广等方面的作用，推广“互联网+”“直播+”销售模式，借力“电商兴农”打响“四明臻货”等区域公用品牌的对外知名度。应用农业大数据、区块链等技术，做实农产品溯源管理，提升农产品质量安全监管水平和信息透明度，以严格的品控维护好四明山农产品的口碑，进而拓展国内外市场。

3. 把握“双碳”机遇，加快新能源产业发展

充分发挥四明山区域风、光、水、山地等自然条件优势，围绕“双碳”目标，在四明山区域生态环境导向的开发模式（EOD）下，做大做优乡村清洁能源产业与山区储能产业，在打造绿色低碳乡村生活的同时促进村集体与村民增收，拓宽山区售电致富新路径。

加快各类清洁能源在乡村的开发利用。全面推广光伏新能源，参考海曙龙观“光伏版”乡村振兴模式，在更多条件适宜的村镇布局整村光伏，为文化大礼堂等乡村公共建筑配套光伏设施，鼓励村民利用自建房屋顶、农业大棚等建设光伏设施。开展林光互补、农光互补、渔光互补等项目，提升光伏新能源在四明山区域村民生产生活中的应用比例。立足各村资源特色建设“零碳乡村”试点，形成“零碳四明山”示范区，积极发展风能、水能、生物质能等其他各类清洁能源，打造山区特色零碳能源多元供给体系。升级改造农村电网，完善乡村新能源充电桩、集中充电站等配套，推广分布式光储微电网技术，打造低成本、便利化的乡村清洁能源消费场景，倡导绿色低碳的乡村生活方式。

发展四明山绿色储能、售电产业。在严格落实生态保护要求的前提下，以 EOD 模式适度发展绿色储能项目。支持山区农村水电站生态化改造，建设低碳、节能的新型电力系统。优化抽水蓄能电站规划布局，推动奉化状元岙、海曙龙观等地抽水蓄能电站项目建设。探索绿氢、绿氨等新型储能技术研发试验与储能设施建设，聚力打造四明山绿色储能基地。探索发行绿色基础设施 REITs（不动产投资信托基金），为绿色储能项目建设与产业发展巩固资金支持。健全城乡能源产供储销体系，有效对接城乡绿色电力供需，辅助电力调峰，消纳过剩电能，实现能源高效利用，拓宽山区售电致富新路径。

（二）优化空间功能布局，推进新型城镇化与城乡融合

1. 优化镇村两级空间和功能布局

推进以县城为重要载体的城镇化建设，构建以县城为中心、以中心镇为节点、以中心村为补充的新型城乡融合格局，全域提升人居环境、功能品质、

特色景观和人文生态，形成舒适便捷、全域覆盖、层级叠加的镇村生产生活圈。

发展壮大中心强镇。支持梁弄镇、鄞江镇、溪口镇等综合实力强、发展潜力大的中心镇高标准建设现代化一流小城市，推进城市基础设施、公共服务、特色产业、生活品质、城乡治理全方位提升，加强互联互通和共建共享，打造区域产业发展高地、资源要素集散基地和公共服务支持中心，带动周边一般镇和片区乡村整体发展。

分类有序推进村庄建设。开展村庄分类规划，找准重点发展方向，明确特色功能定位，结合农村土地制度改革和新型农村集体经济发展，加快推动中心村发展，培育特色主导产业，完善基础设施和公共服务设施，增强中心村的辐射带动力和吸纳承载力。鼓励推进片村联动、抱团发展，支持以中心村为龙头组建联盟，探索组织共建、阵地共享、产业共育、项目共筹、社会共治等协同发展模式，突破单村建设发展困境，变“一村富”为“村村富”，变“一处美”为“一片美”。

2. 推动优质公共服务资源扩容下沉

推进镇村两级公共服务一体规划、一体建设，强化资源链接和服务扩散，重点弥补乡村公共服务短板，聚焦医疗、养老、教育、文化等人民群众切实关心的领域，精准提供更多、更优质的公共服务，重点增强均衡性、可及性和便利性，让广大农村居民在家门口乐享幸福生活。

强化服务功能综合集聚。建设幸福乡里中心，推动村级党群服务中心向高标准化、多功能化迭代升级，提升发展司法、治安、金融、邮政等便民服务事项，探索布局日间照料中心、儿童之家、假日技能学校、零工就业指导中心、文娱体活动中心、老年食堂等全龄友好便民设施，助力打造村级“15分钟综合服务圈”。积极引入市场化主体，形成“空间 + 服务 + 运营”可持续的系统性解决方案。

分类优化教育资源布局。推动学前教育迈向普及普惠，提升学前教育质量，支持开设自然体验、田园实践、红色寻根等特色品牌幼教课程，支持引进托育指导中心、社会办托育机构、乡村亲子室、家庭托管班等各类婴幼儿照护机构开展托育及课外拓展活动。高标准建设中心镇中学，加快推进梁弄镇九年一贯制学校建设，提升发展章水镇、鄞江镇、溪口镇等中心镇中学，深化城乡教育共同体建设，促进教育资源共建共享。支持建立农村职业教育实训基地，开展农业技术、农村电商、创业孵化等新型技能培训。

提升乡村医疗养老服务水平。探索推广农村医养结合模式，推进村卫生室与农村幸福院统筹规划、毗邻建设，合理布局老年医疗、中医养生、运动康复、安宁疗护、公共活动等各类空间，系统提供疾病诊疗、护理助医、生活帮扶、探访助乐等服务项目，形成“医、养、康、护、娱”五位一体的专业助老中心。加强紧密型医共体建设，推广“定点医院（卫生室）+流动医疗车服务点+远程问诊”结合服务、“互联网+家庭医生”签约服务等各类服务。

3. 持续推进乡村基础设施配套建设

满足四明山区域居民畅通出行和生活便利需求，优化健全交通物流、电力通信等基础设施配套，进一步提高城乡间要素流通效率。

建立“四通八达”的交通路网结构。以乡镇（街道）及中心村、主要景区（点）、主导产业基地等为关键节点，持续推进高速公路联络线、国（省）道干线、“四好农村路”等各类道路建设，形成交通线、产业线、风景线多线合一，布局合理、连接顺畅、安全便捷的综合交通路网体系。深度融入宁波主城区 1 小时和长三角地区 2 小时交通圈，全面加强四明山区域与机场、铁路站点、公路站点等的连通，探索设立直通车、假日专线等往返出行便民专线。加快农村物流体系建设，鼓励农村快递与邮政、交通、电商、供销、商超等合作，共享物流渠道、设施和网点资源。

升级电力和数字通信设施。优化配置镇区、工业集聚区等区域的 110kV 输电线路，合理配置乡镇（街道）之间的 35kV 输电线路，巩固提升农村电网改造升级成果，推进乡村电气化提升工程建设，建设安全、可靠、绿色、高效、智能的现代化农村电网。探索以光伏村为载体的分布式微电网建设。推动农村千兆光网、移动物联网与城市同步规划建设，加快推进农村宽带网络和移动通信基础设施升级，推进5G信号乡镇开发边界内全覆盖，支持卫星网络实现山区全覆盖。加快农村信息服务基础设施建设，有序推进农业农村、商务、民政、邮政、供销等部门农村信息服务站点的整合共享，推广“多站合一、一站多用”。

（三）加快乡风文明建设，解锁乡村智治新模式

1. 以乡风文明建设助推老区村民精神共富

融合地域文化，以高水平建设文明村镇为抓手，积极营造乡风新环境，聚力打造文明新风尚，加快培育文明乡风、良好家风、淳朴民风，从价值观培育、文化涵养、制度建设等方面，有力推进和谐有序乡村建设。

深化村民自治实践。充分发挥乡村居民在乡村社会治理中的主体作用，提高自我管理能力和组织化程度，探索乡村社会问题和矛盾的自我化解机制。重点培育发展服务性、公益性、互助性乡村社会组织，积极参与群体关爱、矛盾调解、乡风文明等建设，鼓励城市社会组织向乡村延伸，建立城乡一体的社会治理服务网络。深入推进全过程人民民主基层实践，依法实行民主选举、民主协商、民主决策、民主管理、民主监督，鼓励发展“村民说事”“法律明白人”“村级小微权力监督”等村民自治模式。

筑牢乡村文化阵地。以艺术赋能乡村振兴，融合乡土文化和现代艺术，差异化打造主题依托、产业导入、技艺传承、资源挖掘、文化深耕等不同类型的艺术赋能村。扩大乡村公共文化供给，探索建设区域公共文化服务联合体，建设文化驿站、数字博物馆、研学基地等乡村新型文化空间，打造集新时代思想引领、理论宣传、文化传承于一体的新型阵地。挖掘开发涉农特色运动项目及健身产业，广泛开展“村BA”等农民喜闻乐见的体育健身活动。强化乡村网络文明建设，加大对“三农”题材网络视听节目的支持，增强优质内容资源供给。

2. 以“数字乡村”为抓手全面开展乡村智治

扩大数字技术在四明山区域治理方面的广泛应用，加快推进数字基础设施、系统平台和应用终端建设，强化系统集成、数据融合和网络安全保障，

逐步完善“数字平台+网格治理”服务管理模式，推广“一张图”式乡村数字化治理模式。

构建数字乡村集成服务体系。打好数据基础，建立健全政务数据共享协调机制，稳步扩大政务信息资源共享范围。以“整合、应用、服务”为主线，系统设计政务服务、民生服务、市政规划、生态治理、公共安全等应用场景，通过网格化管理、一站式服务，实现“一屏观全域，一网管全村”，解决管理与服务“最后一公里”的问题，建立“纵向到底、横向到边、动静结合、多级联动”的新型治理网格，构建“党委领导、政府负责、社会协同、公众参与”的社会管理新格局。

推动社会综合治理精细化发展。强化人居环境智慧监测，综合应用无人机、高清视频、物联网等技术手段，对农村房屋、道路、河道、特色景观等公共生活空间进行监测。健全以精密智控机制为核心的应急系统，切实增强老区在社会治安、应急治理、环境污染、自然灾害等方面的风险应对能力，打造安全、安定、安宁的发展环境。进一步提升公共安全服务能力，重点推进视频图像应用系统建设，推动视频图像资源与网格中社会治理基础数据有效融合、开放共享。构建覆盖全面、实时监测、全局掌控的乡村数字化公共卫生安全防控体系，建立突发事件风险监测与预警信息共享平台，引导村民开展自我卫生管理和卫生安全防控。

（四）加快体制机制创新，强化资源要素保障

1. 推动资本和文化下乡

推动资源从城到乡的“逆城市化流动”，激活城市中产阶级及新乡贤力量，加大普惠金融服务山区乡村的力度，以资本和文化的下乡为山区乡村注入新的发展动力。

服务城市中产阶级，打造养老、创业、度假目的地。鼓励城市中产阶级来四明山养老、创业、度假。创建康养型田园综合体或乡村养老特色小镇，鼓励城市退休人群赴山林田园养老，带动装修、物业、家政、餐饮、休闲农业等养老产业链落地山区。打造“绿色硅谷”，推动高校、科研院所、企业集

团通过设立子公司或第二空间的形式到四明山革命老区开展远程办公、科研攻关、创意设计、文艺创作等，为山区振兴带来有生力量。倡导健康绿色的生活方式，吸引城市候鸟型人群到四明山革命老区休闲度假；培育特色民宿，引导各级工会组织赴四明山区域开展疗休养等职工活动。

加大对乡贤资源的统筹引导，促进新乡贤融入乡村振兴。建立动态管理的四明山乡贤信息库及乡贤回归投资重大项目库。借助“宁波帮·帮宁波”发展大会等活动平台，开展“乡贤回村”行动，助力智力回乡、资金回流、技术回暖。鼓励先富帮后富，引导乡贤反哺家乡。以定点帮扶、对口支援、结对共建等方式，鼓励新乡贤投身科技兴产、文化建设、乡村治理、生态宜居、捐资助学及助医养老等领域，激发乡村活力，实现强村富民。

加大财政支持力度，引导金融服务进村。聚焦四明山革命老区的产业发展、人才引进、基础设施及民生保障等重点领域，推进各项财政补助资金落到实处。组织市内的主要金融机构成立金融服务四明山革命老区共同富裕联合体，实现普惠金融服务全覆盖，加快数字人民币在山区乡村的普及。推进建成“农业保险＋涉农补贴＋农业担保＋涉农信贷”“政银险担”一体化功能联合体。

2. 创新村企合作机制

搭建村企合作平台，创新村企合作机制，发挥国有企业和龙头企业能动性，送项目到家、送就业机会到户、助山区资源盘活、助农产品出城，激发山区创收增收活力。

壮大农村集体经济。利用四明山乡村闲置房屋和土地等创办“共富工坊”，引导有条件的企业把适合的生产加工环节布局到农村，实现农户家门口就业增收。在“产权清晰、收益归村”的原则下，以村集体经济组织独资、多村联合投资等形式成立“强村公司”，统筹资源、抱团发展，增强集体经济造血功能。以四明山革命老区为试验地，组建由专家院士团队与企业共同参与的“农创中心”，以科技引领地区农业产业转型升级。

发挥国企主导力量。积极争取国开行、农发行等国家政策性银行支持，推动设立“国企主导、地方参与、民企入股”的山区建设投融资运营管理平台，盘活山区土地、山林、房屋等资源要素，实行股份化、市场化、实体化运作，缓解投入资金不足的问题，促进从生态效益、社会效益转化成经济效益的良性循环，有效提升山区群众资产性收入水平。

拓宽农产品销售渠道。尝试与电商开展合作，在市区建立由村集体资金入股和运营管理的农产品产供销一体化超市，嵌入直播带货场景。同时在商超线上小程序开设“四明山生态食材”专属板块，以线上线下相结合的方式展示和销售四明山生态农产品。通过村企共谋，实现山区农户共富。

3. 创新土地要素盘活机制

深化农村土地所有权、承包权、经营权“三权分置”改革，探索农村承包地“连片流转 + 土地整治 + 农业标准地”模式，实现农用地资源优化配置和劳动生产率、土地产出率双提高。

开展土地综合整治行动。统筹推进农用地整理、建设用地整理和乡村生态保护修复工作，优化生产、生活、生态空间格局，系统布局农地整理、耕地垦造、村庄迁并、产业进退和生态治理等。整理存量建设用地、闲置宅基地及荒地，严格遵循征地补偿制度，加强农村土地市场监管，规范土地交易行为，构建起集中连片、产业融合、生态宜居、集约高效的山区国土空间新格局。

推进农业标准地改革和连片流转。排摸四明山革命老区耕地面积在 50 亩以上的农用地底数，建立农业标准地数据库和土地流转信息库。建立健全农业经营主体准入机制，制定农业标准地招商引资项目标准清单，设置主体资质、投入产业、设施装备、带动效益等约束性指标。建议四明山涉及的“两区一市”共同组建国有农投公司（土地流转资产经营公司），推进农业标准地土地流转与改造提升。推广整组整村整畈委托流转、土地定量不定位流转及土地入股流转等方式，为规模化经营打下基础。

活用存量用地，发展乡村旅游。鼓励村集体经济组织以出租、联营、合作等方式盘活利用闲置宅基地、旧厂房、旧校舍等，改建成民宿民俗、创意办公、休闲农业、乡村旅游等农业农村体验活动场所。引导山区居民利用自有住宅依法从事乡村休闲、旅游、养老等产业，促进农村三产融合发展。

4. 创新人才引育留用机制

匹配现代产业对专业人才的需求，大力吸引现代农业、旅游业、教育及医疗等高素质人才，同时提升乡村劳动力的职业技能和素养。通过人才培育和引进双线并行，实现山区和村民互促发展。

实施乡村劳动力职业技能和素养提升行动。搭建面向四明山革命老区的乡村振兴学院、新型职业农民培训基地、返乡创业基地、“两进两回”创业园、孵化实训基地等创业和培训平台。开展乡村电子商务、现代农业技能、健康养生服务、民宿品牌经营、文化旅游接待等业务和技能培训。鼓励采用“乡镇搭台 + 校企联合 + 青创人才”的培育模式，加大对山区实用型专业技能人才培养的力度。

积极引进现代农业、旅游业等领域的高素质人才。组织科研院所和专家顾问赴四明山区域指导乡村产业发展。引导大学毕业生投身四明山革命老区乡村振兴，给予人才落户、住房保障等方面的支持。开展农创客结对四明山乡村促振兴奔共富活动，鼓励农创客将新理念、新思维、新方法带到四明山，促进乡村产业提档升级。

加强四明山民生服务领域人才队伍建设。定期从宁波市选派教育医疗等领域的人才开展组团式帮扶工作，推动城乡教师及医护人员交流，开展师徒结对、异地跟岗锻炼等工作。在人才编制和招录上给予四明山革命老区适当倾斜。加大对下沉人才的各项政策优惠力度，提升乡村教师及医护人员待遇。加强乡镇基础教育师资队伍建设，与宁波大学等高校开展合作，支持乡镇教师提升学历。试行“银龄讲学计划”，聘请优秀退休教师到四明山任教。

5. 创新生态产品价值实现机制

拓宽生态资源转化通道，创新生态产品核算方式，整合四明山革命老区的山、水、林、田、湖、草等自然资源，全面保护、整体运营，实现生态资源的价值增值和效益变现，从而推动生态环境保护与经济发展互促共进。

构建生态产品价值评价机制。构建 GDP 与 GEP 双核算、双运行、双提升机制。围绕供给产品、调节服务、文化服务等维度，采用遥感、气象监测、样地调查等方法，评估四明山区域生态系统结构、质量、功能等数据，形成数字化生态环境监测网络，搭建生态系统数据资源库。在此基础上，通过市场价值、替代成本、影子工程等定价方法进行核算，形成生态系统价值数字地图。同时结合四明山区域实际情况创新 GEP 核算细化指标，推动 GEP 核算地方标准迭代升级。

建立“两山银行”模式。以乡镇为单位，践行“分散输入、集中输出”的理念，将分散的资源要素进行规模化收储、专业化整合与市场化运作，从而转变为优质资产包，实现生态价值向资产、资本的高效转化（见图 13–1）。

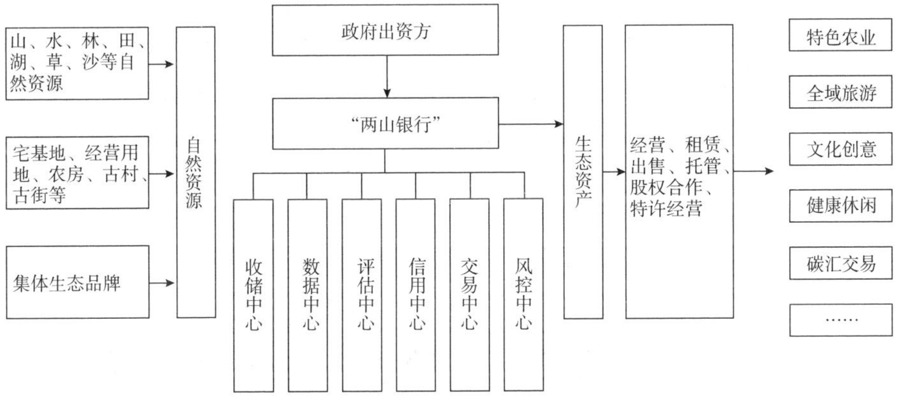

图 13–1　“两山银行”模式示意

资料来源：国研经济研究院东海分院绘制。

探索构建以绿色信贷、绿色债券、绿色保险等为主的绿色金融服务体系。支持银行等金融机构开发推广“GEP 贷”、农地及林权抵质押贷款等绿色金融产品。探索设立有四明山特色的金融分支机构，开展特色金融服务，鼓励对有市场、有订单、有信用的农业经营主体给予贷款利率优惠。鼓励金融机构、企业等发行主体发行绿色债券，用于山区生态修复及生物多样性保护等项目。推广环境污染责任保险、碳保险等绿色保险产品。设立四明山生态发展产业基金，吸引社会资本共同推进四明山生态产业发展。

第十四章　从幸福乡村建设视角看城乡共富

当前，宁波实现共同富裕的短板之一在乡村，关键在缩小城乡差距，扎实推动乡村振兴。宁波民营企业众多，是建设共同富裕先行市的重要力量，在乡村振兴中大有可为。应紧紧依靠民营企业力量，切实推动企业和乡村资源共享、优势互补、双向促进、共同发展，通过村企共建“幸福示范村”，实现乡村的可持续发展、高质量发展。

一、村企共建“幸福示范村”的背景和意义

（一）新发展阶段推进共同富裕的战略擘画

中央赋予浙江建设共同富裕示范区的重任，宁波以建设共同富裕先行市为目标定位，以推进城乡协调发展、缩小城乡收入差距、促进农民农村共同富裕作为重要任务。对此，宁波出台了《共同富裕乡村建设行动方案（2021—2025年）》，明确要求实现农民收入倍增共富、未来乡村引领共富、增产保供强基共富、农业科技创新共富、数字乡村助推共富、产业融合提质共富、基本单元建设共富、农村改革攻坚共富、乡村风貌塑造共富和生活品质优享共富十大行动，凝心聚力开展共同富裕乡村建设。

在新时代背景下，村企共建“幸福示范村”被赋予了重要的战略意义，村企共建“幸福示范村”能使蓝图变成老百姓看得见、摸得着的现实美景。

（二）民企助力共同富裕使命愿景落实推进

站在战略大局层面，在高质量发展中促进共同富裕，是时代和国家赋予当下中国企业的重要历史使命。宁波作为民营经济高度发达地区，各类民营企业是推进共同富裕先行市建设的中坚力量。站在企业层面，宁波的众多民企进入高质量发展转型阶段，尤其对于行业龙头企业、领军企业、规上企业来说，企业只有将社会效益与经济效益并重，才能为自身打好品牌，为行业树立标杆，引领地方经济良性发展。

村企共建“幸福示范村”将企业的使命愿景与国家发展战略深度结合，利用企业自身的品牌优势、渠道优势、专业优势等进行资源整合赋能乡村振兴，构建村企合作推进共同富裕新模式。

（三）以人为本的现代化乡村的探索创建

共同富裕的其中一个重要内涵是促进人的全面发展，乡村振兴作为乡村共富的重要抓手，必须坚持以人为核心，将出发点和落脚点都建立在以人为本的基础上，问需于民、问计于民，满足人民群众更高层次的需求。

村企共建“幸福示范村”促使企业更加紧密围绕乡村生产生活需求，深入一线、扎根群众，合力构建中国式现代化乡村场景，满足人民群众对美好生活的向往，加快建设有归属感、舒适感和未来感的新型功能单元。

二、“幸福示范村”的内涵和具体表现

（一）“幸福示范村”的内涵

“幸福示范村”是立足于乡村原有资源生态特色，嵌入数字化、生态化、集成化等新技术元素，集乡村“三生融合”功能与城市“公共服务”功能于

一体，实现城市与乡村相融合、传统与现代相结合、技术与文明相渗透、集体与个体相统一、共创与共富相呼应，使乡村真正成为宜居、宜业、宜游的高品质乡村。

本质而言，"幸福示范村"是美丽乡村、文明乡村、健康乡村、智慧乡村、低碳乡村等综合建设的升级版，重点聚焦"人本化""生态化""现代化"三大核心，既是人们安居乐业、增收致富和实现美好生活的幸福，也是人与自然、社会、科技完美融合的幸福。

（二）"幸福示范村"的具体表现

目标定位具有战略高度。紧紧围绕共同富裕的核心任务，对标国内外乡村振兴的先进经验，通过建设"幸福示范村"，在共同富裕先行市建设中率先出成功经验、出标志性成果、出先行样板，在全国范围内形成广泛影响力。

核心理念具有时代引领性。既要符合时代背景，也要适应发展形势，将现代化、人本化、智慧化、开放性、包容性等理念始终贯穿"幸福示范村"建设发展全过程。

经验模式可复制可推广。重点聚焦产业场景、风貌场景、文化场景、邻里场景、健康场景等乡村建设中普遍遇到的场景，从建设中提炼经验、从经验中凝练模式，总结出"一个模式、百村应用"的可复制、可推广的乡村振兴办法。

应用成果具有普惠价值。应用成果应在看病就医难、养老配套设施基础差、文化娱乐设施少等契合民生诉求的共性难点问题上具有普惠价值，在促进农村产业提质增效、促进集体经济发展、带动农民增收、生态资源转化等社会关注度高的问题上具有共富意义。

（三）"幸福示范村"重点破解的问题

针对农村养老，要解决保障不足问题。一是家庭养老处于主体地位，对社会养老缺乏了解和认可；二是农村文化娱乐活动匮乏，老人缺少精神寄托；三是子女孝道观念淡化，老人生活得不到有效保障；四是劳动责任没有减少，晚年生活无助。

针对乡村青年，要解决年轻劳动力流失问题。随着城市化的推进，越来越多的农村年轻人选择进城务工，造成农村年轻劳动力急剧减少，给农村健康市场的培育带来了极大冲击。该现象背后的本质原因是农村公共服务发展不充分、农村创业环境不够优越、相关政策对人才吸引力不强。

针对乡村幼儿，要解决幼儿教育条件差问题。学前教育是当前民生发展的重点和难点，长期以来受教育部门高度重视。然而目前农村幼儿教育方面还存在办园条件差、师资力量不足、教师待遇低、专业技能有待提高等问题。

三、宁波百个“幸福示范村”的试点选择

“幸福示范村”标杆项目的首批试点，应以符合宏观战略导向、契合村企多元价值诉求和资源能力、投入产出效益最大化为依据，选择具备一定人口规模、村容村貌较好、基础设施建设相对完备、自然人文资源有所特色、经济和产业发展相对成熟、战略地位较高、具有自身品牌价值的试点村开展“幸福示范村”标杆项目对接和谋划，将“幸福示范村”建设与村经济高质量发展、村民精神文化水平提升等更高层次需求相匹配，打响宁波“幸福示范村”品牌影响力。

（一）选择依据

1. 符合宏观战略导向

贯彻落实国家层面关于共同富裕及乡村振兴等重大战略的总体要求，乡村发展围绕产业兴旺、生态宜居、乡风文明、治理有效、生活富裕等多个方面综合推进。紧跟宁波市关于现代化乡村建设的规划部署，对构建乡村产业、风貌、文化、邻里、健康、低碳、交通、智慧、治理等场景具有迫切需求，紧密衔接全市及各区（市、县）重点发展空间。

2. 契合民企价值诉求和资源能力

村民的物质需求基本得到满足并进入追求更高精神文化生活水平阶段，乡村自身具有与民企共建“幸福示范村”的较强主观能动性和资源整合能力，能够实现多方协同。

3. 投入产出效益最大化

乡村硬件设施、产业发展、空间形态等基础相对扎实，常住人口规模适中，拥有一定文化底蕴和资源凝聚力，经济和产业相对成熟，软硬件条件都足以支撑首批“幸福示范村”项目可以在 2 ~ 3 年内、在有限的财力投入中打造出标志性成果。

（二）试点村选择

综合考虑宏观战略导向、民企价值诉求和资源能力，以及投入产出效益最大化的现实需要，建议在全市范围内择取 100 个〔每个县（市、区）选取 10 个〕试点村，开展村企结对和场景项目谋划，将“幸福示范村”建设与村经济高质量发展、村民精神文化水平提升等更高层次需求相匹配（见表 14-1）。

表 14-1　宁波百个“幸福示范村”试点村和结对民营企业建议名单

地区	试点村	结对企业
海曙区（10 个）	鄞江镇（金陆村、清源村、悬慈村）、章水镇（李家坑村、杖锡村）、古林镇（茂新村）、集士港（山下庄村、深溪村）、龙观乡（李岙村）、横街镇（半山村）	雅戈尔集团、太平鸟集团、博洋集团、华茂集团、广博集团
江北区（10 个）	甬江街道（畈里塘村）、洪塘街道（安山村）、庄桥街道（童家村、东邵村、马径村）、前江街道（邵家渡村）、慈城镇（毛岙村、南联村、半浦村、虹星村）	金田集团、柯力集团、宁波水表（集团）、宁波牛奶集团、蓝野医疗公司
镇海区（10 个）	庄市街道（永旺村、勤勇村、万市徐村）、澥浦镇（十七房村、沿山村）、九龙湖镇（田杨陈村、九龙湖村、秦山村）、骆驼街道（朝阳村、清水湖村）	埃美柯集团、百隆东方公司、博汇科技公司
北仑区（10 个）	大碶街道（九峰山片区）、柴桥街道（河头村）、郭巨街道（福民村、大岭下村、谢家岙村）、白峰街道（小门村）、春晓街道（民丰村、昆亭村）、梅山街道（梅中村、梅西村）	贝发集团、申洲集团、海天塑机集团、吉利汽车公司、东方电缆公司

续表

地区	试点村	结对企业
鄞州区（10 个）	下应街道（湾底村）、东钱湖镇（韩岭村、城杨村、俞塘村、洋山村）、横溪镇（横溪村）、塘溪镇（沙村）、瞻岐村（周一村）、姜山镇（走马塘村）、东吴镇（天童村）	奥克斯集团、博威集团、均胜集团、中基宁波集团、利时集团、中哲控股集团
奉化区（10 个）	萧王庙街道（滕头村、青云村）、溪口镇（栖霞坑村、三十六湾村、斑竹村）、裘村镇（黄贤村）、松岙镇（大埠村）、西坞街道（金峨村、蒋家池头村）、莼湖街道（缪家村）	罗蒙集团、滕头集团、爱伊美集团、亚德客自动化公司
余姚市（10 个）	梁弄镇（横坎头片区）、四明山镇（梨洲村）、大岚镇（大俞村、柿林村）、临山镇（临浦村、邵家丘村）、河姆渡镇（芦山寺村）、三七市镇（胜利村）、鹿亭乡（白鹿村）、泗门镇（小路下村）	舜宇集团、大丰集团、富达集团、天邦食品公司
慈溪市（10 个）	匡堰镇（倡隆村、乾炳村、岗墩村）、观海卫镇（宓家桥村、双湖村、杜岙村、白洋村）、周巷镇（万安庄村）、桥头镇（上林湖村、五姓村）	方太集团、公牛集团、慈兴集团、合盛集团、沁园集团、力玄科技公司
宁海县（10 个）	大佳何镇（葛家村）、岔路镇（湖头—下畈片区）、力洋镇（海头村、文正村）、深甽镇（南溪村、清潭村）、前童镇（鹿山村）、强蛟镇（骆家坑村）、茶院乡（许民村）、胡陈乡（梅山村）	如意公司、东方日升公司、得力集团、双林集团
象山县（10 个）	黄避岙乡（高泥村）、东陈乡（东旦村）、墙头镇（方家岙村）、鹤浦镇（大沙村）、茅洋乡（白岩下村）、新桥镇（黄公岙村）、大徐镇（军湖村）、墙头镇（方家岙村）、泗洲头镇（墩岙村）、涂茨镇（旭拱岙村）	华翔集团、龙元集团、宏润集团、锦浪科技公司

资料来源：国研经济研究院东海分院整理。

首批试点村和结对民企建议如下：海曙区茂新村（雅戈尔集团）、江北区南联村（金田集团）、镇海区永旺村（埃美柯集团）、北仑区河头村（贝发集团）、鄞州区湾底村（奥克斯集团）、奉化区滕头村（滕头集团）、余姚市横坎头片区（舜宇集团）、慈溪市倡隆村（方太集团）、宁海县葛家村（如意公司）和象山县高泥村（华翔集团）。

（三）10 个首批试点村基本情况

1. 茂新村：位于海曙区古林镇

（1）人口规模。全村包括 3 个自然村，面积 1.6 平方千米，全村现有户籍村民 1285 户、1685 人，外来暂住人口 1877 人。

（2）基础设施。茂新村已完成“一村一方案”编制，茂新村积极推进项目建设，目前已完成农科旅特色型中心村建设，智慧化应用在医疗、教育、养老等多场景落地，村内设有邮政服务站、社区服务中心、文体活动中心、中国（海曙）御史文化陈列馆、宁波家风馆、市级儿童之家、中国茂新国际太空农业体验中心、社区卫生服务站停车场、垃圾中转站等公共服务设施。

（3）自然人文。茂新村自然生态资源良好，是原老四明山区之一，村内水网密布、农田错落，是典型的江南水乡；人文历史底蕴独特，被誉为“中国御史之乡”，曾凭借“一门八御史”远近闻名，至今依然保存着两座结构完整、古朴雅致的明清建筑。

（4）经济和产业。2022 年村集体经营性收入达 123.5 万元，村民人均收入达 5 万元。全村主要以种植水稻、蔺草为代表的农业为主要产业。近年来茂新村将太空农业与传统农业相结合，同时借助文创思维，将田园风光植入太空农业、航天文化等元素，农业创新性发展不断推进，同时以农带旅为乡村经济增收开辟新的道路。“茂新航天基地”已成为新晋网红打卡地，航天空间站模型、田园火车、稻田咖啡等新型业态相继建立。

（5）战略依托。茂新村位于宁波西枢纽核心片区。

（6）品牌基础。茂新村 2021 年入选浙江省 3A 级景区村庄名单，2022 年入选浙江省首批未来乡村建设试点村名单。

2. 南联村：位于江北区慈城镇

（1）人口规模。南联村面积 2.9 平方千米，其中耕地 129 亩、山地 2507 亩；东临公有村，南靠英雄水库，西到余姚相岙村，北到慈溪关头村；现有村民 266 户，总人口 611 人，外来暂住人口 8 人。

（2）基础设施。南联村各种硬件基础设施齐全，建有游客服务中心以及云湖环线、云湖至五婆湖连接线、五婆湖至鄮湖连接线共 3000 米的旅游绿道系统，菜场、停车场、旅游厕所等配套设施不断完善。

（3）自然人文。南联村面湖环山，自然风光秀美，旅游资源丰富，村落传统风貌保持完好；历史悠久，在宋朝时期已经形成村落，距今已经有 1000

多年的历史，至今依然保留有300多年历史的傅家古井；红色文化鲜明，新四军浙东游击纵队曾经在这里参与抗日战争，如今在村子各处都能看到红色元素的壁画或主题雕塑。

（4）经济和产业。2022年村集体经营性收入超过35万元，村民人均收入达4万余元。全村以林业经济为主，主产有毛竹、茶叶、橘子、杨梅等。近年来南联村利用村庄沿山傍水、盛产杨梅的特点，通过建造水上旅游设施、引入精品民宿、打造杨梅音乐节等方式，持续开发山村特色旅游线路，助力乡村振兴。

（5）战略依托。南联村与宁波市农科院具备资源对接基础，依托英雄水库，联动隔壁金沙村，自然资源和红色资源具有较大开发价值。

（6）品牌基础。南联村入选2018年浙江省3A级景区村庄名单，2020年入选浙江省第二批省级农村引领型社区名单。

3. 永旺村：位于镇海区庄市街道

（1）人口规模。永旺村由阮家、田野王、永丰3个村合并而成，面积约2.69平方千米。全村现有户籍村民835户、1990人，外来暂住人口6500余人。

（2）基础设施。永旺村地处甬江科创区核心板块，与东部新城隔江相望，地理位置优越。近年来，通过投资建设特色街区、修缮祠堂和游客接待中心、新建停车场、美化沿线景观等，永旺村硬件基础设施不断完善，乡村现代化建设已见雏形。

（3）自然人文。永旺村拥有永旺花海、稻田海、清风林带、百亩梅园等田园系景观；拥有丰富的历史文化和民俗文化，周边有郑氏十七房、第一山碑、蟹浦都神殿戏台、陈寿昌烈士纪念馆、宁波九龙湖风景区、安远炮台、朱仁房大屋等景点景区，拥有蛟川走书、庄市长面制作技艺、澥浦船鼓、京族宗教信仰、招宝山风物传说、京族礼仪等民俗文化。

（4）经济和产业。2022年村集体经营性收入达450万元，村民人均收入达5万元。以“甬江科创后花园、城郊融合双创村”为目标，以旅游业“微改造、精提升”为契机，永旺村推动旅游业高质量发展，建设农业休闲融合区，发展休闲度假等服务产业和特色产业经济，打造独具特色的乡村休闲旅游精品村庄。

（5）战略依托。永旺村与同济大学建筑设计研究院具备资源对接基础。依托甬江科创区区位优势，永旺村是镇海区打造共同富裕样板村的标杆项目和示范项目。

（6）品牌基础。永旺村曾荣获省级文明村、省级美丽宜居示范村、省级善治示范村、市级五星级基层党组织等荣誉；2022 年入选浙江省首批未来乡村建设试点村。

4. 河头村：位于北仑区柴桥街道

（1）人口规模。全村共有 882 户家庭，总人口 2084 人，外来暂住人口 450 人。

（2）基础设施。2013 年以来，河头村完成久安桥建造、大本堂建设、田洋公堂改造、河头农贸市场升级、村老年协会重建及久安桥—隐夹岙景观道提升等十大项目，其他小项目 100 余个，乡村基础设施得到显著改善。河头村距北仑中心城区 10.3 千米，位于柴桥主城区西南 4.6 千米，通往九峰山旅游区的道路穿村而过，交通便利。

（3）自然人文。河头村是浙江省 3A 级景区村庄，青山相依、古树掩映，一袭绿水悠悠环绕，坐落于宁波市最美森林之一九峰山南麓，与瑞岩 4A 级风景区相毗邻，生态环境优美；历史文化底蕴深厚，拥有唐代古刹瑞岩寺，村落周边还有很多庵、庙胜迹。

（4）经济和产业。2022 年村民人均收入达 6.2 万余元。全村以本地花木经济为立足之本，80%以上的村民是花卉从业人员，达 1700 余人；20 亩以上花卉种植大户 100 余户，100 亩以上花卉种植大户 40 余户。围绕主导产业，河头村调整花木种植田间布局，构成错落有致的苗木景观，与农家小院相互辉映，形成独有的花木文化；在发展花木产业的基础上，将游步道周边的山林地租赁过来，建造名特优水果开发种植基地，种植蓝莓、樱桃等树种，一年四季季季有水果，同时在树下养鸡鸭，形成立体生态种养，培育壮大集体经济。

（5）战略依托。河头村依托九峰山，与瑞岩 4A 级风景区联动发展。

（6）品牌基础。河头村先后获得全国文明村、省级文明村、省级森林村庄、省全面小康建设示范村、省兴林富民示范村等荣誉称号，2022 年入选浙江省第二批未来乡村创建名单。

5. 湾底村：位于鄞州区下应街道

（1）人口规模。湾底村区域面积 1600 亩，在册户数 390 户，户籍人口 1077 人。

（2）基础设施。湾底村乡村基础设施完备，不仅有生态农庄、生态酒店、工业企业，还有艺术馆、博物馆、文旅古村、学校等，产业丰富，宜居宜业。2021 年，湾底村启动全市首个现代都市型碳中和综合示范区建设。2022 年，湾底村启动“数字湾底”项目，涉及党建、产业、生态、健康、低碳等场景，目前党建场景、产业场景已经开始运营，其他场景正在升级改造中。

（3）自然人文。湾底村拥有果园、植物园等绿地面积约 500 亩，围绕“都市里村庄、城市中花园”这一发展定位，已建设涵盖十大类 50 多个品种的精品水果种植基地，实现“季季有花、月月有果、天天可摘”；人文历史方面独具特色，已经形成石头文化、桑果文化、长廊文化、陈列文化、古村文化、植物文化和服装文化。

（4）经济和产业。目前，湾底村净资产达到 12 亿元。2022 年村民人均收入、村集体年经营性收入分别为 7.25 万元和 4458 万元，全村 1183 名股东每人分红高达 2.2 万元。全村坚持以农为本，突出农村产业融合，通过做精做特第一产业、做大做强第二产业、做优做活第三产业，实现产业高质量融合；构建龙头企业为引领、新型经营主体为主体、广大农民广泛参与的融合格局，建立契约式、分红式、股权式等多种利益联结机制，探索农民“流转获租金、打工挣薪金、经营赚现金、入股得股金”的“一地生四金”模式，实现城乡融合发展。

（5）战略依托。湾底村东临风景秀丽的东钱湖，西接宁波市高教园区，北靠鄞州投资创业中心，地理位置优越。依托国家 4A 级休闲旅游区天宫庄园，湾底村的社会知名度也高。

（6）品牌基础。湾底村先后荣获全国文明村、全国民主法治示范村、国家级生态村、国家 4A 级旅游景区、全国休闲农业与乡村旅游五星级园区、浙江省首批全面小康建设示范村、首届浙江魅力新农村等荣誉称号，入选 2017 年浙江省 3A 级景区村庄名单，2022 年入选浙江省首批未来乡村建设试点村名单。

6. 滕头村：位于奉化区萧王庙街道

（1）人口规模。滕头村面积约 2 平方千米，共有村民 354 户，户籍人口 899 人。

（2）基础设施。全村自 1993 年起率先开展绿化建设和村容村貌整治，营建“景在村中、村在景中”的美丽乡村风情。近年来，滕头村实施蓝天碧水绿地工程，成立滕头环保公司，加强生态低碳村建设，居住区绿化覆盖率达 67%，各类管线整齐有序，区域污水处理率达 100%，“三有四无”规范化公厕全覆盖，生活垃圾无害化处理率达 100%，在推动村庄基础设施建设与升级中始终处于全市领先地位。滕头村公路交通便捷，位于奉化城北 6000 米处，已纳入宁波“半小时”交通圈。

（3）自然人文。滕头村是奉化与溪口之间的纽带，地处萧江平原、剡溪江畔，生态旅游资源别具一格，拥有农家乐园、将军林、石刻窗花馆等 20 多处生态景点，一派绿树成荫、碧水环流、花果相间、百鸟和鸣的江南田园景色。滕头村红色文化底蕴深厚，民风民俗质朴，周边的青云村也有着千年历史文化底蕴。同时，全村以“科技兴村、教育立村”为发展理念，制定学历奖励政策，设立教科文场所，丰富村民业余文化活动，持续促进“滕头文化”的传播。

（4）经济和产业。2022 年，全村实现总产值 127.9 亿元，村民人均收入达 7.8 万元。依托国家级农业示范基地等产业园，滕头村形成了较成熟的花卉苗木等特色优势产业，构建了以农旅经济为核心的绿色产业体系，实现了循环农业、创意农业、农事体验与旅游相结合的农文旅产业新格局，绿色产业占滕头村经济总量的80%，旅游综合收入近1.16亿元。同时，滕头经济的发展带动了周边乡村的发展，创造出7000多个就业岗位，解决了贫困农民就业的问题。

（5）战略依托。滕头村始终立足生态优先、绿色发展，长期致力于经济、政治、文化、社会、生态文明“五位一体”建设，上榜全国爱国主义教育示范基地，正在打造共同富裕示范区样板村，具备较大战略机遇。近年来，滕头村立足本村发展优势，发挥强村辐射功能，联合周边青云村、塘湾村、傅家岙村等村庄组建“滕头区域党建联合体”，通过制度联推、规划联定、民生联动、区域联手、产业联兴共建行动，打响“桃李芬芳·康美常青”共富品牌，拓展空间充裕。滕头村多次接待国家、省、市级领导以及多位外国领导人和政要莅临考察，在全国乃至全球具有示范性和代表性。

（6）品牌基础。自1993年起，滕头村相继获得联合国颁发的“全球生态500佳”“世界十佳和谐乡村”等殊荣，作为全球唯一乡村入选上海世博会“城市最佳实践区”，获得首批全国文明村、全国先进基层党组织、中国十大名村、全国五一劳动奖状、国家5A级旅游景区、首批国家农业旅游示范点、首批国家生态旅游示范区、中国人居环境范例奖等70多项国家级荣誉，2022年入选浙江省首批未来乡村建设试点村名单。

7. 横坎头片区：位于余姚市梁弄镇

（1）人口规模。横坎头片区包括横坎头、汪巷、甘宣三个行政村，总面积约11.06平方千米，总人口约4722人。其中，横坎头村面积7.3平方千米，村民871户，总人口2473人；汪巷村面积2.41平方千米，村民363户，总人口1162人；甘宣村面积1.35平方千米，村民368户，总人口1087人。

（2）基础设施。片区内三个村基础设施较完备，人居环境、村容村貌基础好。尤其横坎头村的基础设施水平近年来显著提升——拓宽村道路、美化外墙，全面实施新农村电气化改造，开展“线乱拉”专项整治行动，打造“新农村电气化建设示范村”。村民从老旧房屋搬进配备标准绿化设施和停车位的新居，还完成了文化礼堂、农民公园等建设项目。

（3）自然人文。横坎头片区地处四明山腹地，绿色生态资源得天独厚，如横坎头村东有著名的白水冲飞瀑，南有羊额古道，是“唐诗之路”的重要驿站。田园资源特色鲜明，片区内三个村联合打造“希望的田野·横坎头田园综合体”。红色基因独树一帜，横坎头村曾是浙东抗日根据地的“心脏”，红色文化、红色资源极其丰富，对中共浙东区委旧址、浙东行政公署旧址等红色遗产保护修缮较好，拥有国家4A级景区——浙东抗日根据地旧址群景区，建有浙东革命根据地纪念馆、红色村史馆等红色文化传承载体。

（4）经济和产业。2021年，片区集体经济收入达1068.04万元，其中经营性收入达417.24万元，村民人均可支配收入达4.53万元。立足红色文化资源保护传承开发与农业基础优势，片区当前主要以红色旅游和绿色农业及其衍生农旅业为主导产业。同时，正在拓展涵盖康养度假、亲子教育、高端民宿、休闲运动、旅游地产等方面的全域旅游体系，打造红色文化沉浸体验、拓展培训、示范农庄与乡土文化体验、小水果观光加工、特色民宿等独特业态。2021年建成的高端田园综合体项目“希望的田野”投运一年，仅承接研学、培训、会议人员就达3万多人次。2022年，投资1.5亿元的浙东红村旅游综合体项目引进AR、VR等技术，扩容红色展馆，大幅提升景区的旅游承载能力和服务能力。

（5）战略依托。横坎头片区是浙江省红色旅游教育基地，依托革命老区的红色资源集群，多个村正在打造红色旅游融合发展示范区，具有较大战略机遇。片区组建了横坎头红锋共富联盟，成立了共富联盟党委、区域发展公司，片区内三个村与周边白水冲、贺溪、横路、让贤、岭头、东山，以“1+5+3”模式实现九村联动，拓展空间广阔。

（6）品牌基础。横坎头村被誉为“浙东红村”，拥有全国先进基层党组织、全国乡村治理示范村、中国美丽休闲乡村等荣誉，2018年入选浙江省3A级景区村庄名单，2022年入选浙江省首批未来乡村建设试点村名单。

8. 倡隆村：位于慈溪市匡堰镇

（1）人口规模。倡隆村面积6.58平方千米，总人口约4084人。其中流动人口1095人，户籍人口2989人；户籍人口中60岁以上老人有892人，约占总户籍人口的30%。

（2）基础设施。倡隆村基本完成村庄整治，风貌干净整洁。通过“一轴、一带、三片、多点”的重点项目投入，村庄内部各项基础设施逐步完善，实现了安居、宜居、美居的美丽乡村愿望。2021年，旅游厕所、沿线景观提升、精品民宿和景区提升等“微改造、精提升”项目顺利完工。倡隆村公路交通便捷，位于寺马线与横筋线交叉口，是经寺马线进入慈溪的入口。

（3）自然人文。倡隆村山水资源独特，自然景观怡人，有南山脚花海、栲栳山国家登山步道等景点，春品新茶、夏尝杨梅、秋可登高、冬能赏雪；人文历史底蕴独特，是越窑青瓷文化的发源地之一，紧邻上林湖越窑遗址寺龙口窑址、后司岙唐五代秘色瓷窑址，有青瓷文化传承园等景点。

（4）经济和产业。2021年，全村经济收入达220.51万元，村民人均收入达3.65万元。除了杨梅等特色农业外，近年来文旅产业初步发展，农民闲置房租用和民宿产业布局规划陆续完成，与青瓷文化深度融合打造越窑青瓷“金名片”。“楝树下艺术村落”已成为新晋网红打卡地，云朵咖啡、体验农田、彩虹九曲桥、梦想厨房、龙窑餐厅、网红民宿、暴风动漫文创基地、青瓷大师工作室等新型业态相继建立。2021年，进村游览人数同比增长32%。2022年7月入围首批全省乡村旅游促进共同富裕案例。

（5）战略依托。倡隆村距离上林湖越窑国家考古遗址公园仅1000米，紧邻翠屏山文旅融合区，具备较大战略机遇。倡隆村已与周边乾炳村、岗墩村组建区域化发展联合体——匡堰镇南部片区中心村，三村联动发展，拓展空间充裕。近年来倡隆村多次接待国家、省、市级领导的莅临考察，社会认可度较高。

（6）品牌基础。倡隆村2020年入选浙江省3A级景区村庄名单，2022年入选浙江省第二批未来乡村创建名单、浙江省首批金3A级景区村庄培育名单。

9. 葛家村：位于宁海县大佳何镇

（1）人口规模。葛家村面积6.5平方千米，共有农户698户，总人口约1596人。

（2）基础设施。近年来，葛家村先后完成“森林村庄”“截污纳管改造”，“中心村、精品村建设”等工程，基础设施日益完善，生态环境持续向好，人居环境不断优化。自2019年艺术振兴乡村落地葛家村后，村民越发意识到生态和环境优美的重要性，自发通过艺术“微改造”进一步改善村容村貌，使闲置房、闲置地焕发光彩。

（3）自然人文。葛家村自然资源丰富，拥有耕地691亩、山林9543亩、桂花林800亩；人文历史悠久，建村史长达1200多年，拥有葛家祠堂、九宫广场、葛家文化礼堂、文化长廊等文化资源。作为远近闻名的艺术村，村民人人都是“艺术家”，全村人文艺术氛围浓厚。

（4）经济和产业。2019年，村民人均收入约3.4万元；2021年，村集体收入超50万元。葛家村第三产业兴旺，是全国艺术振兴乡村的起源地。2019年，中国人民大学艺术学院副教授丛志强带领团队来到葛家村，引导村民利用本村材料、空间参与艺术设计，使村民成为乡村致富的创业主体，打造出40多个艺术共享空间、300多个文创产品，带动乡村民宿、绿色农旅等农文旅产业发展。全村年均游客人数超8万人次，旅游收入超500万元，吸引外地乡贤回乡创业投资超1800万元。

（5）战略依托。葛家村是全国艺术振兴乡村的起源地，拥有中国人民大学艺术学院乡村振兴实践基地、国际乡建艺术基地、浙江万里学院—宁海乡村共富陪伴式创业实践基地，是艺术乡建的示范样板，被《人民日报》、新华社等媒体多次报道，学习强国App多次登载，对全国游客、艺术家、创业人、投资人具有较大吸引力。

（6）品牌基础。近年来，葛家村相继获得第二批全国旅游乡村重点村、浙江省3A级景区村庄、省美丽乡村特色精品村等多项荣誉，2022年上榜浙江省首批美育示范村，拥有“桂语小镇”乡村品牌，是纪录片《美美乡村》的原型。

10. 高泥村：位于象山县黄避岙乡

（1）人口规模。高泥村面积 3.4 平方千米，共有村民 845 人，其中 60 岁以上 235 人。

（2）基础设施。高泥村深入开展“千村示范、万村整治”行动，农村人居环境明显改善，被评为“宁波市最洁美村庄”和“市千村绿化示范村”；建有凉亭长廊、斑斓步道、党建公园、3A 级旅游公厕、北黄数字康养中心、居家养老服务站等；位于象山港大桥脚下，公路交通便捷。

（3）自然人文。高泥村地处象山港与西沪港交汇之地，是个依山靠海的美丽渔村，自然禀赋优越；拥有清军港遗址以及独具一格的黄鱼文化、渔耕文化等人文历史资源。

（4）经济和产业。2021 年村集体经济收入达 120 万元，村民人均可支配收入达 5 万元。凭借海域资源和产业优势，黄鱼及其相关产业超过 50%。村民基本从事网箱养殖业，有“浙江省黄鱼养殖第一村”的美誉。全村有 160 余户、3000 余只标准网箱专门从事网箱养殖，黄鱼年产值过亿元。黄鱼产业链齐全，上游有全市最大的大黄鱼亲本养殖育苗基地，下游有黄鱼加工厂；近年来全力打造“黄鱼特色村”IP 形象，研发黄鱼衍生品、伴手礼，依托育苗厂、黄鱼加工厂等开展黄鱼主题研学项目。

（5）战略依托。高泥村依托象山港湾水产苗种有限公司平台，与中山大学、宁波大学等 16 家科研院校建立合作机制，渔业高质量发展领跑全国。

（6）品牌基础。高泥村 2022 年入选浙江省首批未来乡村建设试点村名单，荣获全国示范性老年友好型社区称号。

四、打造“幸福示范村”的总体思路

（一）总体思路

以打造幸福乡村为目标，放大格局定位，系统变革重塑，以十村十企为试点先行先试，按照“文化为魂、创新驱动、产业联动”原则，推动资源、资本、资产进乡村，面向重点人群，围绕八大任务，构建八大场景，促使生活、生产、生态“三生融合”，不断增强人民群众的获得感、幸福感、安全感和认同感，全力打造全市乃至全省的幸福乡村样板。

（二）基本原则

加强规划引领。顺应乡村和企业共同文化价值诉求，紧跟全市重大战略机遇，探索乡村振兴新模式，因地制宜、科学合理制定个性方案，分类分步骤构建应用场景，以十村十企为首选试点，逐步推广到全市 100 个试点村。

突出文化赋能。统筹“塑形”与“铸魂”，保护好、传承好、利用好红色文化、书香文化、海丝文化、国学文化、慈孝文化等文化基因，助力乡村差异化、特色化发展，把文化融入乡村规划、建设、运营、管理的全过程，推动乡村文化资源的变现。

实施创新驱动。探索创新驱动乡村振兴的新模式新路径，重点围绕乡村生产、生活、生态、文化、治理“五个现代化”，构建幸福乡村产业、风貌、文化、邻里、健康、低碳、交通、智慧、治理等创新场景，以点带面引领、撬动、赋能乡村全域提升。

依托市场运作。依托龙头企业影响力，整合凝聚专业运营团队力量，准确把握消费趋势和人群需求，借助市场化手段，广泛汇聚人才、资本、科技进村，激发改革创新活力。

（三）总体目标

到 2024 年，“幸福示范村”建设取得阶段性成果。在龙头企业的助力下，试点村村景古色古韵、村民富足自强、乡风崇文礼敬，彰显江南韵味兼具未来元素的现代化乡村新风貌，力争成为“宁波市共同富裕先行市标志性成果”和“浙江省高质量发展建设共同富裕示范区试点”典型示范项目。

到 2027 年，“幸福示范村”建设经验在全市范围内复制推广，按照“示范带动、分类实施、梯度培育”的原则，累计打造出百个“幸福示范村”，为全省、全国乡村振兴提供先进模式和经验。

五、打造“幸福示范村”的具体路径

（一）塑造闲趣宜居的幸福乡村风貌场景

实施乡村风貌微改造，融合乡村地域文化、历史遗存、人文景观、乡风民俗、自然景观等，打造提供普适审美体验，深度黏合社会价值、生活价值、艺术价值以及美学价值的空间场景。

重点改造乡村小路和农房建筑，推进文化上墙，融合河姆渡文化、海丝文化、宋韵文化、浙东文化等具有辨识度和传播度的文化元素，利用沿路指示牌、车站等标识，打造文化微景观。谋划乡村游憩绿道，串联文化主题景观，打造标志性进村步道，成为吸引客流的入口和展示乡村风貌的窗口。深度挖掘剩余空间，利用田野村舍的“边角地”打造村民家门口的“口袋公园”，打造集艺术表达、文化展示等功能于一体的乡村闲趣公共空间。

民营企业、当地政府和当地村民各司其职，具体分工见表 14–2。

表 14–2 项目责任分工

民营企业	1. 整合企业和规划设计团队等资源，提供乡村小路、农房建筑、游憩绿道、公共空间、路牌标识等形象功能设计方案，并发起方案征集投票，广泛吸纳村民意见建议 2. 按照设计方案，分点、线、面循序渐进地实施景观改造，保持风貌的协调性、统一性
当地政府	1. 明确可设计、可改造、可利用的重点空间 2. 指导乡村风貌微改造的推进 3. 协调组织村民关注和参与方案设计
当地村民	就设计方案提出意见建议

资料来源：国研经济研究院东海分院整理。

（二）打造具有创新活力的幸福乡村产业场景

支持民营企业与村集体共建强村公司，打造幸福创客地，做强乡村品牌、农旅品牌、农产品品牌、特色节庆品牌等。

推动村党支部与结对企业开展支部联建，盘活村内闲置厂房等建筑，设立文旅农创客中心，打造“共享办公”“共享创业”的创客空间，作为返乡青年和乡村创客的办公活动场所，带动村集体经济增长和“新乡村”人口集聚，提升村民收入和农村青年人口比例。重点围绕直播电商、农业科技、文创农艺等新产业、新业态成立农创、艺创、云创等孵化基地，定期开展创客研学、创客艺术节、创客旅居等活动，全方位提供智力、资本、资源等支持，壮大“青创客”“农创客”“新农人”队伍，推动艺术兴农、科技强农。

民营企业与当地村民各司其职，具体分工见表 14–3。

表 14–3 项目责任分工

民营企业	1. 企业高管和中层干部派驻到结对村担任“第一书记”，指导结对村发展产业经济，企业与村集体共建强村公司 2. 将乡村闲置建筑空间改造为创客空间，提供共享办公硬件支持 3. 运营创客空间，成立创业引导基金，开展常态化创业培训、交流活动，孵化农创、农科、艺创等项目 4. 撬动企业产品研发制造及市场资源，全面参与乡村产品开发、营销等环节，指导乡村品牌建设 5. 与村集体共建强村公司，参与入股，为强村公司资金筹措、战略规划、管理制度设计、财务规范、市场营销等方面提供支持

续表

当地政府	1. 党委组织、统战部门为结对民营企业派驻村担任“第一书记”提供机制体制保障 2. 为创客中心提供乡村闲置建筑空间 3. 对乡村创客提供相关政策支持，引导创新创业团队落户创客中心，动员村民以创业者或就业者的身份参与创新创业 4. 推进企业与当地农产品直播电商等的合作 5. 与企业共建强村公司并争取相关政策支持
当地村民	1. 结合自身条件与意愿，积极参与农创、艺创等项目，成为创业者或就业者 2. 参与乡村品牌产品开发、农产品直播等项目

资料来源：国研经济研究院东海分院整理。

（三）打造人文传承的幸福乡村文化场景

丰富乡村阅读空间、展陈空间、文化活动空间，打造村民的精神“充电站”。

支持企业依托闲置农房、农家书屋等公共场地，打造“小而美”的企业冠名图书馆、博物馆、美术馆等，定期举办文化大讲堂、读书周、文化周、艺术周等活动。鼓励村企共建“幸福研学营”，开设国学、红色文化学习等文化课程，以及厨艺、农艺等技能体验课程，打造全市中小学生素质教育实践基地，构建德智体美劳全方位、沉浸式的体验型素质教育场景。谋划田间课堂，推广家庭领养、共享农田，传播二十四节气等农耕文化。组织企业员工与村民共同组建乡村文化传承志愿者队伍，传播中华文化、乡村文化和企业优秀文化。

民营企业、当地政府和当地村民各司其职，具体分工见表 14–4。

表 14–4　项目责任分工

民营企业	1. 改造闲置农房、农家书屋等公共场地，打造企业冠名图书馆、博物馆、美术馆等 2. 定期组织文化大讲堂、读书周、文化周、艺术周等活动 3. 打造素质教育实践基地，策划“幸福研学营”，合理设置课程，谋划田间课堂，组织企业客户、员工率先体验 4. 冠名农民学校、乡村老年学校、乡村幼儿园、乡村中小学 5. 组织企业员工加入乡村文化传承志愿者队伍
当地政府	1. 提供闲置农房、农家书屋等公共场地 2. 组织村民参与文化大讲堂、读书周、文化周等活动 3. 提供可供利用的文教场所、农田等空间 4. 积极对接宁波市教育局及各区（县、市）教育局，将“幸福研学营”纳入学生开学第一课或素质教育课程中 5. 动员村民加入乡村文化传承志愿者队伍

续表

当地村民	1. 利用图书馆、博物馆、美术馆等场所丰富业余生活 2. 积极参与文化大讲堂、读书周、文化周、艺术周等活动 3. 成为田间课堂等研学体验课程的教师或学生 4. 积极加入乡村文化传承志愿者队伍

资料来源：国研经济研究院东海分院整理。

（四）打造老幼共融的幸福乡村健康场景

重点推进农村“一老一少”公共服务体系建设，加强健康教育，促进全民健身，营造“颐养服务—卫生健康—全民运动”的场景。

推进村级幸福院、日间照料中心等养老服务设施建设，完善公共区域无障碍设施，提高设施适老化改造率、互助养老活动及文娱活动开展频率，改善乡村留守老人养老问题，实现老有颐养。依托山水自然资源，挖掘乡村中医药、康养等特色，借助企业资本改造或建设康养主题民宿，打造一批疗休养基地。联合当地妇保院和托幼机构，提供公益普惠性儿童日常健康管理科学建议和指导，不断提升学前教育质量。

依托乡镇卫生院、村卫生室，探索打造农村标准化诊所，引导乡村医生工作从疾病治疗向疾病预防、日常保健转变，启动健康教育、健康促进、健康管理、预防康复等乡村医疗服务工程，提升村民健康素养。布局公共健身点、公共体育场，定期举办村民运动会、“农事活动赛”，带动更多村民参与体育运动，提高村民健康水平和生活品质。

民营企业、当地政府和当地村民各司其职，具体分工见表 14–5。

表 14–5　项目责任分工

民营企业	1. 建设村级幸福院、日间照料中心等养老服务设施 2. 打造婴幼儿成长驿站，完善农村幼儿园教学设施 3. 改造农村标准化诊所，配备专业医生、必要医疗设备，就村民健康状态实施点对点即时服务 4. 开展中医理论实践、中医文化体验等活动 5. 建设公共健身点、公共体育场 6. 设立康养民宿改造基金

续表

当地政府	1. 协助企业建设相关设施 2. 争取将农村标准化诊所纳入分级诊疗体系 3. 对接地区妇保院和托幼机构，丰富婴幼儿成长驿站软服务 4. 组织“村民运动会”“农事活动赛” 5. 对接宁波市总工会和当地总工会，争取纳入职工疗休养基地名单
当地村民	1. 积极参与全民运动 2. 自愿共建康养主题民宿

资料来源：国研经济研究院东海分院整理。

（五）打造共治共享的幸福乡村邻里场景

以中华文化为内核，广泛实行群众自我管理、自我服务、自我教育、自我监督，推动自治、法治、德治、智治融合，实现幸福乡村建设人人参与、人人尽力、人人享有。

以“共享庭院”等开放空间形式打造幸福议事厅，促进各群体间的开放交流和思想碰撞。规划党建长廊，宣传展示政策法规、党建成果、群团活动等内容，以乡村振兴讲堂等形式，定期开展普法教育。挖掘、培育乡村清廉文化、孝善文化，开展道德模范、最美人物、身边好人等评比活动，推进村民议事会、道德评议会等有序开展。

打造村企治理“共同体”，推动村企共商、村企共网、村企共建，引导企业有序参与基层社会治理。鼓励企业员工与村民结对，共同完善村规民约，形成特色“幸福公约”，常态化开展公益活动。促进项目回归、人才回乡、资金回流、技术回援、文化回润、公益回扶。探索幸福乡村联合体模式，让“地缘相近、人缘相亲、文化相融”的村组建联盟，探索跨村级“党建共领、事务共议、项目共建、数智共治、区域共享”共同富裕示范区建设新路径。

民营企业、当地政府和当地村民各司其职，具体分工见表 14–6。

表 14–6　项目责任分工

民营企业	1. 改造村内公共空间，打造幸福议事厅 2. 建设党建文化墙、党建长廊、党务公开宣传栏 3. 积极对接村民委员会、村民，共同探讨制定“幸福公约” 4. 积极对接村党支部，共建支部，引导乡贤参与乡村治理

续表

当地政府	1. 组织群团活动、开展普法教育 2. 开展道德模范、最美人物、身边好人等评比活动，推进村民议事会、道德评议会等有序开展 3. 依托政企党建联盟，推动建立幸福乡村联合体 4. 组建跨村联合体，探索“党建共领、事务共议、项目共建、数智共治、区域共享”建设新路径
当地村民	1. 加强自我管理、自我服务、自我教育、自我监督 2. 积极参与政府和企业组织的相关活动

资料来源：国研经济研究院东海分院整理。

（六）打造绿色环保的幸福乡村低碳场景

支持绿色能源、资源回收利用、林业生态保护、低碳科技等绿色环保企业提供绿色低碳软硬件服务，打造村企共建生态文化村的样板。

鼓励企业为村民开展绿色低碳知识普及、生活垃圾分类知识普及等活动，倡导低碳理念。复制“全国最美光伏村”——海曙区龙观乡李岙村经验，引导提供光伏、生物质能等新能源相关硬件以及售电系统等软件支持，支持优先认购农村绿电，促进农业农村领域节能减排。

支持开发推广农业低碳科技，加快农业绿色低碳化发展。共建森林村庄，提倡捐苗捐树等林业生态保护举措，支持优先购买乡村林业碳汇资源，打造村企共建的“幸福共富林”。

民营企业、当地政府和当地村民各司其职，具体分工见表 14–7。

表 14–7　项目责任分工

民营企业	1. 开展绿色低碳知识普及、生活垃圾分类知识普及等活动 2. 为结对村提供光伏、生物质能等新能源相关硬件以及售电系统等软件支持 3. 开发、试验、应用农业低碳科技 4. 以认购、捐资等方式助力森林村庄建设
当地政府	1. 动员农户、企业参与农房、厂房等建筑的节能改造、低碳化改造，梳理本村农户和企业对农业低碳科技的需求，为结对企业提供对接 2. 组织村民参加绿色低碳知识普及、生活垃圾分类知识普及等活动 3. 梳理有条件开展节能改造、低碳改造的公共建筑及场所
当地村民	1. 积极参与农房、厂房等建筑的节能改造、低碳化改造 2. 积极参与绿色低碳知识普及、生活垃圾分类知识普及等活动，加强自身环保意识，并应用于日常生产生活

资料来源：国研经济研究院东海分院整理。

（七）打造便民友好的幸福乡村交通场景

以服务出行、休闲、旅游等生活需求，打造公路主体、慢行、景观、服务、信息五大系统衔接配套、功能齐全的融合性交通基础设施网络。

重点打造一批乡村主题公路，立足资源特色，推进“文化复兴路”“遗产活化路”“绿色生态路”“产业振兴路”等建设，以乡村组团为单位，串联重要出行节点、公共服务设施和景观节点。进一步完善公路支线，增加游憩设施，建设骑行道、步行道、体育赛事道、行山道等，合理设置儿童、老年人、特殊人群等专用步道，满足多样化体验需求。

升级改造交通服务设施，合理布局多功能综合驿站，提供新能源汽车充电桩、生态停车场、邮政分拨、民宿等便民服务，以交通场景的功能延伸和融合发展，打通“最后一公里”。

民营企业、当地政府和当地村民各司其职，具体分工见表 14–8。

表 14–8　项目责任分工

民营企业	1. 依托乡村原有道路，打造多样化主题公路 2. 完善公路支线服务设施，满足儿童、老年人、特殊人群的体验需求 3. 嵌入新能源汽车充电桩、生态停车场、邮政分拨、民宿等服务
当地政府	1. 拓宽、修缮乡村道路，组织人员对主题公路进行维护 2. 升级改造交通服务设施，合理布局综合驿站
当地村民	1. 主动参与主题公路设计和策划 2. 主动维护交通场景相关设施及环境

资料来源：国研经济研究院东海分院整理。

（八）搭建数字智能的幸福乡村智慧场景

围绕幸福乡村智慧化，加快乡村“新基建”进度，实现千兆光纤网络、5G 移动网、Wi–Fi 全覆盖，重点推进农业产业智能化、农民生活智慧化、乡村治理数字化。

推进农业产业智能化。积极发展农村电子商务，政、企、村多头共建农副产品智能销售平台，实现精准种植和品牌建设一体推广。打造智慧乡村农文旅融合场景，将数字技术融入乡村旅游的管理、组织、宣传、营销和体验互动等各个环节。

推动农民生活智慧化。提高各级文化站、农家书屋等乡村文化设施和活动场所的数字化和网络化水平，提供有声阅读等功能。结合线下农村标准化诊所，打造线上智慧养生平台，开发养生知识分享、中医名医咨询与预约、健康档案电子化、养生活动分享等功能，深入发展远程医疗，实现乡村患者与优质医疗服务资源的紧密互动。

深化乡村治理数字化。构建“互联网 + 党建”“互联网 + 政务”的治理平台，促进政务信息化向智慧政务升级，形成村民互动参与的农村基层自治模式。推进智慧社区管理在农村社区、村庄的应用，以“雪亮工程”建设乡村智能防控体系，实现乡村气象、水文、地质、山洪、旱情等数据实时发布和预警应用，推进农村网格化管理，促进人口管理、综治工作、市场监管、综合执法和污染防控等基层服务和管理精细化、精准化。

民营企业、当地政府和当地村民各司其职，具体分工见表 14–9。

表 14–9　项目责任分工

民营企业	1. 打造农产品智能销售平台，建立资源数据库，实现相关主体多头接入 2. 提升乡村旅游数字化水平，将信息技术融入乡村旅游的管理、组织、宣传、营销和体验互动等各个环节 3. 提高乡村文化设施和活动场所的数字化和网络化水平，配备有声阅读等 4. 打造线上智慧养生平台，开发养生知识分享、中医名医咨询与预约、健康档案电子化、养生活动分享、远程医疗等功能 5. 构建集农村基层民主选举、民主监督、民主决策、民主管理于一体的“互联网 + 党建”“互联网 + 政务”的治理平台 6. 推进智慧社区管理在农村社区应用，建设乡村智能防控体系
当地政府	1. 对接农业种植专家、相关政府部门，共建农副产品智能销售平台 2. 鼓励村民参与健康档案管理，引导医生入驻智慧养生平台，开展远程医疗，分享医疗养生知识 3. 共建“互联网 + 党建”“互联网 + 政务”的治理平台 4. 共建乡村智能防控体系，推进农村网格化管理
当地村民	1. 主动参与农业数字化转型 2. 积极参与全民健康档案管理 3. 积极参与农村基层自治

资料来源：国研经济研究院东海分院整理。

第十五章　从集成改革视角
看优化新市民融入通道

我国超 3 亿规模的流动人口选择落脚城市成为新市民，成为支撑城市经济社会发展的重要力量。让新市民从落脚城市到融入城市，过上更高质量、更加幸福、更有尊严的生活，既是城市吸引人才、扩大内需和保障城市基本运转等的现实需要，也是实现共同富裕的重要目标。

近年来，宁波市通过协同推进流动人口高质量就业保障、公共服务均等化、“浙里新市民”平台建设以及新老市民深度融合等相关举措，切实提升新市民服务管理水平。宁波市人口流入尤其是人才流入水平持续位居全国前列，其成为推动宁波市高质量发展、建设共同富裕先行市的重要助力。

今后，一方面应全面提升城市区域和产业承载力，广泛吸纳新市民人口；另一方面需进一步深化改革，通过持续加强以技能提升为抓手的就业支持、建立以“居住证 + 积分”为核心的优质公共服务梯度供给机制、推广以社会组织为主体的治理机制、探索跨区域的联动服务机制等相关举措，让更多新市民真正融入城市，实现安居乐业。

一、宁波市新市民融入的现状与趋势

近年来，宁波市以数字化改革为引领，以实现共同富裕为目标，以共建共享为抓手，以社会治理现代化为载体，以体制机制完善为保障，进一步推进流动人口高质量就业、公共服务均等化、“浙里新市民”平台建设和新老市民深度融合，切实提升新市民服务管理水平。

（一）宁波市新市民融入的基本情况

新市民的持续融入成为宁波城市能级提升的重要支撑。截至 2022 年底，宁波市常住人口达 961.8 万人，比上年末增加 7.4 万人，其中居住半年以上流动人口达 405.2 万。宁波市常住人口增量在全省的占比，从 2021 年的 17.2% 扩大到 2022 年的 20%，都市圈极核效应进一步凸显。2012 年以来，宁波市人口净迁移率持续攀升，2020 年有所回落（见图 15-1），2022 年人口净迁入 35157 人，净迁移率为 5.67‰，越来越多的新市民选择扎根宁波。

从新市民结构看，截至 2022 年底，宁波市登记流动人口约 520 万人，居住半年以上的占比超过四分之三。其中，男性超 300 万人，女性约 220 万人，男女比例接近 3 ∶ 2。从年龄结构看，16 周岁至 59 周岁年龄段的超过 450 万人，占比在 86% 以上。务工从业人员近 420 万人，占流动人口总量的约八成。2022 年，安徽以超过 100 万人的数量成为宁波流动人口头号来源省份，占比接近两成；浙江省内流入人口超 60 万人，在来源省份中位居第二；贵州、河南、四川和江西紧随其后，均在 40 万人以上。

图 15-1　1990—2022 年宁波市人口迁移情况

数据来源:《宁波统计年鉴 2022》,《2022 年宁波市国民经济和社会发展统计公报》; 国研经济研究院东海分院。

根据百度迁徙平台数据统计，从 2023 年宁波春运迁徙数据看（见表 15-1），位居宁波新市民来源地前三的外省地级市为安徽省阜阳市、江西省上饶市与河南省商丘市。排名前列的地级市还包括安徽的亳州市、宿州市、滁州市、安庆市、合肥市、蚌埠市，河南的周口市、信阳市，以及江苏苏州市、江西九江市、贵州毕节市、湖南湘西土家族苗族自治州等。直辖市中，上海、重庆两地与宁波的人口流动最为频繁。

表 15-1　2023 年宁波春运迁入迁出情况

排名	2023 年 1 月 16 日迁出			2023 年 1 月 27 日迁入			2023 年 2 月 7 日迁入		
	省份	城市	比例	省份	城市	比例	省份	城市	比例
1	安徽	阜阳	5.19%	浙江	台州	12.51%	江西	上饶	6.02%
2	浙江	杭州	4.91%	浙江	绍兴	7.64%	浙江	杭州	5.40%
3	浙江	台州	4.31%	浙江	杭州	5.49%	安徽	阜阳	5.31%

续表

排名	2023 年 1 月 16 日迁出			2023 年 1 月 27 日迁入			2023 年 2 月 7 日迁入		
	省份	城市	比例	省份	城市	比例	省份	城市	比例
4	江西	上饶	3.96%	浙江	舟山	5.39%	浙江	台州	4.49%
5	浙江	绍兴	3.45%	浙江	温州	3.51%	浙江	绍兴	4.10%
6	河南	商丘	3.28%	浙江	金华	3.35%	上海	上海	3.76%
7	安徽	亳州	2.90%	安徽	阜阳	2.78%	河南	商丘	3.39%
8	重庆	重庆	2.35%	上海	上海	2.78%	安徽	亳州	2.73%
9	上海	上海	2.30%	江西	上饶	2.16%	河南	周口	2.54%
10	河南	周口	2.14%	浙江	嘉兴	1.96%	安徽	宿州	2.51%
11	安徽	宿州	2.07%	浙江	丽水	1.96%	浙江	舟山	2.34%
12	浙江	舟山	2.05%	浙江	衢州	1.87%	江苏	苏州	2.05%
13	安徽	滁州	1.97%	河南	商丘	1.85%	浙江	金华	1.74%
14	浙江	金华	1.52%	浙江	湖州	1.59%	湖南	湘西	1.63%
15	浙江	温州	1.38%	安徽	亳州	1.44%	浙江	温州	1.60%
16	安徽	安庆	1.30%	安徽	宿州	1.32%	重庆	重庆	1.60%
17	安徽	合肥	1.27%	江苏	苏州	1.19%	安徽	安庆	1.33%
18	安徽	蚌埠	1.17%	江苏	南京	1.00%	浙江	嘉兴	1.13%
19	贵州	毕节	1.13%	河南	周口	0.99%	河南	驻马店	1.22%
20	浙江	衢州	1.13%	安徽	安庆	0.93%	河南	信阳	1.14%
21	江苏	连云港	1.04%	安徽	蚌埠	0.88%	江西	九江	1.08%
22	江西	九江	1.01%	安徽	滁州	0.85%	安徽	蚌埠	0.98%
23	湖南	湘西	0.97%	重庆	重庆	0.82%	安徽	合肥	0.76%
24	河南	信阳	0.95%	江西	九江	0.71%	江苏	徐州	0.75%
25	浙江	嘉兴	0.95%	河南	信阳	0.70%	贵州	毕节	0.74%

数据来源：百度迁徙平台，本表分别选择春节节前迁出高峰 1 月 16 日、节后返乡高峰 1 月 27 日以及元宵节后返乡高峰 2 月 7 日三个代表性时间段的数据。

从新市民目的地看，在包括前湾新区和高新区在内的宁波 12 个区（县、市）和功能区中，慈溪市和鄞州区占据了人口流入的前两位，余姚市、北仑区和海曙区也均以 10% 以上的比重位居前列，宁波南部的奉化、宁海、象山三个区、县则占比相对较低（见图 15–2）。从宁波流动人口区域分布情况可以看出，发达的县域经济尤其是制造业是吸引新市民就业的主力“蓄水池”。

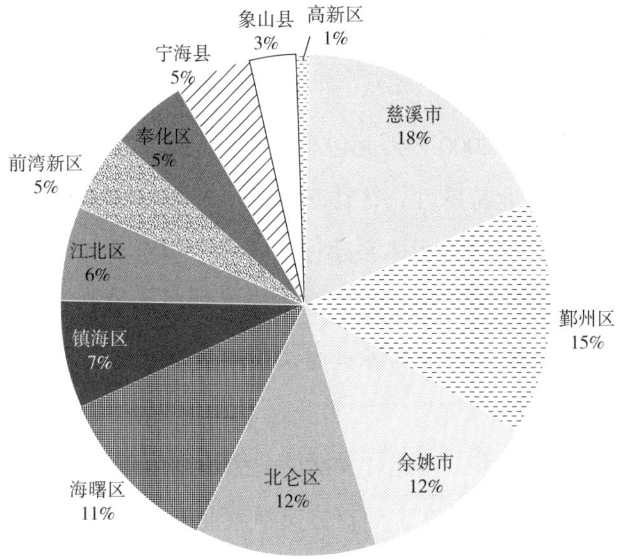

图 15–2　2022 年宁波市流动人口目的地分布情况

资料来源：国研经济研究院东海分院。

值得注意的是，海曙、江北、鄞州、镇海等中心城区吸引新市场的表现显著优于其他地区，体现出随着产业结构的不断升级，完善的城市服务功能对新市民流入的重要性日益提升。此外，在 16 周岁以下流动人口占比层面，慈溪、余姚、奉化、宁海、象山五地明显高于海曙等中心城区，这与当地随迁子女义务教育阶段入学报名条件相对宽松有直接的关系。

（二）宁波市推动新市民融入的主要举措

1. 构筑新市民高质量就业保障

稳定的就业是吸引新市民流入的首要因素。宁波聚焦流动人口就业提质扩面，常态化开展重点企业用工监测，发布年度人力资源市场部分职位工资价位和行业人工成本信息，为流动人口求职提供积极参考。同时，支持劳务输出量较大的地区在宁波建立劳务协作服务站，协同做好来甬务工人员服务工作。

2022 年，宁波市在全省率先出台春节期间留工优工政策，累计发放留甬专项补贴和返岗交通补贴 3.44 亿元，惠及 79 万人次，省外员工节前留甬率和节后返甬率分别居全省第二和第一。申洲集团 2010 年开始组建“返乡包车团”，仅 2023 年就花费 2000 多万元包车 193 辆，运送近 9000 名员工返乡。

灵活就业因其职业特殊性，往往是流动人口就业保障的难点和痛点。为此，宁波市加强欠薪治理信用体系建设，开展“宁波无欠薪”行动，不断擦亮“安薪在甬”金字招牌。积极构筑具有宁波特色的综合保障体系，打造新业态发展专项支持政策，2021 年相关做法被国务院发文推广。

2022 年以来，宁波市进一步完善灵活就业保障，构建覆盖市县乡三级、资源共享的零工服务体系，打造“灵活就业服务在线平台”。将灵活就业纳入基本养老和医疗保险范围，在全国首创灵活就业专属普惠保险“灵活保”。开展新职业新工种项目制培训，持续推进“金蓝领”职业技能提升行动。

2. 实现新市民公共服务均等化

公共服务均等化是提高新市民归属感的基本保障之一。对此，宁波市在教育、医疗、养老、住房等领域，不断推动新市民公共服务共建共享。

教育保障方面，按义务教育免试就近入学规定解决随迁子女入学问题，进一步放宽居住和社保缴纳时限。2021 年，宁波市义务教育阶段随迁子女就读人数近 30 万，其中入读公办学校比例接近 90%，持续保持全国领先。

医疗保障方面，基本实现公共卫生服务项目常态化、管理精细化、服务精准化、覆盖均等化，免费计划生育技术服务基本项目覆盖率达 100%。通过流动人口健康教育，帮助新市民群体养成健康意识和卫生习惯。截至 2022 年 5 月，非宁波户籍参加基本医疗保险人数约 160 万。

养老保障方面，将非宁波户籍灵活就业人员纳入基本养老保险保障范围。截至 2022 年底，全市参加基本养老保险的灵活就业人员约 53 万人，其中 2022 年度新增非本市户籍 1.8 万余人。

住房保障方面，积极探索建立以公租房、保障性租赁住房、共有产权住房为主体的新市民住房保障体系，将一线环卫工人纳入公租房重点保障范围，向生活困难的农民工发放租赁补贴。加速筹建保障性租赁住房，2022 年落实 125 个项目近 7 万套房源，培育打造前湾新区租赁社区、华润有巢公寓等一批租赁住房样板项目。

3. 推进新市民“一件事”平台建设

宁波聚集新居民重点关注的公共服务需求，迭代升级新居民“一件事”应用场景，市区两级已建成积分入学入园、租房住房“一键通”、就业服务“一件事”等 17 个子场景，多跨协同应用平台初步建成。打造新居民专题库和新居民“驾驶舱”，实现对全市 500 余万名新市民的全息画像的精准管理。

截至 2022 年底，平台累计访问次数达 2470 万人次，发放电子居住证 16.1 万张，累计受理积分申请类办件 8.1 万件，精准推送服务信息 50.5 万余次，帮助 7 万余名流动人口解决子女入学问题、申领公租房补贴等。

4. 推动新市民全方位深度融入

推动新老市民和谐共融，是实现新市民深度融入城市发展、加快社会治理现代化的重要方面。宁波市持续加大户籍制度改革，推进更多流动人口及随迁子女落户宁波。深化流动党员先锋驿站、新市民综合服务站等阵地建设，吸纳素质高、能力强的新市民参与基层社会治理活动。推动融合性社会组织创新发展，利用“乡音调解员”优势，努力调解新市民融入城市中出现的矛盾纠纷。

宁波市的少数民族流动人口数达 50 多万。作为全国少数民族流动人口服务管理示范城市，宁波市积极做好全国首个民族工作标准化试点工作，深入开展“民族团结进步宣传月”活动。北仑区米娜工作室发起“幸福石榴籽”——文化润疆“五观”教育志愿服务项目，通过“融・帮・带”三位一体推动少数民族青少年成长融入，荣获第六届中国青年志愿服务项目大赛金奖。

在取得突出成绩的同时，也要看到新市民融入还存在一些问题和挑战。一是部分新市民学历和文化技能素质相对不高，初中学历以下和无技能人口比例均在80%左右，制约了新市民自身发展和城市融入。二是针对新市民的公共服务在均等化、优质化方面还有不足，随迁子女入学标准尚未统一，住房保障、社会保障、公积金等方面与户籍人口还有较大差距。三是城市对新市民融入的包容度还不够，生活习惯、个体素质等原因导致的地域壁垒依然存在。四是跨区域联动服务机制有待完善，由于不愿意放弃家乡农村股权、宅基地等权益，不少新市民落户城镇意愿较低，难以充分享受宁波城镇化发展的红利。

二、新市民融入的难点剖析及政策导向

（一）新市民融入面临的困难

近年来，得益于户籍制度深化改革和居住证制度的全面推行，新市民的各项权益保障情况得到了极大改善。但必须看到，在经济社会快速转型发展的背景下，新市民城市融入方面，仍然面临诸多障碍。

1. 素质技能与产业结构不匹配

新市民选择进入城市的主要原因是就业，而就业岗位与一个城市的产业结构息息相关。随着我国产业结构的加快转型，新市民的技能素质与就业岗位需求之间不太匹配。

一方面，资本和技术密集型产业对低学历、低技能人才产生了挤出效应。这种情况在落户门槛较高的国内一线城市尤为明显。部分新市民由于学历、技能等方面的限制，长期面临潜在失业风险，不得不选择在多个城市辗转求职或最终返乡。

另一方面，不够充分的产业环境无法留住高端人才。这种情况主要集中于后发城市。由于产业能级、创新生态、硬件设施、人才环境等方面缺乏竞争力，高端人才一旦认为缺乏进一步自我发展的空间，往往选择离开，扎根

新城市的意愿不高。

2. 社保统筹力度和覆盖率不足

党的十八大以来，我国着力推动社会保险制度改革，积极探索建设“钱随人走”的财政体制机制，在养老保险跨省转移支付、基本医疗保险省内统筹等方面取得了积极进展，但距离社会保险全国统筹还有一定距离。

农民工群体整体参保率依然处在较低水平。一方面，广大农民工群体参保意识不强，对个人缴纳部分较为排斥，风险意识淡薄，对患大病存在侥幸心理。另一方面，社保费率过高加重企业税费负担，社保制度单一化，农民工工伤维权难，部分民营企业依法缴纳社保的意识有待提升。

近年来，各个地方加大了对灵活就业人员参与社会保障的支持力度，通过企业和政府设立平台型基金等方式给予解决，但尚未形成全国统一的制度性方案。

3. 随迁子女教育保障不够充分

在国家政策的导向下，各地虽然持续加大对流动人口子女的就学支持，但由于学位、教师等资源供给不足以及政策制度差异，总体情况仍不容乐观。《2022年全国教育事业发展统计公报》和《2022年农民工监测调查报告》等显示，学前教育阶段，由于未被纳入基本公共服务范畴，流动人口子女就读公办或普惠性幼儿园比例不高。2021年，进入宁波城区的农民工随迁子女中，入读公办幼儿园的比例不足30%，入读普惠性幼儿园（公办园和普惠性民办）的比例不足70%，远低于全国平均水平。义务教育阶段，受居住证及社保缴纳年限等入学条件限制，仍有近一半的流动人口子女不能与父母在一起生活。义务教育阶段后，就地参加中高考更加困难，2021年至2022年两年间，仅有61.56万名随迁子女在居住地参加高考，仅占全国高考报名人数的2.71%。

4. 住房保障无法满足刚性需求

为进一步加大住房供应，我国持续深化住房制度改革，积极探索多主体供给、多渠道保障、租购并举的新型住房制度。在各个城市的努力之下，新型住房制度已经取得阶段性进展，但受制于财政、金融等多方压力，新市民获得住房仍存在诸多障碍。

购房租房政策限制。部分城市对非本市户籍人口购房资格仍设置一年的社保连续缴纳要求，将部分工作缺乏稳定性的新市民群体排除在政策范围外。推出的经济适用房和廉租房也以解决当地户籍低收入困难家庭住房需求为主，其他群体鲜有涉及。

住房品质与新市民需求存在差距。尤其是保障性租赁住房，考虑到成本等多种现实因素，往往布局在城市外围区域，距离工作地较远，交通等外部配套设施的建设相对滞后，对于就业机会导向的无房新市民群体难有吸引力。

金融服务支撑不足。新市民往往存在信用信息欠缺、收入不稳定等问题，在购房过程中，金融机构难以对其作出准确的收入认定和信用评估，无法对其提供有力的贷款支持。

5. 地方社会文化存在较大差异

客观原因之外，新市民对于个人价值的追求和情感层面的需求始终影响着对新城市“去”和“留”的选择。城市与乡村、城市与城市之间的文化属性往往有较大差异，不同的思想观念、不同的社会交往模式、不同的生活娱乐氛围让众多新市民难以建立起认同感与归属感。

这一现象在外来务工人员群体中尤为突出。由于长期的城乡二元结构，他们往往更信任以血缘和地缘为基础的关系，依托于同乡会、外来人口互助社等社会性组织建立社会交往范围，难以真正融入以社区为基本单元的城市生活。此外，外来务工人员休闲活动也相对缺乏，普遍闲暇时间不足、闲暇活动单调、闲暇场所匮乏、闲暇生活满意度不高，难以形成对城市的精神依赖。

（二）国家支持新市民融入的政策导向

党的二十大报告指出要推进以人为核心的新型城镇化，加快农业转移人口市民化，其根本点还是在于为新市民更好融入新城镇创造条件。

近年来，我国从规划层面多次进行新市民融入的重要部署，总体以深化改革为抓手，加强政策引导和资源供给，呈现出更加深入、更加全面、更加精准等特征（见表 15–2）。

表 15–2　国家层面相关规划政策一览

出台时间	文件名称	主要意见
2020 年 1 月	《保障农民工工资支付条例》	加强工资支付日常执法，扩大农民工工资集体协商覆盖范围，提升集体协商质量，增强集体合同实效，促进农民工合理提高工资水平
2021 年 6 月	《关于加快发展保障性租赁住房的意见》	保障性租赁住房主要解决符合条件的新市民、青年人等群体的住房困难问题。应充分发挥市场机制作用，引导多主体投资、多渠道供给，坚持“谁投资、谁所有”。支持专业化规模化住房租赁企业建设和运营管理保障性租赁住房
2022 年 2 月	《关于银行保险机构支持保障性租赁住房市场发展的指导意见》	要求国家开发银行、商业银行、保险机构、信托公司等各级金融机构充分发挥优势，立足自身业务特点，加大保障性租赁住房的金融支持力度
2022 年 3 月	《2022 年新型城镇化和城乡融合发展重点任务》	对如何提高农业转移人口市民化质量作了细致部署，重点工作在于针对存量未落户人口深化户籍制度改革，健全常住地基本公共服务制度，提高农业转移人口融入城市水平。在教育、社保等领域提出更细致的要求，如落实以居住证为主要依据的随迁子女入学政策、实现每县开通至少一家联网定点医疗机构开展门诊费用跨省直接结算等
2022 年 3 月	《关于加强新市民金融服务工作的通知》	针对新市民在创业、就业、住房、教育、医疗、养老等重点领域的金融需求，鼓励引导银行、保险机构积极做好与现有支持政策的衔接，提升金融服务的均等性和便利度
2022 年 7 月	《“十四五”新型城镇化实施方案》	城区常住人口 300 万以下城市全面取消落户限制，确保外地与本地农业转移人口进城落户标准一视同仁；提高居住证持有人义务教育和住房保障等的实际享有水平，鼓励探索实施电子居住证改革；逐步放开放宽居民在常住地或就业地参加社会保险的户籍限制，畅通社会保险关系转移接续；聚焦用工矛盾突出的行业和网约配送、直播销售等新业态，持续大规模开展面向新生代农民工等的职业技能培训
2022 年 5 月	《扎实稳住经济的一揽子政策措施》	加强对吸纳农业转移人口较多区域、行业的财政和金融支持，中央财政设置农业转移人口市民化奖励资金 400 亿元
2022 年 12 月	《扩大内需战略规划纲要（2022—2035 年）》	要深化户籍制度改革，建立健全经常居住地提供基本公共服务制度，促进农业转移人口全面融入城市，提高市民化质量。完善财政转移支付与农业转移人口市民化挂钩相关政策，进一步推进农业转移人口市民化

资料来源：国研经济研究院东海分院整理。

围绕户籍制度改革，重点提出鼓励人口集中流入城市区分中心城区和新区郊区等区域，制定差异化落户政策。推动具备条件的都市圈和城市群内户籍准入年限同城化累计互认。城区常住人口 300 万以下城市落实全面取消落户限制政策，确保外地与本地农业转移人口进城落户标准一视同仁。

围绕公共服务均等化，重点提出提高居住证持有人义务教育和住房保障等的实际享有水平，鼓励探索实施电子居住证改革，逐步放开放宽居民在常住地或就业地参加社会保险的户籍限制，畅通社会保险关系转移接续。强调以新生代农民工为重点推动参保扩面，合理引导灵活就业农民工按规定参加基本医疗保险和基本养老保险。

围绕就业服务和技能培训，重点提出稳定和扩大农民工就业岗位，建设一批规范化零工市场。清理整顿人力资源市场和劳务派遣等领域的秩序。聚焦用工矛盾突出的行业和网约配送、直播销售等新业态，持续大规模开展面向新生代农民工等的职业技能培训。

围绕健全配套政策体系，重点提出推动省级财政建立健全农业转移人口市民化奖励机制，重点支持吸纳跨市域农业转移人口落户多的城市。依法保障进城落户农民的农村土地承包权、宅基地使用权、集体收益分配权，健全市场化退出机制。

（三）先进城市支持新市民融入的经验及对宁波的启示

1. 先进城市支持新市民融入的具体做法

就业创业政策方面，上海市出台《上海市就业促进条例》，将灵活就业人员纳入职业技能培训和评价体系，符合条件的灵活就业人员可以申请就业岗位补贴。北京市印发《关于进一步推进创业担保贷款增量扩面助力更多市场主体创新创业的行动方案》，简化创业担保贷款办理流程，推动创业担保贷款扩大政策支持范围，取消了贷款对象的人员类别和户籍限制，实现了外地在京创业人员与本地人员同城同待遇。杭州市印发《关于推进高质量就业工作的意见》，新增一次性创业社保补贴、民办人力资源服务机构推荐灵活就业人员就业创业服务补贴、培训期间生活费补贴等政策。重庆实施“智能 + 技能”

型农民工培育行动，开展数字经济等新职业技能培训，推进新型学徒制试点城市建设。

社会保障方面，北京市印发《工伤保险医疗服务管理暂行规定》，对工伤职工异地就医备案、康复申请核准的经办要求进行调整完善，明确长期居住外埠工伤职工可在当地选 2 家工伤医疗机构。深圳鼓励保险机构加强与医保部门合作，持续推广深圳重特大疾病补充医疗保险、深圳专属团体医疗险以及深圳专属重疾险，有效服务新市民多层次、多样化的健康保障需求。广州对以个人身份依法缴纳社保，属于就业困难的人员或毕业 2 年内的高校毕业生，发放灵活就业人员社保补贴，标准为每月 800 元。

住房保障方面，上海市发布《关于加快发展本市保障性租赁住房的实施意见》，规定申请对象不限户籍、不设收入线，只要在本市合法就业且住房困难均可申请。合法就业以劳动合同等为依据，住房困难按照家庭在本市一定区域内人均住房建筑面积低于 15 平方米确定。广州市住建局与建行广州分行签署《广州市“数字住建”战略合作协议》，同时建行广州分行又分别与建方租赁、优家青年、冠寓商营、北山梦享、保利公寓、城投租赁、珠江租赁、开发区人才集团等专业租赁企业签署支持发展政策性租赁住房战略合作协议，实现政府、银行、企业共同合作推进政策性租赁住房建设。杭州市发布《加快发展保障性租赁住房实施方案》，规定保障性租赁住房租金应按低于同地段同品质市场租赁住房评估租金的标准执行，着力于解决无房新市民、青年人等群体的阶段性住房困难。

金融服务方面，深圳市印发《关于加强新市民金融服务工作的实施细则》，鼓励银行保险机构制定专项工作方案、建立专项激励机制、实施专业化产品和服务创新、设立新市民消费者权益保护专岗。上海市聚焦多元消费需求推出新市民“专属服务”，针对新市民就业、安居、子女教育、生活消费等多方位需求，上海银行创新推出“新市民毕业贷”、“生活有期贷”信用卡分期等服务项目，提供新市民专享消费金融服务解决方案，并聚合各项专属产品、服务和权益，打造新市民线上服务专区。北京市将新市民中人数较多的高校毕业生、创业人员、农民工和快递员作为重要服务群体率先发力，从支付结算、资金需求、生活保障、人身安全等多方面予以政策支持。同时，引导动员金融机构依托新市民生产生活新场景，创新金融服务机制，丰富新市民专属金融产品供给。成都市开展新市民信用救助，推动银行业金融机构按照《征信业管理条例》，依法合规、妥善及时处理相关异议。提高逾期记录容忍度，帮助新市民重建自身信用。

2. 对宁波的启示

宁波市应以国家政策为导向、先进经验为参考，进一步优化就业创业政策、加强公共服务保障，为新市民融入创造良好契机。

第一，就业创业政策方面，宁波市应扩大就业创业补贴覆盖面，兼顾灵活就业人员等多类群体，多渠道开拓创业资金支持来源，并保证外地创业人员与本地人员同城同待遇；针对农民工，开展符合产业发展与时代潮流的新职业技能培训。

第二，社会保障方面，宁波市应加大对生活困难新市民群体的补贴，推动新生代农民工社保参保扩面，完善工伤保险异地就医政策，提供更多特色医疗保障服务，满足新市民多层次、多样化的健康保障需求。

第三，住房保障方面，宁波市应进一步拓宽保障性住房申请通道，将非本地户籍生活困难人员纳入申请对象，着力解决无房新市民住房难题；同时深入推进政府、银行、企业共同合作共建保障房，以解决政策性保障房的供应难题。

第四，金融服务方面，宁波市要扩大新市民金融服务范围，开展新市民信用救助，简化新市民金融服务申请流程；同时创新金融服务机制，聚焦新市民多元化消费需求，实现新市民金融服务差异化、便利化。

三、宁波市新市民融入的政策服务优化路径

提升新市民融入水平的关键还是要建立城市与新市民互相成就、互促共融的发展格局，要在坚持推进以人为核心的新型城镇化、全域都市化、市域一体化过程中，着力从“空间引力、产业引力、发展引力、幸福引力、文明引力”五个维度，有序实现新市民稳定就业和幸福生活。

（一）全面提升城区能级和产业承载力

提升中心城区能级。高水平打造三江口、东部新城、鄞州南部、镇海新城等城市旗舰型板块，特色化打造鄞州中部、空铁新城、姚江新城、创智钱湖、北仑滨江、奉化宁南等重点板块，优化布局都市经济、创新经济、创意经济、文旅经济等新经济、新模式、新业态。

加快县域新型城镇化建设。北翼，系统推进慈溪、余姚提升产业价值、创新能力和城市品质；南翼，推进宁海、象山做大中心城区规模，成为吸纳新市民的重要增量空间，全面提升城镇化水平。强化中心镇建设，稳步补足道路交通、公共服务等基础建设短板，全面改善城镇风貌，大力推动传统产业向先进智造、数字经济、现代服务等知识密集型产业转型发展，鼓励建立中心镇—周边乡镇集群式、组团式发展机制。推动城乡融合发展，依托未来乡村和“幸福示范村”建设，全面改善乡村生产、生活、生态、文化、治理环境，推进城市产业和公共服务向农村延伸布局，争取农业转移人口就地市民化。

（二）强化以技能提升为抓手的就业支持

面向新市民，大规模、常态化开展“全劳动周期、全工种门类”终身职业技能培训，推动实现充分就业和高质量就业，实现技能增收、技能致富。重点针对农村转移就业劳动者、有培训需求的高校和职业院校毕业生以及城

市间转移就业困难人员因材施教提供技能帮扶，鼓励聚焦先进制造、数字技能、养老护理、婴幼儿照护、家政服务、新型职业农民等急需紧缺领域以及电子商务、网络约车、网络送餐、快递物流、网络媒体运营等灵活就业新业态新工种开展职业教育技能培训，支持新市民积极取得各项职业技能等级证书。

依托国家产教融合试点城市建设，因地制宜打造产教融合型培养载体。重点激发企业用人主体作用，支持龙头企业、单项冠军企业、专精特新“小巨人”企业建设一批对内对外开放的“企业学院”，开展技能提升、转岗转业、实操实训等专业培训，推动技能培训与人才评价和激励相挂钩。鼓励职业技工院校、产业园区、工业社区、培训机构打造多层次新市民培训基地，提供就业咨询、人才输送、技能培训、创业孵化、技能认证等全链条服务，探索推广“互联网+”“智能+”培训模式。

支持企业建立公平的工资合理增长机制，打造一批“技能增富型”企业，鼓励构建薪酬激励、技能激励、创新激励、股权激励四大激励模式，建立工资协商、职业晋升、权益分配、红利分享四大收入提升机制。鼓励企业建立多通道职级划分和互通体系，明确学习进修、职位晋升、福利待遇提升路线。

（三）持续深化新市民公共服务均等化

保障居住证持有人权利。积极推动以居住证为载体的城镇基本公共服务常住人口全覆盖，逐步提高居住证持有人义务教育、住房保障、公共卫生等服务的实际享有水平，探索建立以“居住证+积分”为核心的优质公共服务梯度供给机制，对有突出社会贡献的新市民给予医疗、教育、住房等非基本公共服务优惠政策，并授予奖励荣誉。维护好进城农民的合法土地权益，不得以退出土地承包经营权、宅基地使用权、集体收益分配权作为农民进城落户的条件，从而使进城农民能安心在城镇工作生活，以提高城镇化发展质量、促进社会和谐稳定。

持续优化教育资源供给。将学前教育纳入新市民服务范畴，推动普惠性托班、早教中心和幼儿园向新市民聚居片区倾斜布局，推广建立社区儿童之家等儿童公共空间，依托社群或社区自组织提供普惠且安全的看护、陪伴、培育等儿童专属服务，缓解“留守儿童”难题。完善新市民随迁子女义务教育政策，不断提升义务教育阶段入学服务水平，适当放宽高中段入学条件，推进小学、中学办学资源向乡镇倾斜，鼓励优质高中设立分校，稳步扩大各阶段学位供给。

改善新市民居住条件。逐步扩大新市民保障性住房适用对象范畴。以产城人融合发展为抓手促进职住平衡，将公租房、保障性租赁住房和共有产权住房重点安排在商业集聚区、轨道交通站点、战略性新兴产业聚集区、工业园区、城郊接合区等重点片区，支持将部分小户型富余安置房、人才安居房和市场房源以及商业、办公、旅馆、厂房、仓储、科研教育等非居住既有建筑转化或改建为低租金的保障性租赁住房。鼓励创新发展保障性租赁住房REITs，形成市场化“开发、运营、盘活”全过程新模式。积极探索住房公积金贷款购买共有产权住房试点，提供新市民租赁保障性租赁住房提取公积金等相关服务。

扩大社会保险覆盖面。按照“应保尽保”原则，重点强化新业态从业人员、灵活就业人员等无明晰劳动关系的就业者保障政策，支持参加职工基本养老保险，深化实施新就业形态就业人员职业伤害保障试点，逐步完善“灵活保”等。针对新生代农民工，推动企业和人力资源服务公司为农民工缴纳职工养老、医疗、工伤、失业、生育等保险。

加大新市民金融创新支持力度。围绕新市民“安居乐业”这一核心，推动建立新市民金融保险专项基金，引导银行和保险机构在新市民就业创业、住房租赁、教育培训、健康养老以及人身财产安全等重点领域提供产品和服务支持。支持“天一甬宁保”、新市民保险等普惠性保险产品推广扩面，鼓励开发宁波专属重特大疾病补充医疗保险、团体医疗险以及重疾险等商业医疗补充险，有效满足新市民多层次、多样化的健康保障需求。

（四）充分发挥社会组织的能动性

充分发挥社区、企业等基层单位和商会等社会组织的能动性，针对不同年龄段新市民的需求，打造丰富多样的融入平台和场景活动，完善体制机制，推进新老市民和谐共融。

社区层面，组织开展邻里节、社区运动会、社区“跳蚤市场”、邻里聚餐会等形式多样的宣传教育和联谊活动，在社区内形成相互理解、尊重包容的良好氛围。举办慈善救助、邻里互助、志愿服务等公益性活动，加强新市民与本地居民接触交流，引导新市民和本地居民互帮互助、和谐相处。回应新市民在育儿养老、家庭教育、个人健康、法律权益、求职就业等方面的迫切需求，开展更多适应性社区教育活动。进一步增强基层党组织对新市民的组织凝聚作用，强化流动党员属地教育管理职责，引导流动党员积极发挥先锋模范作用，吸收表现优秀的新市民入党。建立“共建·共享·共发展”的新市民社会决策管理机制，强化社区等基层组织流动人口意见及需求响应机制。

企业层面，引导企业提高社会责任感，弘扬积极向上、团结互助的企业（单位）文化，加强新市民凝聚力与归属感。完善企业社工制度，创新企业购买社会工作服务模式，打造一批“和谐劳动关系社工综合服务站”，探索“政府—企业—社会组织”协同合作、劳资共同参与、平等协商的新型劳资互动模式，帮助新市民更好适应职业环境。加强调研，主动掌握新市民在工作层面面临的系统性、普遍性“急难愁盼”问题，为进一步开展基层服务提供指引。

社会组织层面，通过提供资金支持、提供阵地场所、培养骨干人员等方式，继续促进各类融合组织有序发展，在发挥商会等同质性社会组织基础上，进一步培育发展融合性社会组织，有序引导新市民社交破圈。鼓励新市民“自组织”开展活动，参与社会事务与投身社会服务，在参与中实现融入。最大限度吸纳各类新市民参加工会、妇联等组织，探索在新业态从业人员相对聚集的街区设立新业态新市民联合会等社会机构，选择综合素质能力较强的人员担任管理人员或是技术骨干。持续调动社会力量为新市民服务，通过购买第三方服务等形式，“让合适的人做合适的事”，增强为新市民服务的针对性。以融合性社会组织为基础，构建高互联性、高诚信度、高活跃度的线上社交平台，畅通新市民诉求表达渠道。

文体生活层面，持续推进文化惠民工程，实现公共文体服务同城待遇。以 15 分钟社区文体服务圈为基础，吸引新市民走进剧场展厅、健身场馆和户外广场，丰富与本地居民互动交流的场景。鼓励通过短视频竞赛等形式，展现新市民融入宁波、扎根宁波的风貌风采。针对新市民中的年轻人群体，适当开展电子竞技、篮球、足球、乒乓球、羽毛球等体育比赛，推动其与社区周边高校、企业等年轻人的交流。举办全民阅读活动，推动各级公共图书馆通过流动图书馆、在线借阅等形式，在新市民聚居地、企业、工地等提供便利化服务。积极培育夜间经济，具备条件的公共文化体育场馆可适当延长开放时间，加大对甬剧、大运河非遗项目等的夜间展演力度，让新市民更好地感受宁波文化。

（五）探索建立跨区域联动服务机制

持续推进跨区域劳务一体化发展，探索建立新市民跨区域联动服务机制，为新市民提供更加及时精准的服务。

一方面，依托长三角一体化发展机制，积极推动宁波与舟山、绍兴、杭州等周边城市间职业资格资质互联互通互认，强化跨区域人力资源协同发展。推进互学互鉴，通过联合举办创新大赛、技能大赛等方式，促进跨区域、跨行业创业创新人才和产业工人开展技术、经验、学术等交流研讨。主动融入数字长三角建设，促进就业创业信息资源共享和大数据挖掘应用，全面推进就业政策“一窗”咨询、社会保险手续异地办理、劳动争议跨区域调节等人力资源服务同城化，促进城市间务工人员有序流动。持续深化政务服务一体化，聚焦居民和企业往来交流的切身需求，统一服务标准、优化服务流程、创新服务方式、扩大服务宣传，为新市民提供更加便捷高效的公共服务。

另一方面，建立完善与安徽、贵州、河南、四川、江西等流动人口重点往来地区的联动服务机制，通过在安徽阜阳市、江西上饶市、河南商丘市等流动人口重点往来城市建立飞地服务站，为新市民提供优质服务。完善信息共享机制，通过飞地服务站发布劳务需求、工资标准等信息，为当地群众提供教育、医疗、住房等公共服务方面的咨询服务。完善政府层面的流动人口服务管理跨区域合作机制，以“属地管理、信息互通、权益保障、和谐稳定”为原则，积极预防和妥善处置涉及新市民的矛盾纠纷和群体性事件，切实保障新市民合法权益，确保新市民进得来、留得住、过得好、能融入。完善政务服务“跨省通办”机制，主动加强与流动人口重点往来地区的政务通办合作，依托全国一体化政务大数据体系建设，进一步推进政务公共服务数据资源跨部门、跨领域、跨区域共享，实现数据融合互通和证照信息互认共享，更好助力基本公共服务便捷结算。

第十六章　从医养结合视角看“甬有颐养”

党的二十大报告明确指出，实施积极应对人口老龄化国家战略，发展养老事业和养老产业，优化孤寡老人服务，推动实现全体老年人享有基本养老服务。建设居家社区机构相衔接、医养康养相结合的养老服务体系，推动实现全体老年人享有基本养老服务，是健全覆盖全生命周期人口服务体系、促进人口长期均衡发展的必然要求，也是实现共同富裕的应有之义。

医疗需求是老龄人口的基础需求。推进医养结合，是优化老年健康和养老服务供给的重要举措，也是积极应对人口老龄化、增强老年人获得感和满意度的重要途径。完善医养结合体系，有助于缓解社会养老焦虑，减轻年轻人“上有老、下有小”的家庭压力，稳定养老预期和生活预期，增强年轻人生育意愿，将更多劳动力从家庭中解放出来，促进人口长期均衡发展。

近年来，宁波市深入推进医养结合发展，持续优化老年健康和养老服务供给，不断增强老年人的获得感和满意度，多项指标和标准位居全省前列，涌现出一批优秀实践和创新案例；但也存在医养资源结构性短缺、行业环境和政策体系有待完善等问题。下一步，宁波市需要进一步加强区域统筹，加快改革创新，加强人才支撑和宣传教育力度，通过完善医养结合体系，持续擦亮“甬有颐养”金名片。

一、宁波市医养结合发展现状

宁波市是国内人口老龄化较早、速度较快、程度较高的地区之一。截至2022年底，全市60岁及以上户籍老年人达170.48万人，占总户籍人口的27%，其中80岁以上高龄老年人达22.63万人，失能失智老年人占比约5%。预计到2025年，全市老年户籍人口总量将超过200万人，占户籍人口的1/3。老年人口高龄化、失能化、复合慢病井喷等特点日益突出，对医养结合服务提出了更高的要求。对此，宁波市根据老年人居家、社区、机构等不同养老场景，稳步扩大医养结合资源供给，持续完善医养结合政策体系，积极探索医养结合地方实践，走出了一条宁波特色的医养结合发展之路。

（一）稳步扩大医养结合资源供给

近年来，宁波市积极推动养老服务机构医疗服务全覆盖，提供方便可及的医疗服务。截至2022年底，全市共有医养结合机构48家，264家养老机构、2979家居家养老服务机构与医疗卫生机构全面签约，累计建成康养联合体87个。94.9万老年人享受家庭医生签约服务，护理型床位占机构床位总数的60%，老年认知障碍照护床位达到1659张。试点建设847张家庭养老照护床位，将机构专业养老照护服务引入失能老年人家庭。为3064户特殊困难老年人家庭安装智能监测设备，守护居家老年人安全。

同时，着力加大老年医疗服务供给，优先支持老年医疗、康复护理和安宁疗护等机构建设和床位资源配置。截至2022年底，全市建成老年友善医疗机构102家，占为老服务医疗机构总数的40%，创建率高出全省10个百分点。老年医院、康复医院、护理院（中心、站）达到28家，31家二级以上综合医院设置老年医学科，37家医疗卫生机构开设安宁疗护病区或床位。以医疗护理为主、兼顾长期照护的医疗机构康复护理床位达9252张，每千名老人约有

5.6 张床位。

为了提高医养结合资源的配置效率，宁波市着力推动医养结合服务数字化创新。比如，依托全国领先的宁波云医院平台，积极开展居家护理服务，有需要的群众可在“浙里办·居家护理”应用下单预约护理项目，医疗机构护士接单并提供上门护理服务。该应用整合了宁波市 200 家医疗机构的护理资源，6200 名执业护士入驻，提供鼻胃管护理、尿管护理、造口护理等约 50 项居家护理项目。仅 2022 年上半年，该应用就为居家老人上门提供医疗护理 8000 多人次，其中 60% 以上为长期卧床老年人，成功获评全省数字化改革优秀案例，作为“一地创新、全省共享”案例在全省推广。

加强预防保健，能有效降低罹患重症的风险。为此，宁波市加大全民体检力度，不断提高老年人体检覆盖面，实施“两慢病”（高血压、糖尿病）全周期健康管理改革，常态化开展结直肠癌免费筛查、慢性阻塞性肺疾病免费筛查和流感疫苗免费接种，推进老年健康服务系列行动。全市建立 65 岁以上老年人健康档案 107.3 万份，城乡社区规范化健康管理服务率为 65.7%。完成全市 167.5 万名老年人自理能力筛查评估，初步建立失能老年人基础数据库，并依托“甬易养”智慧养老平台实现动态调整。累计开展失智症筛查 10 万余例、心理评估 1 万余例，约 30% 有心理问题的老年人干预后情况得到改善，初步形成老年人心理关爱的宁波模式。

（二）持续完善医养结合政策体系

宁波市先后出台《关于推进宁波市医疗卫生与养老服务相结合的实施意见》《宁波市老年健康服务三年行动计划（2021—2023 年）》《关于深入推进医养结合发展的若干意见》等多项政策，将康养体系建设工作列入区（县、市）、部门年度考核，并建立督查和定期通报制度。围绕急难重症、慢病康养、失能照料三类需求，持续完善医养结合专项补助政策，将康养服务纳入居家养老上门服务、养老服务补贴等基本养老服务保障内容，建立健全与评估等级相衔接的老年照护支付制度，政策支持力度全省领先。

除了加强政策保障，对医养结合服务予以资金补助支持外，宁波市还积极落实医养结合人才支持政策，鼓励执业医师、护士、各类医技人员依法在养老服务机构内设医疗机构开展执业活动。自2019年起，每年面向基层医疗卫生机构、医养结合机构医护人员举办老年健康和医养结合服务培训班，累计培训1500余人次。宁波市第一医院被定为全国首批老年医学人才培养基地，成立宁波市老年医学中心，组建了60人规模的市级老年医学专家库。宁波大学医学院附属医院则被列入全国首批老年照护师培训基地，成为全省首个老年专科护士实践基地。宁波市多部门联合出台《宁波市“一老一小”照护人员职业技能培训工作方案》，启动实施养老护理“百千万”专项培训工程。截至2022年底，每万名老年人拥有持证养老护理员29人，位居全省前列。新修订养老护理员特殊岗位津贴标准，从原来的每月150～300元提高至300～1200元，标准居全省首位。

作为全国首批、全省唯一的长期护理保险试点城市，宁波市自2017年12月开始先后在海曙、江北、鄞州、镇海、北仑等区域开展试点。在前期试点基础上，2022年8月，宁波市出台《宁波市关于深化长期护理保险制度试点的指导意见》，全面构建起可复制、可迭代、可持续的长期护理保险制度体系，从参保对象、保障范围、缴费标准、服务方式和待遇标准等方面系统深化宁波版长期护理保险制度，为重度失能人员长期护理提供常态化保障，实现了长期护理保险市域全覆盖。为推动长期护理保险服务落地，宁波市依托与医保系统链接的“甬有长护”数字平台，实现从申请、服务、支付到监管的全流程闭环管理。

（三）积极探索医养结合地方实践

围绕老年人的医、养、护，宁波市各条线各层级的试点工作陆续展开，不少区（县、市）积极探索医养共建共享模式，为推进医养结合提供实践样板。

北仑区积极构建“急症快医、慢病细养、失能近护”医康养服务模式，为急难重症、慢病康复、失能照料三类群体提供优质康复服务，入选“浙里康养”首批优秀案例。首先，发挥康复医疗机构医疗资源优势，通过嵌入小型养老单位、增设老年专科门诊等方式，提升老年急难重症快速诊疗水平。其次，针对养老机构内老年人慢性、基础性疾病多的情况，通过引导养老机构内设医疗站点或与邻近医院合作，为其提供各项康复护理服务。最后，为有效满足社区老年人失能照护及术后康复需求，以居家养老服务中心为纽带，内嵌社区卫生服务站、护理站等，并引导专业养老服务机构向社区、家庭提供康复培训等支持服务。

象山县探索乡镇卫生院与敬老院合作共建“颐养小屋”的模式，由卫生院委派医务人员上门服务，以敬老院适当付费、财政予以一定补贴的方式，为老年人提供门诊处方、医疗护理、远程医疗、药品代配、饮食指导、急诊指导、自助健康检测等服务。象山县已累计建成16家“颐养小屋”，实现了对休养老年人的一站式健康管理。慈溪市、余姚市相继推出“康养驿站”“医养小屋”模式，已分别建成“康养驿站”10家、“医养小屋”19家。

此外，鄞州区钱湖医院以医养融合院为平台，通过“下送”“中转”“上传”，建立集健康管理、疾病诊治、康复护理、长期照护于一体的医养服务链，入选全国医养结合典型案例。北仑区宗瑞医院在全市首开先河，投入1亿余元建设康养楼，通过民政备案、编办核增养老服务业务范围的方式，实现了医养护康一体衔接、有序转介的医养结合服务模式，相关经验在2021年全省老龄健康工作会议上作典型交流。这两家医疗机构先后被列入老年健康医养结合远程协同服务国家级试点单位。

（四）医养结合面临的困难与挑战

尽管宁波市在医养结合发展方面取得了积极进展，但相对城市人口的庞大需求，宁波市的医养结合资源配置效率仍然偏低，结构性短缺依然存在。截至2022年底，在全市264家养老机构中，内设医疗卫生机构的仅32家，取得医疗机构执业许可的有39家，取得医保定点资格的有22家。在医养结合机构中，“养办医型”（养老机构设立举办医疗机构）占据大多数，设施设备相对不足，只能提供量血压、配送药等简单医疗服务。少部分“医办养型”（医疗机构设立举办养老机构或提供嵌入服务）由于同时承担繁重的医疗卫生服务，难以有效兼顾医养结合需求。宁波市统计局 2021 年抽样调查显示，养老机构中平均 1 名护理员需照顾 6.15 名老年人，专业医疗人员更是稀缺且集中于公立机构。

作为医养结合的特殊服务项目，安宁疗护能够提高老年人临终期舒适度和生命质量，降低患者医疗费用开支，优化国民健康支出结构。目前，宁波市安宁疗护专业机构较为匮乏，仅不足 1% 的临终患者能享受安宁疗护服务。安宁疗护病房数量稀缺，仅余姚人民医院、海曙望春街道卫生服务中心等少量医疗机构和养老机构能提供相关床位。大部分养老院的安宁病房不接收外来患者，仅限本机构内老年人使用。

从政策环境看，宁波市虽于 2016 年出台了安宁疗护相关规划和意见，但细化措施不足，尚未将安宁疗护机构建设工作纳入健康宁波考核范围，财政资金保障水平有限。现行医保政策及相应的医疗机构考核体系没有充分考虑到老年病或慢性病患者的特殊性与多样性，支付方式和标准较为单一，导致二甲以上公立医院主动承担安宁疗护等医养结合服务的主动性不足。此外，民政部门与卫健部门对医养结合机构的认定标准和培训体系尚未统一，医学院等教育机构普遍未设置安宁疗护专业，导致专业医疗和护理人员供给能力有限，“人难招、人难留”的问题普遍存在。

此外，医养结合服务的市场环境有待优化。市场上各类社会资本鱼龙混杂，部分民营机构基本上以营利为目的，监管无法到位，专业技术人员严重不足，存在过度医疗、过度检查等行为，对老年人的生命质量造成了损害。

二、国内外医养结合发展经验

医养结合模式既能减轻综合医院老年人长期住院的压力，使紧缺的医疗资源得到合理利用，又可降低病人的开销，同时有利于解决养老过程中的医疗救治问题。借鉴国内外机构在医养结合领域的经验举措，逐步完善并形成符合宁波实际情况的养老服务模式，对缓解人口老龄化、减轻社会负担具有重要意义。

（一）国内医养结合发展经验

1. 重庆市医办养老的青杠模式

青杠老年护养中心由重庆医科大学附属第一医院投资兴建，开创了国内大型公立医院主办养老机构的先河。护养中心位于重庆市璧山区青杠街道，背靠缙云山脉，坐拥天然水库，距主城区 26 千米，占地面积 1073 亩。自 2012 年运行以来，依托医院的资源优势，护养中心开创了集医疗、护理、养老、康复于一体的养老模式，连续多年位居全国医养结合机构排名榜首。

护养中心组建了一支由医师、护师、营养师、社工师、心理咨询师、护理员、志愿者等构成的专业化照护团队。整体区域由普通护养区、临湖护养区、临湖疗养楼、学术交流中心、老年医院、护理职业学院等组成，设置养老床位 3000 张、医疗床位 1000 张。配备心理咨询室、老年大学活动室、图书阅览室、多功能放映厅、棋牌活动室等多种文化服务设施。还安装有无线呼叫定位系统、远程探视系统等智能化老年服务平台。

十多年来，护养中心形成了认知症照护、安宁疗护、整合照护、失能照护、生活式康复五大医养结合特色服务。建立起养老区、慢病区、医院本部之间完善的内部循环转区机制：老年人生病时，立即转到慢病区；如果病情加重，可通过“绿色救治通道”转往医院本部；待病情稳定后，再转回慢病区或养老区。此外，护养中心创新性地提出了“5+2”的养老模式，即周一到周五老年人在护养中心尽享老年生活，周末则由护养中心将老年人送回家与家人共享天伦之乐。

2. 上海市社区嵌入式养老模式

上海市在养老模式创新方面走在国内前沿。早在 20 世纪 90 年代，上海市就提出了“9073”的养老服务格局，即在 60 岁以上的老年人中，90% 居家养老、7% 社区养老、3% 机构养老。面对中心城区土地资源紧张，建设较大体量的养老机构难度大、周期长等痛点，近年来上海市积极探索社区嵌入式养老模式，让老年人在熟悉的环境中实现“老有所养”。2018—2022 年，上海市新增养老床位 2.65 万张、社区综合为老服务中心 321 家、助餐场所 926 个，养老服务供给稳步扩大。

自 2012 年起，上海面向困难老人开展居家环境适老化改造，有效提升了困难老人的家庭生活质量。2013 年，上海市启动老年宜居社区试点工作，并于 2014 年首创社区嵌入式养老服务，重点建设集日托、全托、助餐、辅具推广、医养结合等功能于一体的“枢纽型”社区综合为老服务中心，辐射到有需要的老年人群体。同时在社区提供家庭医生签约、健康管理等服务，让老年人在家、在社区、在养老机构都能获得医疗服务支持。

针对患有认知障碍的老年群体，自 2018 年起，上海市率先建设老年认知障碍照护床位，将“改建认知障碍照护床位”列入市政府实事项目，并将服务从机构延伸到社区；自 2019 年起，在全国率先开展老年认知障碍友好社区建设试点工作，在社区内广泛开展老年认知障碍的宣传教育、风险测评、早期干预、家庭支持等工作。

（二）国外医养结合发展经验

1. 日本介护服务养老模式

日本早在 1970 年即步入老龄化社会。截至 2022 年，日本 65 岁以上人口占总人口比例已达 29.1%，迎来了超级老龄化社会。应对养老问题，日本在医养护结合方面积累了丰富的经验。养老照护在日本被称作介护服务，介于照顾和治疗之间，是以照顾老年人日常起居为主，提供健康管理、康复治疗和生活帮助的一种服务。

完善的法律体系和保险制度。日本政府颁布了《社会福祉士及介护福祉士法》《老人福利法》《老人保健法》《介护保险法》等重要的法律条文，从顶层设计方面保障养老服务正常运转。而使养老市场步入健康有序发展的关键举措，则是 2000 年日本开始实施的介护保险制度。介护保险费由政府、用人单位与参保人共同负担。2018 年以前，介护服务自费比例为 10% ~ 30%，其余由介护保险基金覆盖。由于日本人口老龄化进程加快，政府财政日益紧张，近年来调整为收入越高、自费比例越高。

养老院与医院相互协作。一方面，医养护结合型养老院在内部设立医疗机构，将其外包给医院运营管理，提供长期护理、康复训练和简单急救等医疗服务。另一方面，严重疾病的治疗则是通过与附近的医院签订协议，保证绿色急救通道和优先就医或者派驻医生等。该种协作模式有利于集中资源，提升养老和医疗服务的供给效率。

系统构建介护人才培养机制。介护人员，在日本属于专业技能人才。日本对介护服务十分重视，成立了介护福祉士职业资格认证机构，构建了由低阶到高阶的介护服务人才职业资格制度。介护人员上岗前需系统学习介护工作的基础知识、沟通技巧和介护方法，通过考试，持证上岗，按级定薪。较高水平的薪资和系统规范的培训成功培育出一支专业化的介护人才队伍。

2. 丹麦居家康复养老模式

丹麦是典型的高税收、高福利国家，拥有“从摇篮到坟墓”的全方位社会保障制度。2007 年 1 月，丹麦政府体制改革，原有省级政府合并为 5 个大区政府，市政府减少至 98 个。公立医院和社区医生统归大区政府管理并划拨预算；病人出院后的康复、养老设施等则由市政府负责。由此形成大区和市统筹协调的医养结合体系。

伴随着人口老龄化和慢病患者的增多，医护资源和政府资金日趋紧张，居家养老成为丹麦提倡的主要养老方式。老年人可以向政府申请住宅改造，免费安装专用坐便支架、安全洗浴装置、安全扶手及安全座椅等保护设施。还可以申请居家护理，由家政服务人员、社会工作者和医疗机构人员组成服务团队提供家务和护理等上门服务。

丹麦在鼓励居家养老的基础上，重视康复环节在养老事业中的价值：一方面，老人通过适当的康复治疗和运动，恢复部分或全部生活自理能力，可以减少社会及家庭的护理压力；另一方面，康复中心需要护士、训练师和护工等专业人员，帮助解决社会就业问题。

身体不适的老年人接受社区医生的电话询诊或当面问诊，社区医生视病情决定其在家服药或去公立医院就诊。老年人在医院接受治疗后，医生再为其设定总体康复计划。居家康复的老年人，市政府会安排康复中心的工作人员定期电话回访或家访；辅助康复的老年人则在康复中心进行康复训练。康复后，有足够自理能力的老年人，以居家养老为主；丧失自理能力或有精神疾病的老年人，则自主选择进入养老院、失忆养护中心、临终关怀所等安度晚年。

3. 加拿大多层级养老模式

以社会养老为主流形式的加拿大，已建立并形成较为完备的体系，根据老年人健康状况及护理需求将养老机构分为四个层级。通过多层次养老服务的有效供给，既满足了不同健康状况老年人的养老需求，也实现了对养老资源的合理利用。

护理安老院（Nursing Home）是加拿大最高级别的养老机构，费用全免。入住的老年人一般完全丧失生活自理能力，需要护工长期、全面的照顾。护理人员也有稳定且高额的收入，并且有大量的义工协助。但是由于床位有限，需要申请若干年才可能入住。

老人屋（Home for the Aged）能够提供老年人日间的基础护理，晚上可以回家居住。入住者一般具有生活自理能力，但是无法完全独立生活，需要护工照顾饮食起居和健康状况。其管理和设施与护理安老院差别不大，区别在于需要收取较高费用。此外，老人屋能够为老年人提供更多的活动空间。

退休之家（Retirement Home）为集体老年公寓性质，入住者多数有生活自理能力。费用不高，有护士 24 小时监护，每天接受 1 小时医疗检查和护理，社区医生会定期巡访。如果身体状况恶化，能够随时被转送到医院。老年人的身体健康和安全具有保障。

老年公寓（Senior’s Apartment）通常提供给 55 岁以上的申请者。入住对象是生活能够自理、基本不需要固定照护的老年人，养老服务以生活援助为主。允许老年夫妻同住，或者带小孩同住。公寓中的锻炼和活动设施充足，房间多为一室一厅一厨房，或者两室一厅。一般有政府或非营利机构的补贴，房租低廉。

三、完善宁波市医养结合体系，擦亮“甬有颐养”金名片的对策举措

以宁波市第一医院和宁波大学医学院附属医院组建成立宁波大学附属第一医院为契机，牵头构建全市医养结合医联体，加快培育安宁疗护等特色品牌学科，健全完善“预防、治疗、照护”三位一体，综合连续、覆盖城乡的全周期老年健康支撑体系。加强区域统筹形成多层次医养服务体系，鼓励通过慈善捐助等创新举措吸引更多社会资本，改革收费和医保支付方式。建设区域医养结合指导培训中心，完善专业技能和机构管理标准，进一步带动全市医养机构水平提升，持续擦亮“甬有颐养”金名片。

（一）加强区域统筹，建立医养结合服务体系

构建整合型医养结合服务体系，把安宁疗护等项目列入城市医联体和县域医共体建设的重要内容，强化宁波大学附属第一医院在资源、信息、技术、人才培养等方面的支撑作用。借鉴重庆医科大学附属第一医院、九龙坡区中医院等医疗机构开展医养结合的卓越经验，建立健全养老区、慢病区、医院本部之间的转区机制。

以镇卫生院、社区卫生服务中心为依托，加快建设包括安宁疗护在内的医养结合专业机构或病区，实现医养结合服务资源在医联体、医共体内的配置布局和一体化提供。引导医养结合机构与医疗机构签订协议，后者承担重症医疗服务，前者只承担康复和急救服务。鼓励支持党政机关和国有企事业单位所属培训疗养机构转型为普惠型医养服务设施。重点建立以三级医院为示范、其他医院和护理院为主体、基层医疗卫生机构和医养结合机构为基础，

延伸至社区和家庭的安宁疗护服务体系。

加强全市医养结合服务信息系统建设，整合现有医疗卫生、养老服务、安宁疗护等相关信息资源，引入社会组织、服务企业等机构参与，实现老年健康信息共享。立足现有云医院等平台，加快“互联网 + 老年健康”服务模式创新，待条件成熟后引入安宁疗护等服务项目。通过数据集成建立统一规范的老年人健康评估与功能维护机制，针对不同健康状态老年人，制度普惠型、医养结合型、康养结合型等照护模式。

（二）加强改革创新，优化医养结合政策环境

以新一轮党和国家机构改革为契机，成立市老龄工作委员会办公室，统筹全市医养结合发展。优化医养结合公益性的顶层设计，制定易实施的政策措施，对医养服务的具体对象、服务周期、服务内容等加以明确。强化医养结合服务综合监管，不断提高基本养老服务标准化、规范化水平。

完善政策体系，在现有医养结合服务相关政策基础上，尽早制定出台《宁波市安宁疗护服务体系建设实施意见》，将每千人安宁疗护床位数作为重要指标纳入共同富裕先行市建设、文明城市建设考核指标。落实责任部门牵头制定配套政策，健全完善促进老年健康、医养结合及安宁疗护一体化的政策体系。通过创新公立医养结合服务机构管理体系，单独设立机构考核机制，充分考虑老年人医养结合服务需求特色，为优化全市医养结合服务市场环境树立标杆。

创新医养结合机构运营模式，探索采用基金会形式丰富筹资渠道，鼓励通过慈善捐助等举措吸引更多社会资本加入，以积分制形式建立慈善档案，优先享有养老床位和安宁疗护专属服务。支持市县两级财政设立医养结合专项经费，安排福利彩票公益金予以一定程度支持。

改革收费和医保支付方式，机构床位按项目收取医养结合服务费用。充分考虑医养结合服务特点，出台以日费用控制为核心的医保支付政策，保障老年人安宁疗护等特殊需求。社区床位的安宁疗护项目由家属申请，通过附近有资质的专业机构设立病床，并将巡床费、治疗费、护理费等费用纳入医保报销范围。进一步完善长期护理保险制度，探索与长期护理保险打包支付，解决医养结合的医保支付问题。

支持二级以下综合性医院康复护理病区、康复医院、基层医疗机构设立安宁疗护病区，为老年人提供医养结合一条龙服务，由卫健、民政部门共同备案，有条件的可通过改（扩）建开设安宁疗护专区，改（扩）建经费由财政或福利彩票公益金给予补贴。鼓励医养结合机构设立安宁疗护病区（床位），经评估符合要求的可不转床位，直接由医保安宁疗护基金支付。

（三）加强人才支撑，夯实医养结合服务根基

进一步完善养老护理员等养老服务人才教育培养、技能提升、待遇保障、职业发展、表彰奖励等机制。以宁波大学附属第一医院为核心，建立区域医养结合指导中心，统一培训体系，指导全市开展医养结合发展工作，辐射带动全市医疗和养老机构提升专业能力与管理水平。牵头承担宣传教育、科研创新、质量控制、人才培养、指导评估等工作，建立医养结合服务体系，形成医养结合工作机制，制定医养结合标准规范，培育优质专业人才团队。

以市老年医学中心和市级老年医学专家库为基础，积极引进国内外专家资源，筹备建立医养结合专家委员会。重点加快建立专业化医养结合人才队伍，邀请国内外相关领域知名专家学者组建高水平师资队伍，根据不同层级医疗机构和医务人员需求制定培训大纲及考核办法。

充分利用各类培训机构做好医养结合人才培训。经考核合格后统一颁发结业证书，并将从业人员或志愿者持证上岗率作为机构考核指标。支持医学类高等学校和中等职业学校进一步增设医养结合相关专业或课程，加大安宁疗护、心理等专业人才培养力度，优先安排实习。加强志愿者管理，鼓励大学生、社区低龄老年人等参与医养结合服务工作。支持老年照护师、养老护理员培训基地建设，把安宁疗护相关课程纳入培训范围。增加从事医养结合服务医务人员的职称评定名额，放宽评审条件。

（四）加强宣传教育，提高公众认知水平

加大医养结合领域的品牌建设和宣传力度，打造高质量发展建设共同富裕先行市“金名片”，树立医养结合服务标杆品牌。开展“安宁疗护日”主题宣传活动，举办安宁疗护论坛、安宁疗护知识竞赛、安宁疗护故事宣讲等活动，向医务人员、患者及家属宣传安宁疗护理念与服务。鼓励相关部门编制形式多样、内容丰富的宣传资料，加强对社会公众的宣传教育，提升安宁疗护理念的社会认可度，进一步营造老年友好社会环境。

第十七章　从生育友好角度看“甬有善育”

人生百年，立于幼学。婴幼儿的健康成长不仅关系到千家万户的幸福，也关系到国家和民族的未来。国家统计局数据显示，截至 2022 年末，中国人口 14.12 亿人，比上年末减少 85 万人，60 年来首次出现负增长。优化生育政策，实现“幼有所托”，构建生育友好型社会，为促进人口长期均衡发展提供有力支撑，已成为一项刻不容缓的任务。

实施“甬有善育”行动，是宁波市高质量发展建设共同富裕先行市的重要内容，满足人民群众对美好生活向往的迫切需要。近年来，宁波市积极构建生育友好环境，建设“家门口”入托工程，推动婴幼儿照护服务事业稳步发展，着力破解“不敢生、不想生、养不起”的难题，成功入选首批全国婴幼儿照护服务示范城市。

转变低生育率是一个世界性难题，没有一劳永逸的标准答案，需要从全局层面、历史层面加以理解，久久为功，保持应对低生育率的信心和耐心。下一步，宁波市须进一步协同发力、精准发力、尽力而为、量力而行，抓住“经济压力”与“精力压力”两个主要矛盾，不断激发“生”的意愿，持续破解“养”的难题，着力提高“育”的质量，全方位提升“甬有善育”饱和度。

一、宁波市妇幼事业发展基本情况

近年来，宁波市紧紧围绕高质量发展建设共同富裕先行市，以提升“一小”健康水平、提高出生人口素质、促进人口长期均衡发展为目标，全面构建生育友好型社会，加快打造“甬有善育”幸福民生“金名片”。

截至2022年底，全市纳入“浙有善育”系统管理的托育服务机构有787家，可提供3岁以下婴幼儿托位约3.5万个，每千人口托位数从2019年的1.92个攀升至目前的3.56个。“15分钟托育服务圈”建设取得明显成效，初步实现婴幼儿照护服务“步行可及”“品质可信”“费用可担”。

（一）推动托育服务扩容提质

扩大普惠托育服务供给，是减轻家庭育儿成本负担的主要举措。宁波市大力推进“家门口”入托工程建设，以“浙有善育”“甬有善育”民生实事项目为引擎，多渠道增加普惠托育服务供给。支持社会力量举办普惠性托育机构，推进托幼一体化，鼓励用人单位和工业园区为职工提供福利性婴幼儿照护服务。通过公建民营等方式，降低托育服务价格。明确在新建社区和未来社区建设中，按照每千人口10个以上托位的标准，优先配建婴幼儿照护服务设施。截至2022年底，全市拥有普惠性托位2.4万个，约占总托位数的70%，镇乡（街道）托育机构覆盖率达到96%。

0~3岁婴幼儿照护一直是托育服务的短板。宁波市通过打造“15分钟托育服务圈”，做优社区照护服务。发展社区嵌入式托育机构，依托社区（村）既有配套改造用房，挖掘婴幼儿照护服务设施空间，建设婴幼儿照护服务驿站，提供全日托、计时托、临时托等多种类型服务。截至2022年底，全市共有社区婴幼儿照护服务驿站225个，社区嵌入式托育机构35家，累计提供婴幼儿照护相关服务2.5万人次，平均每个社区拥有婴幼儿托位11.8个；全市共有公共场所母婴室 447 个，基本实现公共场所母婴设施全覆盖，初步实现婴幼儿照护服务“步行可及”。

（二）优化优生优育服务体系

在生育率下降的大背景下，通过优生优育措施提升出生婴幼儿质量显得尤为重要。宁波市全力打造优生优育指导服务体系，建设国家级优生优育指导中心 4 家，区（县、市）指导中心 15 家，提供师资培训、业务指导、亲子互动等服务。在村（社区）层面，建设国家级向日葵亲子小屋 3 家，市级亲子小屋 17 家，区（县、市）亲子小屋 122 家，初步形成覆盖市县镇村的四级服务网络。利用门户网站、微信公众号、抖音号等新媒体，搭建优生优育指导云课堂，2022 年以来持续推送科普文章、视频，开展网络直播 600 余次，累计浏览量近 30 万人次。

同时，整合各级妇幼保健机构、优生优育指导中心和幼托机构等不同单位专业力量，组建优生优育专家组和公益讲师团，依托向日葵亲子小屋开展宣传服务和技术指导工作。截至 2022 年底，共有 38 名优生优育专家组成员、14 个市（县）级优生优育公益讲师团、近 600 名优生优育宣传员、2400 余名志愿者，累计开展优生优育公益大讲堂约 800 场，参与人次近 2 万。

（三）创新医育结合服务模式

保障婴幼儿高质量生长发育，需要推动医疗服务与托育服务融合创新。宁波市通过统筹全市妇幼保健服务资源，全面建立儿保医生兼家庭养育指导员制度，推动基层医疗卫生机构与托育机构签约合作，强化对托育机构的指导。推进“医、防、护”三位一体的儿童健康管理中心建设，确定 10 家社区卫生服务中心（乡镇卫生院）为首批建设单位，构建“家庭—社区—托育机构—医疗机构”联动的医育融合服务体系。依托三级妇幼服务网络和市妇幼保健院，设立宁波市婴幼儿照护服务指导中心和实训基地，将 3 岁以下婴幼儿照护技术服务纳入职责范围。

积极推动婴幼儿科学照护理念落地生根，以 200 个社区（村）为试点，推广儿童早期发展理念，推动科学育儿知识进社区、进农村、进家庭。实施家庭养育健康指导项目，建立市级多学科协作的婴幼儿照护师资培养机制，编制《宁波市家庭养育健康指导员手册》，培养婴幼儿家庭照护师 200 余名、家庭养育指导员 2500 余名，全市儿童健康管理率达 98%，健康指导员实现全覆盖。开展父母课堂、入户指导等活动，提高家庭科学育儿能力，近 3 年来累计开展亲子课堂 6500 余次，提供养育指导服务 30 万余人次，婴幼儿家长科学育儿知识普及率达 90% 以上。一批本土托育服务品牌影响力不断提升，初步实现了婴幼儿照护服务“品质可信”。

（四）完善生育保障政策体系

完善生育保障体系离不开政府层面的顶层设计和财政支撑。对此，宁波市通过健全硬核政策支持体系，织密要素保障网，出台《宁波市 3 岁以下婴幼儿照护服务专项资金管理办法》，设置普惠托育服务、社区照护支持、示范性奖励三大类补助项目。其中，社区照护支持补助为全省首创，市级财政按全市常住人口不低于 0.5 元 / 人的标准给予补助。社会力量新建普惠性托位的，按每个托位 10000 元标准给予一次性建设补助，并按照最高每人每月 800 元标准给予收托运营补助。对各地婴幼儿照护服务示范推进工作给予最高 100 万元的奖励，奖补标准全省最高。

同时，强化数字赋能，迭代升级全市妇幼健康一体化平台，全面汇集孕产期保健、婴幼儿保健、托育服务等信息，为婴幼儿提供全生命周期健康服务。提高综合监管水平，制定《宁波市托育机构星级评价实施方案》，截至 2022 年底，有近 600 家托育服务机构被纳入卫健部门备案，其中社会机构占比约两成，社会机构备案数较上年提高 126%。加大人才培养力度，出台《宁波市“一老一小”照护人员职业技能培训工作方案》，将保育师列入紧缺工种目录，托育服务人员职业素养、家庭养育健康指导员服务技能纳入项目制培训清单，所需资金由市级专账资金保障安排，初步建立托育服务人员岗前职后培训体系。截至 2022 年 10 月底，全市已有 2300 余人取得高级工及以上证书。

在取得积极成果的同时，也要看到宁波市生育率仍呈下降态势，“不愿生、不敢生”的顾虑和“生不起”的民生短板依然存在。2022 年，宁波市出生人口达 34556 人，人口出生率为 5.58‰，自然增长率为 -1.25‰,0 ~ 14 岁常住人口占比较上年下降 0.2 个百分点。0 ~ 3 岁托育服务供需矛盾依然突出，扩供给、促普惠任务艰巨，城乡、区域托育资源分布不够均衡，托育专业人才还相对匮乏，市场监管有待进一步加强，营商环境有待进一步优化。

二、国内提升生育率的政策举措

（一）中国生育率演变和生育政策变化

近年来，我国总和生育率持续走低（见图 17-1），2022 年已跌至 1.07，60 年来人口规模首次出现负增长，“少子老龄化”问题日趋严峻。推动实现适度生育水平，是国家应对“少子老龄化”挑战、促进人口长期均衡可持续发展最为有效的举措之一，有利于改善人口年龄结构，扩大新增劳动力供给，减轻老年人口抚养压力，降低老龄化峰值水平，缓和代际矛盾，增加社会整体活力，最大限度发挥人口对经济社会发展的能动作用，推动经济社会长期繁荣发展和民族复兴。

为了应对生育率的不断下滑，2011 年全面推行“双独二孩”政策，2015 年全面放开“二孩”政策。受“全面二孩”政策影响，我国生育率出现小幅上升，但随后继续下滑。2021 年，我国开始实行“全面三孩”政策。2022 年 8 月，国家卫生健康委员会、国家发展改革委等 17 部门发布《关于进一步完善和落实积极生育支持措施的指导意见》，强化深入实施一对夫妻可以生育三个子女政策及配套支持措施，将婚嫁、生育、养育、教育一体考虑，为推动实现适度生育水平、促进人口长期均衡发展提供有力支撑。

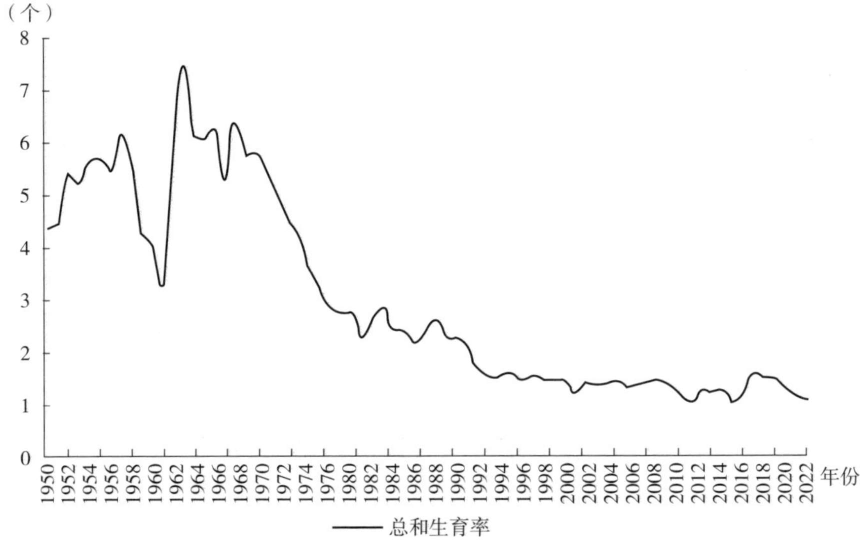

图 17-1　中国总和生育率变化情况

资料来源：国家统计局。

（二）国内提升生育率的创新举措

近年来，各地积极落实国家人口战略决策部署，从经济激励、托育服务、用工保障、住房保障等方面，纷纷出台贴合地方实际、具有地方特色的创新举措。

1. 经济激励类举措

杭州、深圳、哈尔滨等地通过出台育儿补助政策，从经济激励层面鼓励生育。浙江省杭州市提出向二孩家庭发放一次性补助 5000 元，向三孩家庭发放一次性补助 2 万元。广东省深圳市生育第一个子女且办理入户登记的，发放一次性生育补助 3000 元，子女满 3 周岁前每年发放 1500 元育儿补助；向二孩家庭发放一次性补助 5000 元，三年内每年发放补助 2000 元；向三孩家庭发放一次性补助 10000 元，三年内每年发放补助 3000 元。黑龙江省哈尔滨市对按政策生育第二个子女的家庭，每孩每月发放 500 元育儿补助；按政策生育第三个子女的家庭，每孩每月发放 1000 元育儿补助，直至子女 3 周岁。云南省对符合政策条件的家庭，发放一次性生育补助——二孩家庭 2000 元、三孩家庭 5000 元；二孩、三孩 0 ~ 3 岁每孩每年发放育儿补助 800 元；对婴幼儿意外伤害险参保给予补贴，婴幼儿 0 ~ 3 岁每孩每年补助 50 元。

2. 托育服务类举措

各地通过推进托育服务设施规划布局、完善婴幼儿照护服务支持政策、优化照护人才培养机制等举措，进一步完善托育服务体系。山东省济南市编制《托育服务设施专项规划（2022—2035 年）》，将托育服务设施纳入市居住公共服务设施配置指标和“15 分钟生活圈”专项规划。湖北省黄冈市提出实施公办托育服务能力建设项目和普惠托育服务专项行动，开展托育机构示范创建，每家示范机构给予一次性奖励 5 万元；对上年考核合格的托育机构，按实际入托人数给予生均 1000 元 / 年的经费补助；机关企事业单位设立职工婴幼儿照护服务所发生的费用，可在职工福利费中支出。湖南省长沙市将育婴员、保育师等托育从业人员纳入职业培训补贴范围，根据不同培训种类和等级，给予每人 720 元 ~ 2300 元的职业培训补贴。湖北省黄冈市依托各级妇幼保健院成立婴幼儿照护服务指导中心，建立培训基地，定期开展实习实训。

3. 权益保障类举措

优化生育假期待遇，保障女性就业合法权益，有助于解决女性的后顾之忧。湖北省黄冈市规定，符合法律法规规定生育的妇女，除享受国家规定的产假外，可增加产假 60 天，其配偶享受 15 天护理假；3 岁以下婴幼儿父母每人每年享受累计 10 天育儿假。河北省衡水市规定，用人单位不得因女职工怀孕、生育、哺乳而降低其工资、予以辞退、与其解除劳动或者聘用合同；用人单位签订女职工权益保障专项集体合同时，要把支付女职工生育保险费用、落实产假哺乳假相关制度等纳入集体合同内容。山东省济南市积极鼓励已生育的女性科研人员申请国家、省自然科学基金项目，支持其承担市级以上各类科技计划项目；对孕哺期女性科研人员承担的科研项目，根据实际情况延期一年验收。

4. 住房保障类举措

住房成本是影响家庭生育意愿的主要原因之一，部分地方通过完善住房保障体系，积极探索生育鼓励的政策路径。北京市明确，未成年子女数量较多的家庭申请公共租赁住房的，可以优先配租，并在户型选择等方面予以适当照顾。湖南省长沙市规定，依法生育两个及以上子女的本地户籍家庭，可增加 1 套购房指标，根据家庭未成年子女数量，在户型选择等方面给予适当照顾。甘肃省张掖市临泽县规定，生育“二孩”“三孩”的临泽户籍常住家庭，在县城区购买商品房时给予 4 万元的政府补助，在各中心集镇等集中居住区购买商品房时给予 3 万元的政府补助。

5. 其他支持类举措

除了上述举措外，各地还通过推进教育公平、完善母婴设施、开展旅游优惠等方法构建生育友好环境。辽宁省沈阳市多渠道增加普惠性学前资源供给，实施学前教育发展提升计划，大力发展普惠性幼儿园，办好乡镇幼儿园，实现“一乡一园”，深入推进义务教育优质均衡发展。湖北省黄冈市鼓励在车站、大型超市、公园、医院等公共场所和用人单位建设标准的“爱心母婴室”，验收合格的每个奖 1 万 ~ 1.5 万元，全市每年评定若干个；同时，对政策内生育家庭，自“二孩”及以上出生后三年内，每个家庭每年可向当地文旅部门申请免费领取两张黄冈旅游年卡。

三、国外提升生育率的经验

研究表明，经济发展水平与理想子女数呈显著的负相关关系，城镇化水平越高的国家，其总和生育率就越低。目前，全球不少国家尤其是发达国家，普遍面临着低生育率和人口老龄化问题，多年来也在积极探索提升生育率的路径。

总体看，女性休假长度和生育率高低相关性较弱，因为单纯延长女性休假时间可能会让女性在职场中面临更大的歧视。相对而言，重视女性就业权利保护、提高家庭福利开支比例和入托率等举措，对提升生育率效果较为显著。

（一）日本经验

作为全球人口老龄化最严重的国家之一，虽然日本至今还未能摆脱“低生育率陷阱”，但长期坚持不懈地实施促进生育政策，一定程度上避免了生育率进一步下降至极低水平（1.3 以下）。2022 年，日本总和生育率为 1.36，较上年的 1.30 有小幅回升，在东亚国家中已处于相对较高的水平。其主要措施如下。

为家庭育儿提供全方位支持。在托幼服务方面，日本增加托幼机构，改善儿童寄养设施，延长托幼时间，扩充托幼机构功能，提升托幼服务质量，解除家长的后顾之忧。在假期政策方面，父母可享受最长 1.5 年的育婴假，若子女无法入托，育婴假可延长至子女满两岁；此外，员工每年有权申请不超过 93 天的家庭成员护理假。在育儿津贴方面，日本对育有 15 岁及以下儿童家庭，根据儿童年龄划分为两个档次：0 ~ 3 岁的儿童津贴为每月 15000 日元；3 ~ 15 岁“一孩”和“二孩”的儿童津贴为每月 10000 日元、“三孩”及以上每月为 15000 日元。

鼓励和支持企业实施家庭友好措施。日本政府通过财政补贴、税收优惠等方式，支持企业建立和运营保育设施，为职工提供儿童日间照料。定期评选和表彰在执行育儿休假制度上有突出成绩的“家庭友善企业”，对于积极支持工作和家庭生活平衡的公司给予补贴。

为年轻人结婚生子提供支持。非婚化是造成低生育率的原因之一，日本政府采取措施鼓励适龄结婚、适龄生育，包括：稳定年轻人就业以保障年轻人的经济基础；对父母及祖父母赠与的一次性资金援助免征赠与税；公营住房在选定入住人时优先考虑育儿家庭等。

尽管日本采取了诸多政策措施，但依然有诸多问题未能得到有效的解决，导致总和生育率无法回升至 1.5 以上。比如，日本家庭福利开支占比仅 1.6%，在经济合作与发展组织（以下简称“OECD”）国家中排名倒数；入托率方面，2017 年日本 0 ～ 2 岁入托率仅为 29.6%，低于 OECD 国家 35% 的平均水平。同时，日本社会“男主外、女主内”的分工长期存在，生育政策长期“重催生、轻催婚”，严重的职场性别歧视导致越来越多现代职业女性放弃结婚生育。

（二）法国经验

欧盟统计局数据显示，经历过低生育率危机的法国，2020 年总和生育率已提升至 1.83，成为欧洲“生育率冠军”。法国国家统计局和经济研究所 2023 年 1 月发布报告显示，法国育龄女性人均育有 1.8 个孩子，是欧洲国家中最多的。法国生育率的提升，与其近年来采取的生育鼓励措施密不可分，主要包括以下三方面。

育儿补贴和税收优惠。补贴金额依据家庭收入和孩子数量有所区别，孩子越多，补贴金额越高。例如，一对夫妇如果有 2 个孩子，可获得 1882 欧元的一次性补贴；如果有 3 个孩子，可获得 2993 欧元的一次性补贴。养育孩子还能减免所得税，算法向多孩家庭倾斜。

保障女性产假和男性陪产假。法国女性前两胎可休 16 周产假，如果生第三胎，可以享受 26 周的全薪产假。如果生育双胞胎或多胞胎，其全薪产假也会相应增加至 34 周和 46 周。法国男性的全薪陪产假为单胞胎 14 天、多胞胎 18 天。

完善的托幼保障服务。法国政府通过将保姆等纳入正规就业，以较低的成本创造了灵活多样的托幼服务供给模式。2 个月的幼儿就可以送到托儿所，3 岁以上进入幼儿园，以方便父母复工。而且，法国的托儿所和幼儿园工作时间一般为工作日上午 8 点至晚上 7 点，方便父母安心工作。

（三）德国经验

德国是最早迈入少子化的大国之一。为提高生育率，德国从 1973 年开始陆续采取鼓励生育措施，生育率慢慢走出低谷，2016 年恢复到 1.6 以上，接近欧洲平均水平。德国联邦统计局预测，在高福利以及完善的儿童保育系统激励下，德国总和生育率将进一步回升至 1.71，并在 2070 年前后稳定在 1.67

的水平。具体来说，德国鼓励生育政策主要包括三个方面。

财政补贴可观。子女出生后，父母其中一方最多可以领取 12 个月的“父母津贴”，每月可获得 300 ~ 1800 欧元不等。德国政府还发放“子女津贴”，两者相加，一对夫妻在产假期间的收入和产前相差并不大。作为高税收国家，德国财政部还为育儿家庭提供每年每孩 4000 欧元的抵税额度，直至儿童满 14 周岁。

育儿时间灵活。根据规定，父母可共享 14 个月的带薪产假，父母双方可以自由分配产假时间，如果在产假期间每月领取的津贴减半，那么产假可以延长一倍，最长达 28 个月。这一政策让夫妻双方在时间安排上有更多弹性，旨在鼓励父亲更多地参与到育儿中去。

托育保障全面。德国是“幼儿园”的发明国，近年来更是持续扩大全日制日托班数量，逐渐普及教育机构对儿童的全天候照管。目前德国全日托的儿童比例大幅提高，有近一半的小学生在全日制小学上学。这意味着父母双方，尤其是母亲一方能更早回归全职工作。

（四）北欧经验

北欧国家虽然生育率也曾触及历史低位，但长期稳定在 1.8 左右的水平，普遍高于欧洲整体水平。作为生育“优等生”的北欧国家，其生育鼓励政策有以下三方面特征。

福利政策覆盖面广。瑞典、挪威、丹麦等国家的学前教育补贴不仅涵盖 3~6 岁儿童，也包括 1~2 岁儿童。无论家庭经济状况如何，18 岁以下儿童均可获得政府补贴，补贴覆盖面广。

养育责任父母平等。挪威是世界上第一个颁布父亲配额育儿假的国家，父母共享 49~59 周的带薪育儿假，其中 10 周的父亲配额育儿假不可转让给母亲。瑞典父亲休育儿假还会得到额外的“性别平等奖励”。挪威统计局的数据表明，父亲使用育儿假的比例持续上升，照料子女和家务劳动的时间也呈上升趋势，这与生育率呈显著的正相关关系。

帮扶女性重新就业。为了促进女性充分就业，瑞典的生育假不仅有孕期假和带薪育儿假，12 岁以下儿童的父母每年还有 120 天的临时育儿假。政府利用各种方式帮助母亲重返就业岗位。其结果是，瑞典、丹麦、挪威等国不仅拥有较高生育率，母亲的就业率在 OECD 国家中也处于较高水平。

四、优化宁波市生育友好环境，提升“甬有善育”饱和度的对策建议

扭转生育率是一个世界性难题，没有一劳永逸的标准答案，需要从全局层面、历史层面加以理解，久久为功，保持应对低生育率的信心和耐心。要抓住“经济压力”（主要体现为育儿成本）和“精力压力”（主要体现为工作与家庭的冲突）两个主要矛盾，进一步协同发力、精准发力、尽力而为、量力而行，不断激发“生”的意愿，持续破解“养”的难题，着力提高“育”的质量，全方位提升“甬有善育”饱和度。

（一）优化环境，激发“生”的意愿

1. 强化男女平等，打造生育友好型职场环境

对此，需要合理制定产假、哺乳假、护理假、育儿假等覆盖孕期和育儿期的亲职假制度，强化男女平等，共担家庭育儿责任。在合理范围内妥善延长女性生产假和男性陪产假，子女 3 周岁内，鼓励条件允许的用人单位允许职工采取灵活上班、弹性工作、远程办公、居家办公等方式。产假可设置为 3 ~ 6 个月的灵活组合，由女性职工与用人单位自行协商决定。探索延长男性育儿假，实施夫妻共享育儿假，规定男性休假时长不少于育儿假的 1/3，促进家庭责任合理分担，引导父亲积极参与育儿过程，减轻女性育儿负担，打造生育友好型职场环境，提升女职工生育意愿。

进一步完善女性就业权益保障，依法保障女性孕期、产假期、哺乳期权益，将足额缴纳生育保险金等情况作为企业履行社会责任的重要评价指标。

根据女性员工规模及年度生育情况，对企业实行一定程度的税收优惠。支持脱产照护婴幼儿的女性重返就业岗位，为其提供就业信息、就业指导和就业技能培训等方面的支持。发挥用人单位在平衡职工工作和家庭育儿方面的正向作用，对支持工作和家庭生活平衡的企业，在企业年检、政府采购、贷款税收等方面给予适当激励。加强监管执法，健全司法救济机制，开展妇女平等就业权益保护检察公益诉讼，维护妇女劳动和社会保障权益，对损害女性就业权益的单位进行经济或行政处罚。

加强孕妇关怀援助，持续提高医育结合水平。鼓励医疗育儿机构到基层社区定期举办孕期保健知识、膳食搭配、分娩知识、产后母乳喂养、育儿等相关课程，探索开展孕期男性家庭责任和技能教育。组织辖区内孕妇交流会，对在生理上和心理上因怀孕而烦恼或焦虑的孕妇提供必要的心理咨询服务。基层社区医院开设孕妇关爱服务点，处理孕妇紧急事件，针对高龄高危孕妇加大定期随访力度。优化产检流程，下发产检清单，在保证正常检查所需情况下避免过度重复检查，提升产检效率。综合考虑医保（含生育保险）基金可承受能力、相关技术规范性等因素，逐步将适宜的分娩镇痛、辅助生殖技术项目、产后康复费用按程序纳入生育保险报销范围。

2. 创新婚育文化，营造自由包容的城市环境

初婚率下降、初婚年龄大幅延后，是造成生育率下降的主要原因。随着平均教育年限的增加、现代生活节奏的加快以及社会分工的扩大，大龄“剩男”“剩女”成为普遍现象，未婚同居、未婚生子比例不断提升。此外，农村地区高价彩礼、婚配条件“男高女低”等社会风俗也成为阻碍婚姻的重要因素。

在我国现行制度下，婚姻是男女双方的自由选择，单纯通过财政政策激励的效果有限，需要从发扬新型婚育文化、营造自由包容的城市环境入手。建议进一步深化婚俗文化改革，选取梁祝文化公园、鄞州公园、生态走廊、农村文化礼堂等公共空间，举办形式多样的集体婚礼，丰富婚俗文化形式。在新甬派等平台开设婚俗文化专栏，深入挖掘选树“抵制高价彩礼、摒弃婚嫁陋习”的婚恋新风尚好家庭典型，大力倡导“不要彩礼、要幸福”“少些攀比、多些理智”的婚恋新观念。

进一步推动新市民融入，保障流动人口享有与户籍人口同等的婚育政策待遇。逐步将“稳定工作、稳定住所、稳定收入”的外来常住人口子女纳入城镇社区 0~3 岁普惠托育服务范围。宣传一批新老市民结合扎根宁波发展的优秀案例，打造“在宁波 共享幸福生活”品牌，破解婚配条件“男高女低”的思维障碍。

倡导适龄婚育与教育学制改革调整相结合，为个体实现学业安排、生育安排和就业安排的有序衔接创造条件。支持硕士、博士研究生的合理婚育安排，完善在校大学生婚育服务，对因婚姻、生育、养育问题而产生的学业变动提供时间、经济和服务支持，为生育的大学生提供医疗保障和生活津贴。鼓励高校开设恋爱、婚姻、家庭等方面的课程，强化学生对情感生活的尊重意识、诚信意识和责任意识，引导年轻人形成正确的婚姻观。

持续拓宽婚恋渠道，建设一批公益性婚介机构，强化工会、共青团、妇联协同，推动婚介职能常态化。拓展线上服务平台，丰富婚恋咨询、信息发布、活动报名、政策解读等功能，探索开发具备信息搜索、匹配推介、地图服务等功能的移动互联婚恋交友平台。将人工智能引入婚恋服务领域，推出人工智能“媒人”，为年轻人提供身临其境的虚拟约会体验。开展“爱在宁波、最美红娘”寻访活动，培育更多公益红娘。加强执法监管，持续保持对网络婚恋诈骗的高压态势，营造健康的婚恋市场氛围。

（二）减轻成本，破解“养”的难题

1. 降低生养成本，减少“养”的费用

宁波市作为沿海发达城市，具有较好的经济基础，相较于生育成本、儿童养育教育成本、女性生育的机会成本等，广撒网式的育儿补贴能收到的效果相对有限。在经济欠发达的农村地区，生活成本比较低，生育和养育的成本也相对较低，同样的育儿补贴，对提高生育率的效果会更为明显。

建议将育儿补贴作为辅助手段，提高政策针对性。降低流动人口生育成

本，对生育“一孩”且办理入户登记的新市民发放一次性生育补助，并在子女满 3 周岁之前每年发放一定补助，“二孩”“三孩”补助梯次提升。提高对大龄女性的生育支持力度，对女方年满 35 周岁且夫妻双方均未生育过、通过辅助技术生育第一胎的，给予一次性生育补助。

继续完善医育结合保障体系，切实降低生育环节费用及婴幼儿医疗费用。研究制定育龄夫妇孕前、孕期、产后保健服务项目和价格体系，将符合条件的生育相关诊疗项目按程序纳入医疗服务项目目录，将孕产妇产前检查、产后康复费用等按规定纳入医保报销范围。针对 0~6 岁婴幼儿医疗费用高的特点，适当提高婴幼儿医疗费用报销比例。推动“宁波惠儿保”等新生儿医疗保险创新，提升重症、高发疾病覆盖范围，打造国家级金融保险服务共同富裕示范基地。

通过面向育儿家庭提供住房补贴、购房优惠、保障住房等措施，进一步降低育儿家庭住房成本。坚持“房住不炒”定位，构建房地产市场健康发展长效机制。对依法生育两个及以上子女的家庭，在经济适用房和商品房购买、公租房配租等方面，提供利率优惠、税收减免、优先选择、购房补贴等支持。比如，适度提高“二孩”“三孩”家庭住房公积金贷款额度上限。在配租公租房时，向符合住房保障条件且有未成年子女的家庭优先配租，根据未成年子女数量给予户型选择等方面的照顾。

2. 推进教育均衡，减轻“养”的压力

长期以来，“提前抢跑”“剧场效应”等教育内卷现象，给家长制造了焦虑，加重了家长的育儿负担。为此，2021 年 7 月中共中央办公厅、国务院办公厅印发《关于进一步减轻义务教育阶段学生作业负担和校外培训负担的意见》，强化对线上线下校外培训的规范管理，减去过重的作业负担和不必要的校外培训，让教育回归立德树人的本质，为培养学生综合能力和素质腾挪出更多空间。

对此，要持续推进义务教育“双减”工作，严格管理校外培训，减轻家庭教育负担，根除“家庭作业变成家长作业”的现象。进一步优化中小学课后服务，实现课后服务全覆盖，促进放学时间与父母下班时间相衔接。采取扩大编制、提高教师工资水平及评奖评先等方式，切实提高学校课后服务质量。在延长看护时间基础上，进一步丰富学生在校活动内容，着眼于更好地发展素质教育，培养学生的兴趣特长。

推进教育公共服务均等化。加大学前教育投入，持续增加公立幼儿园供给，建立城镇小区配套幼儿园建设管理长效机制。扩充普惠性学前教育资源，大力发展普惠性幼儿园，办好乡镇幼儿园，适当延长在园时长或提供托管服务。优化中小学校空间布局，建立健全适应学龄人口变化的学校布局调整机制，推进义务教育优质均衡发展。增加义务教育经费投入，进一步改善农村学校办学条件。以名校为龙头，带动区域内若干学校组建涵盖城乡的联盟式教育集团，形成区域学校教研共同体，通过名校输入管理模式、跟岗培训、校际交流等方式，让优质师资合理流动，充分发挥名校的示范引领作用，带动成员校管理水平和教育质量提升。

（三）优化供给，提高“育”的质量

1. 构建多元供给，补齐托育服务短板

相比其他低生育率国家，我国 0~3 岁托育服务供给明显不足，这成为许多育龄女性的主要顾虑。近年来，从国家到省、市层面都出台了一系列推动托育服务发展的政策规划，每千人托位数快速增加，但距离满足社会需求还有较大差距。

应及时调研和预判全市有 3 岁以下婴幼儿家庭在托育服务类型、年龄、内容、形式、价格、距离等方面的需求，按照公私合营、公办私营、政府购买服务等多种模式，扩大按需供给、有效供给，重点加强“二孩”“三孩”家庭的配套服务。继续坚持以发展普惠托育为重点，按照安全放心、就近便利的原则，尽快建立健全以家庭照护、社区统筹、社会兴办、单位自建和幼儿园办托班为主，家庭托育点和社区驿站为补充的多元化托育服务供给体系，探索将普惠性婴幼儿托育服务纳入基本公共服务的实现路径。支持社区基层组建家庭托育互助小组，发挥社会团体和公益组织的作用，积极开展育儿志

愿服务。

加大政策支持力度，开展托育机构示范创建，对示范机构给予一定奖励，对年度考核合格的机构按实际入托人数给予经费补助。鼓励有条件的企事业单位开展职工托育服务，对符合建设标准的机构开设备案绿色通道，按照一定比例给予办园专项补贴和税收优惠，根据入园人数增加入园托育补贴，加强企事业单位工会、妇联等组织对职工托育服务的管理职能。根据《家庭托育点管理办法（试行）》推动家庭托育点规范化运行，对准入后的家庭托育点健全信息公开、审查评估、安全保障、责任追究等制度，加强事前、事中、事后全过程全链条监管和业务指导，重点防范预付费风险，提高家庭托育点的抗风险能力。

抓住安全和健康两个核心痛点，完善各类托育服务机构建设、设施配备、服务人员准入等标准，健全信息公开、审查评估、安全保障和责任追究等制度。优化托育服务市场营商环境，加快构建以信用为基础的监管机制，以良币驱逐劣币。构建全市数字化托育平台，以婴育数据的集成和高效利用为支撑，强化部门数字化集成协同管理，引导托育机构规范运营。依托数字化托育平台，建立托育机构质量评价（星级）标准，与托位补助挂钩，引导机构积极备案。建立卫生健康、公安、市场监管、住建、消防等部门协同的数字化监管体系，提高管理效能。根据群众在数字化托育平台使用频率和需求调查，生成托育需求热力地图，促进托育机构合理布局。

2. 完善培养体系，扩大托育人才供给

高质量的人才队伍是托育服务优质发展的根本保障。婴幼儿是最稚嫩的群体，从业人员不仅要了解婴幼儿发展特点和规律，开展科学规范的生活照料、营养喂养和安全看护，还要懂得为其创造适宜的环境氛围，提供一定的早期教育，促进婴幼儿身心全面健康成长。相比于幼儿园教师培养，0~3 岁婴幼儿托育人才供给还有较大缺口，亟待加快专业人才队伍建设。

健全托育人才专业教育体系，完善托育服务资格标准，推动宁波市高校职校开设婴幼儿托育服务相关专业和课程。依托各级妇幼保健院成立婴幼儿照护服务指导中心，建立培训基地，定期开展实习实训。完善产教融合的校企合作模式，落实“1+X”证书试点。鼓励已参加托育工作但没有学位的教师通过在职教育获取早期基础教育学位，由政府为其提供一定的学费补助和奖金支持。根据本市学龄前婴幼儿结构变化，整合 0~6 岁婴幼儿师资培养，使专业师资适合整个 0~6 岁学前阶段儿童教育保育需求，将更多资源向 0~3 岁婴幼儿托育人员专业化培养培训方面倾斜。支持宁波大学医学院、浙江医药高等专科学校等医学院校发展婴幼儿照护保健领域的教育培训和科学研究，进一步发扬董氏儿科等优质中医药资源传承创新发展，持续充实宁波市的医育结合力量，助力“医学高峰”建设。

规范育儿行业发展，完善政策支持体系。为月嫂、育儿嫂、育婴员、保育师等职业建立执业档案，将在册托育人员统一管理，为其提供技能评价、职称评定、继续教育、执业考核、心理疏导等服务。持续提高托育机构从业人员持证率，打通幼教人员职称晋升通道，畅通托育从业人员职业发展路径。将家庭托育点从业人员培训纳入托育培训的总体规划和支持范畴，建立岗前培训和定期培训制度，不断提升从业人员的岗位胜任力和专业素养。积极探索公立母婴护理服务机构实施方案，以公立医院为试点，提供集培训、执业、上岗于一体的服务，引导公众体验，扩大公立育儿服务机构在全市范围的普及。加强职业道德、技能、相关专业知识等方面的培训，将托育从业人员纳入职业培训补贴范围，根据不同培训种类和等级，给予每人一定金额的培训补贴。

第十八章　从后疫情时代看文旅体深度融合

文化、旅游、体育业是国家大力发展的幸福产业，已经成为扎实推进共同富裕的重要路径和生动实践。新冠疫情以后，文化、旅游、体育业快速复苏。疫情期间催生的新趋势新业态和疫后的新环境新态势，不断加深文化和旅游融合的程度，使之成为推进共同富裕的支柱力量。

在这样的背景下，宁波市呈现文旅体发展新气象，但同时也存在一些不足之处，需要不断加快文旅体深度融合，构建展现宁波特色、传承时代精神、符合人民需求的新文旅体空间。

一、后疫情时代文旅融合发展的市场特征

（一）文化旅游深度融合，“文旅+”向“+文旅”转变

文化与旅游简单的融合已经无法满足游客对精神生活的期待，文化与旅游及其他产业融合的趋势在不断加深，并逐步形成以旅游业为先导，以特色文化资源为核心、相关行业融合发展的新局面，催生了“农文旅”“文旅体”“文教旅”“文商旅”等融合发展模式，形成内容驱动、体验丰富的产品架构。以“文化+旅游”和“文化旅游+”的产品形式不断向“+文化旅游”

转变，“文旅 + 地产”“文旅 + 体育”“文旅 + 农业”等消费业态逐渐演变成艺术、场景、感官、行为等沉浸式文化感知和体验业态，文化与旅游以及跨界融合的渠道被打通，文化旅游边界不断拓展，通过产业升级和空间构建，形成了规模更大、价值链条更长的全产业链结构，文旅产业极强的包容性和产业带动性正成为一二三产业发展的“增效器”。

（二）健康消费更受重视，“康旅”“体旅”迎来新契机

随着经济社会的发展、人民生活水平的提高，人们对健康的关注度不断提高，这为康养旅游、体育旅游创造了巨大市场。人口老龄化趋势的加深，催生了“银发经济”。老年人康养需求已从过去的老有所养、老有所医，扩展为现在的老有所乐、老有所为。携程发布的《2022 新一代银发族出游趋势洞察》显示，截至 2022 年 9 月，60 周岁及以上游客的人均旅行消费同比上涨 23%，其中 60~65 岁的初老群体涨幅最大，超过 30%。跟团游、私家团、定制游是受银发族欢迎的旅游产品。中医养生旅游、温泉旅游、森林生态旅游等受到银发一代的青睐。同时，康复辅具、康复医疗、老年健身、保健品等市场存在巨大发展空间。

健康消费同样受到其他年龄层的重视。滑雪、冲浪、滑板、飞盘等年轻人热爱的潮流运动带火了冰雪游、海滨游，引发了露营潮。郊野乡村成为城市居民周边游、微度假的热门目的地。乡村农旅、田园健康产业以回归自然、返璞归真、劳作体验等为特色，广泛吸引以家庭为单位的亲子游。对上班一族来说，在风光优美、居住舒适的特色酒店和民宿进行“躺式”度假成为一大趋势，都市群体放松身心、疗愈自我的需求得到满足。

（三）年轻一代不断崛起，新兴业态元素异军突起

大数据显示，2023 年五一假期出行的人中，“80 后”“90 后”共占 75%，成为出游的中坚力量。而“95 后”及“00 后”等 Z 世代新兴人群不断崛起，将成为未来旅游消费的主力军，将为文旅产业注入更多活力。综合来看，自然、休闲、玩乐是 Z 世代人群较为偏好的旅行元素。

好听、好看、好玩、好吃的体验式文旅元素广受年轻一代追捧。室内及户外的音乐节、演唱会火遍各地，在音乐中释放自我，在音乐热烈的氛围中找到共鸣，被年轻人视作减压的一种方式。以北京环球度假区、上海迪士尼乐园、长隆旅游度假区等为代表的主题乐园，主打好玩的元素，不仅吸引学生族和上班族，也深受家庭偏爱。“人情味 + 烟火气”是淄博烧烤“出圈”的秘诀之一，可以满足旅游群体对美食的体验追求。

此外，在旅游方式上，以时间紧、景点多、强度高、花费少为特点的特种兵式旅游在年轻人中悄然走红。2023 年可以说是年轻人的“寺庙游”元年，寺庙文旅经济爆红，通过精准定位年轻人群体，击中其情绪痛点，创造体验式消费场景，满足年轻人谋求身心放松的需求。

（四）元宇宙成最强风口，开拓文旅产业创新蓝海

中国信息通信研究院发布的《中国数字经济发展报告（2022 年）》数据显示，2021 年我国数字经济规模已达 45.5 万亿元，占 GDP 的比重已接近 40%，成为支撑经济高质量发展的重要力量。随着 5G、人工智能、区块链等底层技术快速发展，元宇宙概念方兴未艾，元宇宙应用正在不断改变着中国人文旅生活体验新方式。许多省市在“十四五”规划、政府工作报告、元宇宙产业规划和扶持政策中，都提及了元宇宙，或出台了元宇宙专项政策，鼓励和推动元宇宙在文旅行业的应用。一些城市也在不断布局元宇宙文旅产业，新兴文旅消费综合体正在产生。借助元宇宙，文旅产业不断探索数字技术与文旅展示、体验等结合，拓展数字文旅消费新场景、新业态、新产品，旅游场所、旅游产品都因元宇宙而变得更加符合消费者需求，数字上云、全息成像、数字藏品、云演艺等层出不穷，文旅企业核心竞争力不断提升。

与此同时，电竞游戏正日益从小众走向大众，2022 年杭州亚运会（推迟至 2023 年 9 月 23 日至 10 月 8 日举办）上，电竞项目会首次成为正式竞赛项目。国风游戏 IP“天涯明月刀”与湖南凤凰古城、芙蓉古镇、张家界和福建永定土楼等景区合作，“以游入旅，以旅促游”，电竞游戏场景与景区虚实联动或将成为下一个文旅风口。

二、宁波市文旅融合发展现状

（一）发展新面貌

1. 乡村旅游热度持续升温

随着短途周边游持续走热，乡野市郊成为大众休闲目的地。既有以自然风貌带动乡村旅游的传统模式，也有不少乡村不断融合新型业态，风貌焕新、带动就业、富民增收，形成乡村旅游助力共同富裕的良好循环。鄞州城杨村、宁海葛家村等经过中国人民大学团队的艺术改造，成为旅游网红村。海曙区鄞江镇的建岙村串联多个红色遗迹，逐渐形成集文化体验、乡村休闲、党建研学等于一体的精品红色旅游示范基地，红色文化为乡村旅游注入新动能。

2. 文旅场景不断丰富

国风文化、宋韵文化风靡，旗袍秀、汉服秀、演艺秀等沉浸式文旅场景不断丰富。如奉化溪口应梦里景区的国潮街头秀及戏剧表演，宁波市方特景区结合《山海经》推出山海奇幻夜，东钱湖旅游度假区、象山影视城、江北慈城古县城等地屡掀“宋韵风潮”。露营经济、夜间经济成消费热点，创意集市、光影秀、音乐节等时尚场景火爆。北仑银泰城的茶马鲜花集市、鄞州区集盒广场的后备厢集市、东钱湖夜猫子夜市、宁波植物园夏季光影艺术节等营造消费新业态。

3. 跨界融合趋势显著

文旅体融合按下“加速键”。商量岗旅游度假区滑雪场激发冰雪经济活力，2023 年春节期间接待游客 1.7 万人次，较 2019 年增长 30.77%。象山美丽海岸体育旅游线依托亚运主题，串联松兰山旅游度假区、东旦时尚运动沙滩、半边山旅游度假区等地。宁波文化广场 OPARK 项目引入飞盘、滑板、户外瑜伽等运动，成为户外运动爱好者的集结地。影视与文旅融合催生“影视游”。

2023 年初，电视剧《三体》的热播带火宁波博物馆、老外滩天主教堂、东钱湖畔心宿福泉客舍等取景地，春节期间前往宁波博物馆参观的游客达到 5 万人次，同比增长 220%。

4. 智慧文旅创新发展

文化和旅游领域的智慧场景不断丰富，推动大众体验升级。线上演出及线上展览涌现。2022 年，宁波文化广场大剧院打造首个周末“云剧场”，依托视频号及抖音号推出《天鹅湖》等精品剧目，实现文化惠民。数字化赋能智慧景区建设。2022 年 6 月，宁波市推出文旅机器人小 i，通过大数据、人工智能、语义分析等实现智能文旅咨询服务。宁波市积极打造奉化滕头、象山半边山、镇海九龙湖等数字文旅度假场景，致力于实现数字人民币购票、住宿、购物等一站式服务。

（二）存在的问题

1. 文化标识缺乏辨识度

全市文化标识与品牌碎片化，未形成全市统一的文化共识。目前宁波市主推河姆渡文化、海丝文化、藏书文化、阳明文化、宋韵文化等文化标识，但各区（县、市）存在“各唱各调”问题，工作模式、工作步调割裂，未能通过“同频共振”把文化资源先天优势有效转化为具有鲜明辨识度的文化标识和国际知名文化品牌。传统文化的传承、利用、推广不足，文化标识难以深入人心。非遗文化传承受阻，宁波市本地非遗传承人队伍年龄结构偏大，甬剧、越剧、姚剧等地方特色剧种人才青黄不接，非遗产品商业化水平不高。传统文化缺乏有效宣传载体，难以触达广大年轻受众及国际受众。

2. 文旅核心吸引物不突出

相比杭州西湖、西安大唐不夜城、成都锦里、嘉兴乌镇等享誉全球的文旅地标，宁波市尚缺与副省级城市综合实力相匹配、具有较高能级和影响力、创意新颖的文旅核心吸引物。旅游景区对文化元素的挖掘利用水平较低，文创产品质量不高，旅游演艺项目、文旅主题乐园等特色 IP 影响有限；宁波博物馆、美术馆、大剧院等文旅场所常年超负荷运作，缺乏有重大影响力的

“镇馆之宝”，外地客源较少；随着城市建设向东部、南部扩张，对海曙、江北等老城区文化地标、场所升级缺少重视，与老城区文化底蕴、交通区位、消费便利度等旅游优势资源不相匹配。

3. 旅游产业支撑力不足

从规模上看，相较于制造业、外贸业等传统支柱性产业，旅游业对全市经济的支撑力不足，与杭州等同类城市相比有明显差距。2022 年宁波全市旅游总收入达 776.3 亿元，是全市 GDP 的 4.94%；同年杭州全市旅游总收入达 1298 亿元，是杭州全市 GDP 的 6.92%。从结构上看，旅游产品多而不精、内容单一、创意不足，与相关要素结合不充分，数字化、标准化、品牌化发展滞后。薄弱的旅游产业基础也限制了全市文旅融合新业态拓展，文旅产业供给侧水平有待提高。

4. 文旅服务能力有待提升

文旅场所基础设施建设有待加强，建设标准相对落后，尤其是乡村旅游基础设施水平提升任务重。高端文旅服务及现代化公共文化服务等供给不足，舞台剧、音乐会等高雅文艺产品受众占比低，与市民游客精神文化需求升级脱节。国有及公益性文化单位活力不足，天一阁等文化场馆衍生文创产品市场反馈平淡。文旅服务主体队伍有待加强，尤其是文化产业目前以文化制造业为主导，以内容为核心的文化、文旅服务业发展不足，缺乏具有行业引领性的文旅服务企业。薄弱的文旅服务能力限制了全市文旅消费氛围，与成都、长沙等城市相比，宁波市较强的综合经济实力和较高的人均可支配收入未能有效反映在文旅消费上。

三、宁波市文旅体深度融合发展的总体思路

（一）总体思路

深刻领悟习近平总书记关于文化和旅游工作的重要论述精神，全面贯彻党的二十大和省第十五次党代会精神，紧扣新时代文化高地和现代化滨海旅游名城的战略目标，深刻把握文化和旅游深度融合发展规律，坚持以文塑旅、以旅彰文、文旅相长，构建文旅深度融合体制机制、政策体系，建立富有创新力的文化和旅游高质量发展模式，形成文化和旅游高效赋能共同富裕好经验，加快打造文旅深度融合发展的“宁波样板”，展现最美的“诗和远方”，切实提高人民群众的获得感、幸福感、安全感。

推进文化和旅游理念融合。充分认识文化在旅游活动中的重要地位，以及旅游在满足文化需求上的关键作用，文化的创新、传播和消费都与旅游活动密切相关。整合和创新利用文旅资源，激发出崭新的旅游业态，增强文旅产品吸引力。

推进文化和旅游产业融合。以旅游为载体，深入挖掘地方要素禀赋、资源优势和文化底蕴，实施特色化、多样化、差异化发展。促进文化与旅游产业与其他相关产业融合发展，培育新型文化和旅游业态，创新产品和服务供给。实现产业链整合和价值提升。

推进文化和旅游市场融合。首先，促进市场主体融合，鼓励文化机构和旅游企业对接合作，鼓励文化企业进入旅游市场，形成一批具有文旅融合特色、综合竞争力强的领军企业、骨干企业。其次，促进市场监管融合。对融合发展的新业态，给予更多支持，同等对待文化和旅游产业的知识产权保护。建立健全相应的文化和旅游市场综合监管及统筹协调工作机制，将文化市场、旅游市场统一考虑、一并研究。

推进文化和旅游服务融合。推进文化和旅游公共服务设施共建共享，推动博物馆、文化馆、图书馆等文化场所宜游化建设。对旅游厕所、停车场、旅游服务中心等旅游公共服务设施进行文化性改造，增加其文化内涵。推动文化公共服务进旅游景区、旅游度假区，构建主客共享的文化旅游新空间。

推进文化和旅游交流融合。统筹安排文化和旅游对外交流工作，统筹安排交流活动，同步推进文化传播和旅游推广。发挥文化机构和旅游景区景点、旅行社、旅游饭店在文化传播方面的重要作用，提升导游、讲解员的文化解说能力，引导游客自觉传播文化，同时发挥新媒体作用，营造全民参与式大众文化传播氛围。

（二）空间布局

以建成独具人文、海洋和生态魅力的新时代文化高地和滨海旅游名城为目标，按照“山海统筹、城乡兼顾、生态优先、重点引领”的布局理念，重点构筑以“一带三区多片”为主体的文化和旅游新发展格局。

1. 一带：大运河—海丝之路文化旅游带

以余姚江—甬江为基线，整合运河沿线河姆渡文化、阳明文化、藏书文化、海丝文化、青瓷文化等文化遗产资源以点带面、轴线发展，推动余姚河姆渡、江北慈城、慈溪上林湖大片区联动发展，赓续宁波城市文脉，擦亮“海洋文明起源地”和“海丝之路启航地”两大文化“金名片”。打造大运河与海丝文化带相结合的文化遗产旅游廊道，推进大运河国家文化公园建设，打造“中国大运河出海口”文化旅游品牌。

2. 三区：都市文化传承区、山地生态度假区、湾区滨海休闲区

都市文化传承区。以三江口片区中央游憩区、东部新城中央商务区、鄞州新城南部商务区、创智钱湖城市会客厅为中心，着力打造百里三江文化长廊，重点布局以传承河姆渡文化、阳明文化为主的姚江文化旅游片区，推进阳明古镇、河姆渡、慈城古县城、上林湖越窑等文博区块创新发展；以传承弥勒文化为主的奉化江文化旅游片区，推进溪口—雪窦山佛教名山、滕头等建设；布局以传承商帮文化、浙东佛教文化、海丝文化、海防文化为主的甬

江文化旅游片区，重点推进老外滩、天童—阿育王寺、镇海商帮、北仑港口等区块建设。

山地生态度假区。重点布局以健康养生、运动休闲为主的北山文化旅游片区，重点推进鸣鹤上林湖风景名胜区、五磊山、达蓬山等项目建设；布局以红色文化、绿色生态为主的四明山文化旅游片区，重点推进余姚梁弄和横坎头村等浙东抗日根据地、四明湖景区、四明山森林公园等生态风景区建设；布局以民俗文化、温泉度假为主的天台山文化旅游片区，重点推进前童古镇、深甽温泉度假区建设。

湾区滨海休闲区。重点布局以游乐园、海洋湿地为主的前湾主题文化旅游片区，重点推进方特主题游乐区、国家湿地公园、正大现代农业园等片区发展；布局以文化体验、运动休闲为主的象山港湾文化旅游片区，联动推进梅山湾、鄞州东部、奉化东部、宁海北部、象山北部区域发展；布局以海洋渔文化、影视文化为主的南湾文化旅游片区，重点推进环石浦港渔文化旅游区块发展。

3. 多片：翠屏山文旅融合片区、大运河（宁波段）国家文化公园、前湾片区、象山港—宁波湾片区、象山半岛片区、四明山片区、东钱湖片区

翠屏山文旅融合片区。围绕建设现代化滨海大都市中央公园的目标，利用文化创意升级、旅游产品创新、文旅融合提质等手段，推进翠屏山中央公园区域内文化和旅游全方位、深层次、宽领域融合；重点推进河姆渡、上林湖和慈城古县城三大区块的联动发展，建设宁波标志性“文旅金三角”，赓续宁波城市文脉，打造宁波文脉集中展示区、国家级文旅融合示范区、世界级大遗址文化传承地。

大运河（宁波段）国家文化公园。深化河姆渡、井头山等遗址考古发掘和价值研究，建设河姆渡国家考古遗址公园，推动河姆渡文化遗址群申报世界文化遗产。

前湾片区。以“大旅游＋大文化”的产业发展方向为指引，打造文旅融合新业态。重点打造“宁波杭州湾”旅游休闲度假品牌，以华强方特—东方神话景区为核心依托，做强大文化概念，利用数字动漫技术，复兴中华优秀传统文化、宁波地方特色文化、红色文化等，联动周边旅游资源，推进海洋主题乐园、滨海欢乐休闲小镇等高端综合性休闲旅游项目开发，形成游、学、会、医、康、养等板块集聚的高能级文旅产业集聚区。

象山港—宁波湾片区。重点推进宁波湾旅游度假区、梅山湾旅游度假区建设，将其培育成宁波湾区域两大滨海文化旅游增长极，着力促进两大度假区创建国家级旅游度假区；立足于国际视野，以产业融合战略及区域联动战略为引领，打造世界知名、国内一流的滨海休闲度假胜地，建设集文化旅游休闲、滨海康养度假、体育运动赛事、会奖商务旅行、海洋生态研学、保税展销购物等功能于一体的富有文化底蕴的世界级旅游景区和度假区。

象山半岛片区。以象山县为核心，按照“因地制宜、差异发展”的思路，依托“海、滩、山、岛”的资源优势，围绕帆船（桅杆）、海钓（钓竿）的“两杆经济”，创新滨海休闲旅游产品体系，主打海洋时尚运动、滨海休闲度假、海上品牌赛事等，探索“一村一项目、一岛一特色”的发展模式，建成长三角滨海休闲旅游核心区和世界知名滨海旅游目的地。

四明山片区。充分发挥区域丰富的山林资源和水资源优势，大力推进森林生态建设和水源地保护建设，发展生态旅游，建设浙江省美丽大花园的样板区。依托溪口雪窦山风景区、四明山森林公园、四明山革命根据地、横坎头村等景区景点文旅资源，形成“北部红色旅游—温泉度假、中部生态休闲—乡村民宿、西部体育旅游—运动休闲、东部乡村度假—文化体验、南部宗教文化—户外休闲”的文化旅游发展格局。

东钱湖片区。拓展“创智钱湖”文化和旅游功能，重点加强旅游休闲、国际会议、健康养生、智力创新等核心板块建设，打造国际会议博览区、国际体育旅游休闲区，发挥“国际湖泊休闲联盟”IP 效应，会聚国际高端会议论坛资源，做强旅游度假、体育旅游两大国字号品牌；提升完善骑行、步行、舟行、车行“四行”大众运动休闲产品体系，推进环湖精品度假酒店区建设，构建水陆空全面布局的旅游休闲产业集群。

四、宁波市文旅体深度融合发展的具体路径

（一）打造具有宁波辨识度的文化标识

1. 打造文明探源标识

体系化凝练、整体化塑造、多渠道传播宁波地区史前文化与海洋文明探源成果。积极参与“中华文明起源”“考古中国”“中华文明标识体系”等国家级重大文化项目。推进水陆考古，加强考古资源调查和政策需求调研，重点支持宁波地区史前文化、海洋文明、港城演变和“三海”（海丝、海防、海岛）遗存等专题研究，解码本土文化基因，建立宁波文化标识基因库和早期文化谱系。深化河姆渡、井头山史前文化探寻，推动河姆渡文化遗址群申报世界文化遗产，围绕河姆渡文化品牌，推动河姆渡遗址、井头山遗址、田螺山遗址、鲻山遗址等资源整合。

2. 加强文化遗产保护利用

加强对本地重点特色文物、遗迹等的保护利用。开展革命文物等红色文化遗迹专项保护利用工作，推进革命旧址保护修缮展示、馆藏革命文物修复，支持爱国主义教育、红色研学旅行等红色文旅项目开发。加强世界文化遗产保护工作，建设大运河国家文化公园。加强非物质文化遗产传承延续，变现宁波地区非物质文化遗产价值，形成地区特色非遗文化标识并植入文创、研学等各类文旅产品，实现传统文化和工艺的代际传承。推动非遗传承人培养、认定、宣传等工作，壮大以中青年传承人为主的非遗传承专业人才队伍，动员市内外学生、退休职工等各类人群加入非遗传承志愿者队伍。

3. 打造标志性文化建筑群

依托全市文化建筑资源，通过软硬件改造升级等工作，打造标志性文化建筑集群。立足海曙、江北、鄞州等中心城区，提升天一阁、保国寺、庆安

会馆等现有标志性文化建筑能级。围绕海丝文化、羽人竞渡等宁波特色文化标识资源，完善具备载体和宣传功能的特色化、标志性文化建筑，加快建设河海博物馆，筹建中国东海博物馆、中国龙舟文化博物馆等。复活宁波工业建筑遗产，凸显“海丝古港”特色，挖掘三江口区域由航运业带动的纺织、面粉、印染等近代工业文化，将工业遗址和工业建筑改建为标志性文化活动场所。

4. 塑造宁波文旅品牌体系

立足地方特色文艺形式与内容元素，打造本土文艺精品矩阵。以宁波文化名人、民间故事等为内容元素，结合现代艺术形式，重塑地方曲艺精品，开展戏剧、歌舞、音乐、影视、动漫等文艺精品创作和展演，推出一批讴歌时代成就、凸显宁波特色、彰显宁波精神的文艺精品力作。走群众路线，培养群众中的文艺骨干及团体，发动广大人民群众创作一批有力量、有筋骨、有温度的群众文艺精品。围绕二十四节气以及传统节日，策划打造复刻宁波民风民俗、弘扬宁波传统文化、体现文化自信与审美、具备较强国际传播力的品牌电视节目、纪录片、广播电视节目、综艺节目、公益广告（宣传片、短视频）等文艺精品。

（二）发展现代文旅产业

1. 培育新兴文旅消费业态

培育文博艺术业态。深入挖掘河姆渡文化、宋韵文化、藏书文化、商帮文化历史韵味和丰富内涵，采用触控交互、体感交互、全息成像等新技术，开发群众更易理解和欣赏的文博产品。推进“文物 + 旅游”发展，深入挖掘阐释文物的历史价值、艺术价值、审美价值、科技价值、时代价值，开发文物数字藏品，从而带动文物“活”起来、博物馆“动”起来。推进“非遗 + 旅游”发展，创新非遗展陈和利用，推进音乐、舞蹈、手工艺等非遗产品进乡村、景区、度假区，开发宁波特色的大型演艺项目。引导国有博物馆智慧化、数字化升级，探索“云展”“云游”新模式。

推进国潮时尚文化旅游发展。围绕“景区 +”“剧场 +”“厂房 +”“生活圈 +”

等模式，打造多主体、多类型、多层次共同繁荣的“微场景”，发展一批沉浸式娱乐业态。鼓励打造以“国潮风、宁波味”为主题特色的多元国潮特色街区，支持老字号企业入驻商业街区、旅游景区，推动国潮特色文化和旅游产业发展。

打造多类亲子研学基地。充分利用文博场所、红色教育基地、农业种植园、旅游景区的教育功能，联动全市知名院校校等资源，围绕亲子研学教育功能，打造不同教育主题的研学基地。

丰富乡村旅游产品。依托滨海、滨湖、临山、温泉、森林、红色等当地自然和文化资源禀赋，发展特色主题乡村民宿，开发农事体验、乡土美食、文创产品、文化节庆等消费业态，引入音乐节、后备厢集市、咖啡店、微型书屋等产品，丰富乡村旅游产品。

发展运动休闲业态。依托宁波拥江揽湖滨海的独特区位优势和丰富的自然资源禀赋，开发滨水、山地等休闲运动。鼓励 A 级景区、旅游度假区、特色街区、村庄、古镇等开展水上运动、山地运动等，并完善相应的基础设施建设。

2. 打造高能级文旅核心吸引物

培育全要素核心吸引物。凸显文化赋能作用，深挖宁波本土特色文化，强化旅游景区主题，形成目的地核心吸引力。实施景区业态升级计划，升级餐饮住宿、特产文创店、旅游交通、体验项目等传统商业配套，植入更多新型业态，如剧本杀、微型剧院、文艺酒吧、虚拟体验官等，通过集市、灯光秀、节庆等方式激活夜间经济。构建旅游传统六要素与新兴要素联合的立体化业态体系，与周边乡村、农业、营地、民宿、山体、海洋等场景融合，积极构建融合休闲旅游、康养度假、研学教育等于一体的景区，推进“景区 +”微度假发展。

加快推进景区提质升级转型发展。推动智慧旅游向纵深发展，提升景区、度假区的环境、服务设施、游览结构和文化内涵。加快推进厕所、停车场、标识标牌等基础设施提质改造工作。强化智慧旅游建设，加速实现景区数字化、网络化、智能化升级，形成以游客需求为中心的旅游全程化服务体系，重点培育一批引领发展的龙头型高端旅游产品，积极培育翠屏山、杭州湾、宁波湾等成为富有文化底蕴的世界级旅游景区和度假区。

3. 开发宁波特色文旅产业带

建好大运河—海丝之路文化旅游带。以大运河国家文化公园建设为契机，深度挖掘运河与海丝文化资源价值，集中精力打造一批运河古城、名镇，发挥农业、水利、藏书、宋韵、海丝、商帮等文化价值，深化旅游带动作用，打造特色文化旅游、历史经典产业、创意设计和数字内容服务、时尚文化、品牌体育赛事等特色组团，构建“以点串线、以线带面、以面带域”的空间格局，进而通过产业扩散与产业辐射，形成遗产、生态、经济和旅游“四廊合一”的功能复合型发展带。

提升浙东唐诗之路文化带。以名人、名文、名诗、名赋为魂，以古城、古寺、古道、古迹为魄，系统开展诗路文化挖掘和研究。依托现有四明山区古村、古建筑、国学资源，开发以古村旅游、国学研学、乡村文创等功能的浙东唐诗之路旅游聚落。以剡溪—奉化江—甬江为轴线，串联四明山、四窗岩、雪窦山、徐凫岩、天童寺、育王寺、慈城、天一阁—月湖，打造集文化遗产、旅游、生态、民俗、美食于一体的山水人文—诗画风光旅游精品路线。

提升北纬30°最美海岸线影响力。以滨海资源为主要特色，挖掘海洋、滨海山地、滨海乡村、海鲜美食等资源，培育水上运动、山地运动、乡村度假、康养旅游、特色美食等滨海业态，大力发展滨海旅游。着重壮大象山港—宁波湾、松兰山—大目湾、环石浦港、环蟹钳港、环杭州湾等产业地块，重点推进环境整治和绿道建设，培育沿海黄金旅游带。

打造“红色文化＋绿色产业”协同发展带。挖掘全市红色资源，以余姚梁弄镇、海曙章水镇、慈溪观海卫镇等地浙东抗日根据地旧址和“党章守护者”北仑霞浦张人亚故居、“初心小镇”为重点，实现红色基因与旅游、休闲、农业、娱乐、教育等多种产业融合发展，创建爱国主义教育基地。以四明山区域为重点示范，发挥“红色基因”革命精神和绿色生态优势，以红色文化为引擎，以青山绿水为底色，发展农业种植、生态旅游、绿色康养等产业，打造“红色文化＋绿色产业”协同发展带。

4. 发展壮大文旅市场主体

培育发展多类型市场主体。培育数字文化、文化演艺、影视动漫等多类型文化创意企业，鼓励社会资本参与文化建设。推动博物馆、文化馆、美术馆等文化机构与旅游经营主体合作，共同打造兼具文化教育和旅游休闲功能的文旅场所。积极培育旅行服务市场主体，鼓励旅行社把握新风口，积极推出引领市场消费趋势的创新产品，适当开发研学、会展、体育、出境等不同功能主题产品，拓展服务范围。鼓励住宿市场主体创新发展，支持酒店智慧化改造，试点未来酒店。不断盘活乡村农屋，开发特色民宿、未来民宿。

推进市场主体协同发展。引导宁波演艺集团、电影集团、音乐港等有条件的文化企业进入旅游市场，推进文化和旅游企业战略性并购重组和规模化、品牌化、网络化经营。建立健全文化和旅游企业梯度培育机制，分层次、分行业、分梯队建立文化企业资源库，引导企业走“专精特新”发展之路。支持宁波文旅会展集团、浙江大丰实业等打造头部企业，积极对接携程、美团、网易等中国服务业500强企业在宁波投资文旅事业，做强文旅运营、品牌创新、文化创意，着力打造具有全国知名度的文旅总部经济。

（三）加速文化和旅游深度融合

1. 资源整合打造文旅融合集聚区

积极争创国家文化产业和旅游产业融合发展示范区。以宁波特色传统文化资源为依托，进一步擦亮宁波文化名片，打造具有宁波辨识度的文旅融合集聚区。

千年文明溯源区。推进翠屏山中央公园建设，打造生态友好型公园城市，统筹区域内历史文化名镇名村、自然保护地、古迹遗址及旅游景区发展。策划大运河（宁波段）国家文化公园、河姆渡国家考古遗址公园等文旅载体。

三湖宋韵承载区。依托月湖、慈湖、东钱湖丰富的宋韵文化资源，从IP打造、文旅融合、数字赋能等角度出发，建设彰显宋韵风雅的地标性建筑，辅以宋食、宋乐、宋舞、宋词等体验型业态内核，让宋韵文化在宁波流行起来。

百年商帮活力区。以宁波老外滩为核心，串联宁波帮博物馆、邵逸夫故居、包玉刚故居、江南第一学堂等景点，塑造宁波帮风云人物群雕，发展以“商帮寻根、文化体验”为主题的文化休闲旅游，打造“商帮故里”文旅产业集群。

海防文化集结区。串联镇海口14处海防遗址，组建研学、教育基地。包括甬江北岸镇海区招宝山的威远城、明清碑刻、月城、安远炮台、梓荫山的吴公纪功碑亭、俞大猷生祠碑记、泮池（裕谦殉难处）、吴杰故居；甬江南岸北仑区的戚家山营垒、金鸡山嘹台、靖远炮台、平远炮台、宏远炮台、镇远炮台等。

红色文化传颂区。重点推进浙东（四明山）抗日根据地、“浙东红村”横坎头村、樟村四明山烈士陵园等，四明湖景区、四明山国家森林公园等建设，拓展红色研学、人文古道、山地极限等业态，实现从单一的红色教育向红色山水观光、红色文化体验等多元化产品体系转型。

滨海文体融合区。依托象山影视城、亚帆中心—松兰山旅游度假区、东海半边山旅游度假区、石浦渔港古城等片区，突出海洋渔文化、影视文化品牌，融合亚运精神，开发滨海度假、游艇旅游、海上运动、渔村文化、影视旅游、休闲海钓、海洋捕捞、海鲜餐饮等文旅体验项目。

弥勒文化传承区。以溪口—雪窦山国家5A级景区为核心，辐射商量岗旅游度假区、弥勒文化园、黄贤森林公园等区域，打造佛教文化旅游标杆地和山地旅游度假示范区。

民俗康养度假区。以民俗文化、温泉养生为主线，重点推进宁海森林温泉旅游度假区、前童古镇、十里红妆文化园等建设。整合滨水、山地、森林、温泉等资源，打造以康体、疗养、保健、养生、养老为主题的旅游产品体系。

海湾休闲旅游区。围绕宁波杭州湾国家湿地公园、宁波杭州湾海皮岛景区、方特东方欲晓等景点，建设一批集亲子度假、文化创意、休闲养生等于一体的文化旅游综合体和文旅公共服务共同体，打造海湾休闲旅游区。

现代科创体验区。依托甬江科创区及文创港建设，活用宁波渔轮厂等甬江沿岸工业遗存，布局数字文创园和沉浸式文化馆、国潮步行街、动漫手游店、元宇宙体验馆等数字化、年轻化消费场景，探索培育科创体验产品、科创观光产品。

2. 智慧场景赋能文旅高质量发展

推动 5G、大数据、云计算、物联网、人工智能、虚拟现实、增强现实等现代信息技术在文旅、文博、文艺、文创领域的创新利用。激发文旅市场活力，助力实现共同富裕。

推进智慧文旅建设。在旅游资讯、精准营销、预约预订、快速入园、导览讲解、沉浸式游览等环节植入数字化场景。通过游客画像分析精准推送文旅信息。推广景区 5G 网络覆盖，推行扫码入园、刷脸通行等无接触式服务。构建虚拟数字人物形象作为宁波文旅的代言人，以连贯性及叙事化的场景串联宁波景区。通过自动定位及景观识别等技术，为游客提供个性化路线推荐、导览和讲解等服务。运用裸眼 3D 及全息投影等技术，打造虚拟场景、多维展陈等新型业态。

加快智慧文博建设。加快图书馆、文化馆、美术馆、博物馆等公共文化场馆数字化转型升级，开发“掌上展馆”“口袋图书馆”“云上博物馆”等。立足馆藏，运用数字孪生技术、考古现场 3D 纪录系统、3D 打印技术、图像 AI 拼接修复技术、文物库房数字化技术等手段对文物古籍等进行数字化存档。

深化智慧文艺创作。开发云演艺、云娱乐、云直播、云展览等新业态。发展数字影视、数字音乐、数字演艺、数字艺术展示、数字新媒体、线上演播、短视频、沉浸式体验等数字文艺新业态，培育一批沉浸式剧场和云上剧场。

创新智慧文创产品。开发虚实结合的数字文创产品及艺术藏品，例如，基于梁祝传说的实物摆件融合 AI 及 AR 技术，呈现化蝶等唯美数字场景。

3. 锻造宁波特色文旅融合品牌

打响“顺着运河来看海，伴着书香游宁波”品牌，突出宁波“书藏古今·港通天下”特色。擦亮阳明文化、安石文化两大名人IP，举办王安石文化节等系列活动，开发“阳明心学之旅”“王安石经游之路”等文旅产品。

支持非物质文化遗产传承人与各类文化创意工作室、设计工坊等开展文创产品设计，推出河姆渡遗址、井头山遗址考古盲盒等文创产品。培育主题性文化雅集、旅游集市、文博集市等小而美的文旅集市，融文化体验、旅游消费、商品展销于一体。

打响宁波多层次节展活动品牌。提升中国徐霞客开游节、中国（象山）开渔节、中国（奉化）雪窦山弥勒文化节、越窑青瓷文化节、中国宁波国际港口文化节、海丝之路文化和旅游博览会等节庆能级及活动品质。持续举办“天一阁论坛”、宁波博物院“东方讲坛”等品牌活动。

4. 发挥乡村大平台作用

围绕“文化传承、特色发展、业态创新”，实现文旅在乡村大平台的融合，形成以旅兴农、以农促旅、文旅融合、城乡互动的新格局，实现乡村物质精神“双富裕”。

文化传承方面，保护乡村的历史遗存、民俗文化、乡土文明及传统工艺。修建乡镇村史民俗馆，作为展示乡村历史沿革、文化特色及民俗风情的载体。探索校地携手、村企结对等模式，共同参与民间博物馆、文化礼堂、农家书屋等基层公共文化设施的建设运营。

特色发展方面，深挖各村不同特色文化，打造差异化乡村旅游。例如，余姚横坎头村、奉化松岙镇、北仑小门村等侧重红色文化，象山石浦镇、茅洋乡等着眼于海洋文化，江北三勤村发展农耕文旅，慈溪匡堰镇、桥头镇等弘扬青瓷文化，海曙高桥镇立足藏书文化打造书香小镇，鄞州东钱湖韩岭村、下水片区等聚焦宋韵文化，镇海澥浦镇、宁海前童古镇拓展非遗文化传承，江北慈城镇打响慈孝文化品牌等。

业态创新方面，将原生态乡土文化提升成为国潮美学新高地。推动乡村文化 IP 与服饰、食品、酒店、艺术品等开展跨界合作，搭建民族时尚文化产业集群。开展乡村节庆、文化赛事、学术交流及展演活动等创新文化活动。开展乡村旅游季、乡村艺术节、稻田音乐会等特色创意活动。

（四）增进国内外文旅体交流互鉴

1. 加强国内区域间文旅体交流合作

强化区域协同，推动长三角文旅市场交流合作。强化长三角文旅资源一体化开发理念，发挥长三角文旅消费一体化联盟等组织作用，提升长三角文旅资源价值与影响力。联合策划、开拓境内外文旅市场，推动多城组团赴重点旅游客源地营销与投放广告，推广长三角整体文旅形象，共建世界级旅游目的地。

做大做强运河品牌与海丝文化品牌，推动运河沿线城市文旅交流合作。打造大运河沿线城市文旅合作联盟，促进杭绍甬、甬舟文旅一体化；加强与杭州协同发展，共唱文旅融合“双城记”，强化两地优势资源、产业、企业在文旅领域的合作共赢；与杭州联手打造运河品牌、海丝文化、宋韵文化等文旅交流合作平台，共同举办国际会议、学术交流、行业间交流等活动。

2. 推进国际文旅体交流合作

强化与中东欧、“一带一路”沿线国家和地区的文旅交流合作，开拓国际文旅市场。依托中国—中东欧博览会、海外宁波周、保加利亚索非亚中国文化中心等载体，增进国际交流。联动意大利威尼斯、法国尼斯等国际知名滨海旅游城市，争取在象山石浦、鄞州东钱湖等地举办全球滨海城市文旅交流会议会展。

立足文化同源优势与交流基础，促进与周边国家的文旅交流合作。打响“圣地宁波”品牌，联结天童寺、阿育王寺、雪窦寺、五磊寺、七塔寺等寺院，突出宁波文化与东亚文化圈关联，成为中国—日韩（东亚）人文交流首选地；擦亮宁波“东亚文化之都”品牌，强化与奈良、京都、济州等的交流合作。利用宁波作为阳明文化国际传播起源地的独特优势，推进与日本等国的文化交流，提升阳明文化的国际影响力。依托与东南亚外贸、旅游等领域交流合作基础以及航线基础，持续开拓与东南亚市场的文旅交流互通。

争办大型综合赛事，搞活赛事经济。高质量办好杭州亚运会帆船和沙滩排球赛事，着眼“办好一个会、搞活一座城”，放大“亚运效应”。加强与国际体育组织的联系，积极引进影响力大、经济价值高、落地性好、成长性高的国际性赛事。争取申办全运会、青奥会等国际国内综合性赛事。发挥萨马兰奇全球航海运动基金带动作用，引入世界级帆船赛事。高水平办好 WTA250 赛事，在此基础上争取 WTA500、WTA1000 等更高级别赛事。争取职业体育俱乐部承接 CBA 主场赛、中国足球五超联赛等职业赛事落户宁波。因地制宜办好“中国四明山山地户外运动挑战赛”“奉化海峡两岸桃花马拉松”“宁海山地越野赛”等“一地一品”群众性体育赛事。结合宁波山海资源禀赋，培育打造帆船、帆板、沙滩排球等滨海特色群众赛事品牌，借势推广宁波滨海休闲品牌。充分结合宁波山水资源等户外运动场地、当地民风民俗、城市风貌等特色，开展马拉松、自行车、越野赛、铁人三项赛等户外赛事，培育特色户外品牌赛事。积极筹建中华龙舟文化博物馆、宁波体育博物馆等场馆，搜集整理体育文化设施、史料、影像、人物、故事等资源，提高宁波体育文化展示功能。

3. 开展宁波文旅体品牌宣传推广

通过海内外新媒体渠道，加强宁波文旅品牌与资源的全球推广。打造国际新媒体传播中心，发展海外社交媒体矩阵展示“海丝宁波”形象，讲好“中国故事”。依托庆安会馆、天一阁、翠屏山、四明山等文旅资源及河姆渡文化、海丝文化、浙东文化、阳明文化等文化标识，策划“@ 宁波”系列城市形象宣传片。利用河姆渡遗址发现五十周年等节点，结合数字化营销和异业营销，通过新媒体平台进行事件推广、话题引爆，充分发挥甬派、宁聚等本地媒体作用，增加宁波城市形象和文旅品牌的曝光度。

强化整合营销，放大亚运品牌效应。围绕亚运海洋运动项目，以象山为主阵地推广海洋特色文旅体资源，塑造宁波现代化滨海大都市形象；加强河姆渡文化、运河—海丝文化、阳明文化等与亚运融合，“运（亚运）运（运河）相生”擦亮“中国大运河出海口”名片。在亚运宣传和相关城市空间改造、文创设计中凸显宁波文化元素。联动亚运龙舟赛事，推广宁波龙舟民俗文化和“羽人竞渡”文化符号。大力推进龙舟运动走出中国，对标奥运会要求，完善规则、标准，举办国际化龙舟赛事，积极推动龙舟运动早日成为奥运会项目。通过纪录片等形式，发挥体育名人效应，擦亮宁波“奥运冠军之城”的“金名片”。

（五）强化文旅体融合保障措施

1. 完善配套设施

围绕数字出游、旅游交通、配套设施、业态服务“四网”建设，提升旅游服务品质。数字出游方面，实时监测和分析道路通行情况，依托游客流量大数据平台，动态预测拥堵区域和时段。在停车场出入口、车道、车位等安装监控、引导、检测、收费等设备，实现游客自助查询、预订、导航、停车及交费。旅游交通方面，打造陆海空“1 小时旅游交通圈”，改善景区“最后一公里”道路交通条件，提高通景公路等级，加快交通连岛项目建设。依托综合交通枢纽完善市县乡三级旅游集散体系。完善游客服务中心、旅游厕所、停车场、应急救援、游客信息等基础设施建设。

2. 畅通资金渠道

统筹县（市、区）相关专项资金政策，积极发挥财政资金引导作用，推进重大文化和旅游项目建设。加快创建国家文化与金融合作示范区。鼓励银行等金融机构建设文旅金融专营机构。推广文旅企业股权、著作权、商标权、景区经营权等新型质押融资业务。引导金融机构简化授信手续，发放优惠利率贷款。发挥产业发展基金作用，进一步激发创投基金、天使基金、民间资本等社会资本活力，探索设立文旅融合发展投资基金。

3. 加强人才支撑

重点培养引进具有国际视野和创新意识的文化、旅游、体育领军人才，培养具有专业素养和合作意识的骨干人才，广泛培养具有潜力、热爱文旅事业的基础人才。建好宁波文旅体智库，推进成立高端文旅体人才库和专家咨询委员会，强化高端智力支撑。

第十九章　从生态产品价值视角看城乡共富

生态产品价值实现是在生态文明建设总体框架下，深入践行“两山”理念，兼顾保护与发展，通过系统化保护、组织化生产、市场化经营、资产化管理等手段，使生态资源向生态资产、生态资本转变，推动生态产品成为新经济体系重要生产要素，实现“绿水青山”和“金山银山”的共生增长，对带动城乡共同富裕、满足人民对优美生态环境需要、推动生态文明建设和可持续发展具有重要意义。

我国已经出台了一系列相关政策，形成围绕生态产品价值实现机制的“1+N+X”政策体系。宁波市在制造业企业绿色低碳转型、“生态 +”产业基础、碳汇资源等方面具有较好基础，且在绿色循环经济、绿色金融创新等方面具有先发优势，应乘势而上，加快完善生态文明建设的体制机制改革，建立健全生态产品价值统计、核算、交易、应用体系，发挥山区海岛等地区生态资源优势，推进生态产业化和产业生态化，积极探索政府主导、企业和社会各界参与、市场化运作、可持续的生态产品价值实现路径，推动生态优势向发展优势转化，构建生态共富新模式。

一、生态产品价值实现的基本模式和重要意义

（一）生态产品价值实现的基本模式

1. 生态产业化经营

以市场为主导，通过充分发挥生态优势和资源优势，将生态产品的价值附着于农产品、工业品、服务产品的价值中，以可持续的方式开发和交易经营性生态产品。

2. 生态治理及价值提升

通过生态修复、环境治理、综合开发等方式，恢复或利用生态系统的物质供给、调节服务、文化服务等功能，因地制宜发展生态农业、生态工业、生态旅游业，增加生态产品供给，实现生态载体溢价。

3. 生态资源指标及产权交易

发挥政府和市场作用，通过政府管控或设定指标限额等方式，创造生态产品交易需求，包括建立区域间和企业间的碳排放权、用水权、排污权等生态资产交易体系，促使利益相关方开展交易。

4. 生态保护补偿

以政府为主导，在综合考虑生态保护成本、发展机会成本、生态服务价值的基础上，通过财政转移支付、政府赎买等方式向在生态保护中被限制或禁止开发区域的生态产品生产者进行补偿。

（二）宁波市推进生态产品价值实现的重要意义

1. 践行“绿水青山就是金山银山”理念的具体体现

推进生态产品价值实现，要求通过因地制宜的科学实践统一生态文明与共同富裕，通过价格信号平衡生态产品供需关系，充分发挥市场在生态保护和修复中的作用，将生态本身作为生产力，高效转换生态产品价值，能够协

调统一发展性、共享性和可持续性这三大共同富裕核心要素，同步推动生态文明建设与经济高质量发展，实现发展成果为全民共享和代际共享，是宁波市践行“绿水青山就是金山银山”理念的具体体现和共同富裕先行示范的必然选择。

2. 高质量推动乡村振兴，带动共同富裕的必经之路

缩小城乡差距是实现共同富裕最为关键和迫切的问题之一，其中最主要的差距是收入差距。地处四明山、象山等地的山区海岛农村地区经济发展水平相对落后，但其拥有林木、山水资源、海洋资源、风光能源等得天独厚的生态优势。推进生态产品价值实现有助于农村地区将生态优势转变为发展优势，以可持续的方式利用当地资源并创造更高价值，通过生态产业化与产业生态化拓宽农民致富增收渠道，是高质量推动乡村振兴、最终实现强村富民的可行方式和必经之路。

3. 满足广大人民群众日益增长的对优美生态环境需要的重要手段

优质的生态环境是最公平的公共产品、最普惠的民生福祉，是共同富裕的底色。进入新发展阶段，共同富裕不仅要让人民群众生活更富裕，更要满足广大人民群众日益增长的对优美生态环境的需要。推进生态产品价值实现，有助于促进生态产品的投资、生产，实现经济社会发展全面绿色转型，大幅扩大全社会优质生态产品供给，让优美的生态环境成为人民群众触手可及的公共福利，让宁波全市城乡居民成为生态共富的参与者和受益者，实现人与自然的和谐共生。

4. 提升全社会生态文明素养，实现可持续发展

生态文明素养是全民精神层面共同富裕的重要体现。推进生态产品价值实现，在生态环境外部成本向内部成本转化的过程中，全民生态文明素养也将逐步提升，形成全社会对生态文明建设的共识。最终，推动生态文明建设从外部政策激励转化为内在理念驱动，全社会自发性地参与生态环境保护、修复、治理，为可持续发展和守护生态安全底线提供源源不断的内生动力。

二、宁波推进生态产品价值实现的基础与挑战

（一）生态产品价值实现的相关政策支持

从国际层面看，欧盟、英国、美国等地在生态产品价值实现方面进行了大量探索，目前已形成较为完善的制度体系。自 2019 年起，欧盟委员会陆续制定了《欧洲绿色新政》《欧洲气候法》等，并于 2021 年 7 月发布了“Fit for 55”一揽子减排方案，包括扩大欧盟碳交易市场、扩大可再生能源占比、设立碳边境税等多项法案，旨在完善欧盟排放交易体系，助力生态产品价值转化。

从我国层面看，目前我国已形成围绕生态产品价值实现机制的“1+N+X”政策体系。2021 年 4 月，中共中央办公厅、国务院办公厅印发《关于建立健全生态产品价值实现机制的意见》，明确了我国生态产品价值实现机制“是什么、怎么建、如何用”等核心问题的解释；国务院及各部门围绕生态产品价值实现出台各项支持政策，包括《建立市场化、多元化生态保护补偿机制行动计划》《关于深化生态保护补偿制度改革的意见》《要素市场化配置综合改革试点总体方案》等；各级地方政府结合自身资源禀赋与实际情况，先后出台地方性政策文件。

2021 年 11 月，浙江省出台《关于建立健全生态产品价值实现机制的实施意见》，为“两山”转化做好制度保障。2022 年 6 月，宁波市出台《关于完整准确全面贯彻新发展理念做好碳达峰碳中和工作的实施方案》，明确了高质量实现“双碳”目标的顶层设计，包含“完善市场交易机制”“构建绿色金融体系”等生态产品价值实现相关工作内容。目前，宁波市正在制定《宁波市建立健全生态产品价值实现机制实施方案》，为打造“宁波样板”做好政策支持。

（二）宁波市推进生态产品价值实现的优势基础

宁波市高度重视生态文明建设，坚持将生态文明理念贯穿经济社会发展全过程，走出了一条制造业强市的生态文明逐“绿”之路。近年来，宁波市全面推进生态文明示范创建，2017 年入选全国水生态文明城市，2018 年入选第二批省级生态文明建设示范市。截至 2022 年，全市成功创建国家生态文明建设示范区（县、市）4 个，“绿水青山就是金山银山”实践创新基地 2 个，省级生态文明建设示范区（县、市）覆盖率达 90%。

1. 制造业企业绿色低碳转型需求充足

作为全国重要的先进制造业基地，宁波市制造业体系完整、基础雄厚。2022 年宁波市规上工业增加值突破 5000 亿元，稳居全省第一。但宁波市高耗能工业行业能源消费占比较高，2021 年八大高耗能行业综合能源消费总量达 2307.5 万吨标准煤，约占规上工业能源消费的 74.3%，企业绿色低碳转型需求较为迫切。一方面，在“双碳”目标、用能约束等国家战略下，高耗能企业正在加速绿色低碳转型，以绿色工厂、绿色园区、绿色供应链和绿色设计产品为重点，推动绿色制造体系建设、绿色示范创建。另一方面，全国碳排放权交易市场预期在“十四五”期间将交易主体由发电行业企业延伸至石化、化工、建材、钢铁、有色金属、造纸、民用航空等更多高耗能高排放行业企业，促使更多企业加快绿色低碳转型。

2. 文化旅游、有机农业等“生态 +”产业基础良好

宁波市坚持把生态优势作为城市发展的内在竞争力，通过发展文化旅游、有机农业、生态渔业、休闲体育等“生态 +”产业，促进产业生态化和生态产业化互利共生，以生态共富引领乡村振兴。近年来，四明山、象山等地积极发展生态高效农业、全域生态旅游、生态体育等新业态，打造了梁弄小水果、大岚高山云雾茶等特色农业集聚区，规划了“四明之窗”百里红诗路、“五彩梁弄”等农文旅融合精品路线。

3. 各类碳汇资源等生态产品潜力巨大

宁波市山海相望，森林资源丰富，水系发达，海岸线曲折绵长，有杭州

湾、象山港、三门湾等海湾海景，也有四明山、天台山、翠屏山等天然屏障，生态资源得天独厚，生态产品的创新开发潜力巨大。尤其是在碳汇资源方面，宁波市坐拥丰厚的绿碳、蓝碳等碳库家底，2021 年全市森林面积达 666 万亩，森林蓄积量达 2296.83 万立方米；四明山区、象山等地已通过开展龙观乡 GEP 核算应用试点、全国首单蓝碳拍卖等工作先行探索生态产品价值实现方式；2023 年 2 月，宁波市首个蓝碳试点——杭州湾南岸海岸带碳汇调查、评估与价值核算项目通过专家验收，结果显示杭州湾南岸滨海湿地蓝碳储量和增量分别为 69.63 万吨 / 年和 3.27 万吨 / 年，滨海湿地碳汇价值量达 186.61 万元 / 年。

4. 绿色循环经济发展成效走在全国前列

近年来，宁波市创新发展以生活垃圾分类、废旧物资循环利用为代表的绿色循环经济。2013 年启动世行贷款宁波市城镇生活废弃物收集循环利用示范项目，2018 年底完成“分类投放、分类收集、分类运输、分类处置”全链条体系建设；2021 年启动世行贷款中国塑料垃圾减排项目——宁波城镇生活垃圾智慧分类、收集、循环利用示范项目，开展垃圾分类收运体系建设、资源循环利用基地污水处理厂建设等工程，升级“搭把手”智能垃圾回收体系，打造建设全域无废城市的硬核力量。目前，宁波市城乡生活垃圾分类覆盖率达 100%、资源化利用率达 100%、无害化处理率达 100%、生活垃圾分类处理率达 83.4%。

5. 绿色金融支持生态产品价值实现

目前，宁波市主要以绿色信贷为主要金融工具支持生态产品价值实现，同时积极创新绿色债券、绿色保险等产品。绿色信贷方面，农业银行宁波分行、工商银行宁海分行等机构推出了林权质押贷、“五水共治”专项贷、光伏屋顶项目贷、绿色金融制造贷、绿色交通贷、生态修复贷、排污权质押贷款等产品。绿色债券方面，2022 年宁波能源集团股份有限公司公开发行全市首只碳中和绿色公司债。绿色保险方面，依托宁波市保险创新综合试验区，中国人民财产保险股份有限公司推出的生态环境绿色保险是“保险 + 服务 + 补偿”政策性商业保险模式的有益探索。此外，林木火灾碳泄漏补偿保险、湿地碳汇生态价值保险等绿色保险产品皆为宁波首创。

（三）宁波市推进生态产品价值实现面临的挑战

1. 评估和核算难度较大

生态产品产权界定不清。长期以来，海洋、河流、森林、气候等生态系统由于具有弥散性、流动性、跨区域等特征，无法精确界定产权，人人都是生态产品的受益者、使用者和制造者。生态产品受益主体难以确认，环境污染难以得到修复、补偿，严重影响生态产品的价值实现。

生态产品价值评估、核算难度大。一方面，部分生态产品价值难以评估，以翠屏山区生态水库为例，上林湖、杜湖、九龙湖、苏湖等都具有灌溉、防洪、保护耕地等生态价值，但难以通过具体指标衡量产生的效益，导致市场化存在一定技术难度。另一方面，受到生态产品复杂多样、空间特征、价值多维性等自身属性以及核算方法、标准不统一的影响，生态产品价值核算通常带有较大主观性。

2. 基础制度有待完善

尚未建立起能匹配资源价值的有偿使用制度和生态补偿制度。宁波地区生态产品主要依赖水体、大气、土壤、森林等生产资料，具有很强的外部属性，其代际补偿价值和外部补偿价值等往往被忽略，生态补偿也存在财政资金使用效率低下等问题。四明山绝大部分区域位于国家一、二级生态红线区，生态环境保护成本高、产业发展空间受限，严重制约山区生产总值，政府生态补偿的范围也难以覆盖到位，进一步降低了人们保护生态环境的积极性，影响生态产品价值实现成效。

尚未建立完善的绿色产品信用制度和统一的生态产品标准、认证、标识体系。绿色产品信用制度缺失，生态产品和服务存在参差不齐、以次充好等问题。现有环保、节能、循环、低碳、再生、有机等产品领域第三方认证和自我寿命评价体系过多，存在企业重复评审、认证、检测等问题。

3. 市场化经营受限

优质生态产品供给不足。一方面，在“国家临港重化工基地、华东地区重要能源基地”的定位和区域产业经济空间布局碎片化特征明显的背景下，宁波市绿色低碳转型和减排压力较大，国土开发强度和单位国土面积的污染负荷高于全省平均水平，应对气候变化、水治理、土壤污染、生态环境修复等工作面临极大压力。另一方面，在国内外环境复杂严峻以及生态环境保护约束趋严的背景下，农业发展提升面临“天花板”，存在各地农产品低端同质化竞争明显、农业功能与第三产业结合不足等问题，制约生态产品价值实现。

生态产品交易机制尚不健全。尽管宁波市生态产品类别丰富，但尚未形成完善的交易市场机制。与以排污权、水权、碳排放权等为代表的少数热门“生态权”相比，气候调节、水源涵养、生物多样性等冷门“生态权”均未被列入交易市场，生态产品供给方与需求方、资源方与投资方仍对接不畅，生态产品产业链和价值链仍有较大延伸空间。

三、宁波市推进生态产品价值实现的总体思路

全面贯彻习近平生态文明思想，深入践行“绿水青山就是金山银山”理念。结合宁波实际，以高质量发展建设共同富裕先行市为统领，积极推进生态产品价值实现。坚持保护生态环境就是保护生产力、改善生态环境就是发展生产力，搭建“绿水青山”转化为“金山银山”的通道，高水平推进人与自然和谐共生的现代化，构建生态共富共美新格局。

不断完善生态文明建设的体制机制改革，在健全生态产品价值统计核算、生态资源产权、绿色产品认证等相关制度体系保障的基础上，打造生态产品的交易与核算结果的应用体系。完善生态保护补偿、横向转移支付、生态服务购买等制度；利用绿色金融、碳汇交易等机制调动全社会参与生态产品市

场化交易的积极性；借助数字技术等手段助推生态产品价值实现场景构建；充分发挥四明山区、象山、宁海、杭州湾等地生态资源优势，推进生态产业化和产业生态化，积极探索政府主导、企业和社会各界参与、市场化运作、可持续的生态产品价值实现路径。

推动生态优势向发展优势转化，稳步扩大全市生态产品总值规模，优化物质供给类、服务类、文化服务类等多元生态产品供给结构。实现生态文明与共同富裕相统一，走出一条生态优先、节约集约、绿色低碳的高质量发展之路，构建具有宁波特点的生态共富新模式，支撑生态文明建设和生态环境治理能力提升，为美丽中国建设贡献宁波方案，切实提高人民群众的获得感、幸福感、安全感。

四、宁波市推进生态产品价值实现的具体路径

（一）发展“生态 +”产业，推动生态产品直接交易

只要生态保护，不要经济增长，无法走上富裕道路；只要经济增长，不要生态保护，共同富裕不可持续，难以在代际间共享。共同富裕必然要求生态经济协调发展，以生态谋发展，以产业促共富，拓宽“绿水青山就是金山银山”的转化通道，实现生态惠民、生态利民、生态为民。

1. 向生态农业转型

培育经营主体，发展生态农业。引导本土种植、养殖大户或现有农业龙头企业发展成为特色农业经营主体，全面推广立体套种、林下种植等高效农作，以及象山“稻鱼鳖”、余姚“稻鱼”“稻鳖”等农业共生模式，借鉴以色列、日本等国先进的生态农业经验，发展精准农业、循环农业。引进具有较强生态产品开发及市场拓展能力的龙头企业，联合本土农业经营主体，发展地方特色农产品加工，加快现代农业延链补链强链，打造高附加值农业全产

业链。联合宁波市农业科学研究院、宁波市农业科技人才联盟等平台载体，深化“甬优”系列水稻、余姚榨菜、奉化水蜜桃等特色优势农业“育—繁—推”“产—学—研”可持续发展模式。

打造生态农业产业园区，实现生态农业集聚发展。结合全市农业“小而精、小而优”的特点，以镇、村为基本单元，走生态农业产业园区发展道路。重点在5个国家农业产业强镇和28个全国“一村一品”示范村建设生态农业产业园区，发挥农村合作经济组织联合会对农户的带动作用，有效衔接产业园区与小农户，引导农业龙头企业与农民合作社、家庭农场、供销合作社等经营主体合作，强化产业富农利益联结，深度融合农业生产要素、生态要素、创新要素，推动农业生态化发展。

发展休闲观光农业，延伸农业生态价值。总结推广滕头村、天宫庄园休闲旅游区、宁海县欢乐佳田农场等现代农业基地发展模式，深化农文旅一体化发展，打造具有农业价值、旅游价值、地方文化价值的农业衍生产品，推进农家旅游致富。重点在四明山区域、翠屏山麓、象山石浦、宁海桑洲等地，根据特色产业和特有地形，探索符合当地特色和旅游市场多样化需求的生态旅游农业、生态体验农（渔）业园区、农业生态庄园等经营模式。

2. 向生态工业转型

改造升级传统工业企业。探索石化、机械、纺织、汽车制造等重点行业企业生态化转型试点，形成一批示范企业和产品，提升绿色竞争力。引导企业按照绿色工厂创建标准，应用绿色低碳技术建设、改造、管理厂房，集约利用厂区；鼓励企业使用清洁原辅材料，选用先进适用的绿色生产工艺技术和高效末端治理装备；促进企业优化工厂用能结构，提高工厂清洁和可再生能源使用比例；推行资源能源环境数字化、智能化管理系统，实现资源能源及污染物动态监控管理。推动全市绿色制造水平整体提升，绿色制造模式广泛应用。

建立现代化生态工业园。加强宣传、引导和培训，加快宁海、慈溪、前湾新区、余姚等地特色产业园区生态化转型，争创国家级绿色园区。聚焦产业链上下游产品及副产品关联，打造基于“回收—再利用—设计—生产”循环经济生产模式的生态产业园。重点在慈溪滨海经开区设立氢能生态产业园，围绕石化副产品蓝氢，发展储能、氢能汽车等产业；在海曙、慈溪、奉化等纺织产业核心区，推动废旧纺织品再生产品在建筑材料、汽车内外饰、装饰装修等领域的应用；在象山、宁海渔业基地发展废弃鱼产品提炼等水产深加工业。

培育战略性新兴产业。聚焦由新材料、高端装备、新一代信息技术等构成的“351”战略性新兴产业体系，依托甬江实验室、宁波工业互联网研究院、宁波新兴产业创新综合体等创新载体产业发展基础和创新资源优势，引导产业快速集聚，提高核心产业竞争力。同时加强产业链上下游企业协同发展，推动创新型龙头企业、产业龙头企业联合创新机构、下游应用企业共建“351”产业应用推广中心，加强技术联合攻关，加快构建以产业链协同创新和配套为引领、以规模化应用为基础的发展格局。

3. 向生态产业转型

推动山林资源变现。坚持“人口下山—产业上山—产品出山—制度护山—游客进山”发展道路，促进四明山、翠屏山等山区林地的“美丽资源”迈向“美丽经济”。推进农村土地“三权分置”制度，盘活闲置宅基地和闲置农房，加快山林居民往山下、社区转移，实现高山生态资源从细碎化转向集约化。加大招商引资和优势产业开发力度，引进“林果药复种型山林经济”“猪—沼—果山林经济”等特色农林经济模式。选择自然森林资源丰富、风景优美、区位条件良好地区，着重发展森林旅游业，以森林体验游、休闲游、养生游、科教游为主，打造生态旅游产业。在区位条件较差地区，以发展生态林业为主，注重生态保护、森林资源养护和资源储备。

推动湖海资源变现。以“保护、治理”为前提，根据水资源规模、区位、特色等，坚持“一水多用、主副结合、多业并举”的发展道路，推动三江流域、近岸海域等水生态资源丰富区域壮大“水美经济”。重点提升宁波“三江游”项目，围绕“三江连古今，畅游八千年”主题，打造三江夜游航线、姚江航线、甬江航线、奉化江航线、甬舟航线，高品质建设亲民的全域型水岸游憩空间，形成游、购、娱、住、行多产融合的水域旅游体系；高质量开发蟹钳港，建设以“山、田、海、水”为主题的生态乐园。

（二）治理修复城乡生态环境，提升公共福利与生态价值

生态治理修复是提升生态环境质量、实现自然资源可持续利用的关键环节，是未来乡村、美丽乡村、未来社区、城乡风貌样板区建设的重要方面。其核心目标是厚植共同富裕环境基础，守住“绿水青山”保障优质生态产品供给，建设人与自然和谐共生的现代化。

1. 加快山林生态资源保护与修复

实施国土绿化行动和森林质量精准提升工程，加强对四明山、天台山余脉等城市山体自然风貌的保护，严禁在生态敏感区域开山采石、破山修路、劈山造城。统筹考虑山上、山下、林草、水源、山体、遗迹、生物等要素，通过“工矿复垦、植树造林、水土保持、生物涵养、防灾减灾、遗迹保护”与山体修复相结合的立体式生态治山模式，恢复森林涵养、水土保持能力，重塑山体生物多样性和生态屏障功能。

2. 强化水系海域生态保护与修复

全面落实海绵城市建设理念，系统开展江河、湖泊、湿地等水体生态修复。加强对城市水系自然形态的保护，避免盲目截弯取直，禁止明河改暗渠、填湖造地、违法取砂等破坏行为。推动湿地提质增效，推动杭州湾湿地、余姚牟山湖湿地等湿地修复，探索“小微湿地 +”模式，提升湿地公园生态系统稳定性。加强河湖生态修复，开展护岸生态化改造，结合中小流域综合治理，实施清淤疏浚、水系连通、水生植物恢复等措施，积极构建“水下森林”系统，增强水体自净能力。加强近岸海域生态保护修复，推进东部生态海岸带建设，加快海洋经济示范区建设，实现海洋生态绿色协调发展，因地制宜实施自然岸线生态修复，以北仑梅山湾和象山白沙湾为试点分批推进美丽海湾建设。

3. 完善城市绿地系统建设与升级

推进绿廊、绿环、绿楔、绿心等绿地建设，构建完整连贯的城乡绿地系统。重点以四明山—天明山生态涵养区、翠屏山生态涵养区、太白山生态涵养区三大区域为基础打造城市绿地核心支撑，按照居民出行“300米见绿、500米入园”要求，优化城市绿地布局，形成以公园绿地、生产绿地、防护绿地、附属绿地为主体的都市农业带和防护生态带，串联三大生态涵养区构建山海生态圈。推进拆迁建绿、破硬复绿、见缝插绿，拓展绿色空间，提高城市绿化率。因地制宜建设湿地公园、雨水花园等海绵绿地，提质改造老旧公园，提升存量绿地品质和功能。鼓励民间资本建设绿地，引导居民和社会组织共同管理维护城市公园、运动场地，形成符合人民群众喜好和需求的绿地环境，提升公园管理水平。

（三）建立健全生态产品价值实现的基础制度

建立健全生态产品价值实现的基础制度，是生态环境治理能力现代化的必然要求，是推动经济社会发展全面绿色转型、实现生态共富的保障，从制度设计上确保供给生态产品的行为得到相应的补偿，破坏生态环境的行为承受相应的惩罚。

1. 厘清生态资源权属，构建生态产品价值核算体系

建立自然资源资产产权制度。以不动产登记为基础，充分利用国土调查成果，对区域内自然资源进行核算梳理，构建“山水林田湖草沙”生态资源统一确权登记系统，制定归属清晰、权责明确、保护严格、流转顺畅、监管有效的自然资源资产产权制度，形成多元化生态产品生产和供给主体。

开展生态产品价值转化潜力评估。制定宁波市生态资源、生态产品分类目录，系统分析四明山、翠屏山、宁海、象山、杭州湾等重点地区水资源、林地、湿地等生态资源，厘清各类资源转化优势和培育潜力，提高绿水青山附加值。

完善符合宁波生态资源特色的生态产品价值核算体系，让绿水青山可定价、可交易、可融资有据可依。完善四明山区域生态产品调查监测机制及

GEP 核算体系，创新龙观乡生物多样性价值调查与核算方法，推进宁海、象山涉海地区 GEP 核算试点建设，明确各类生态产品权责归属。围绕产品供给、服务调节、文化服务等维度，采用遥感、气象监测等方法，搭建山区和涉海地区生态系统数据库，通过市场价值、替代成本、影子工程等定价方法核算并形成生态系统价值数字地图，结合区域资源特色推进 GEP 核算细化指标创新和迭代升级，通过专业第三方评估公司对生态产品价值进行科学评估核算，建立核算动态反馈机制，推动核算结果通过经营开发融资、生态资源权益交易、“两山银行”、“GEP 贷”等方式实现价值转化。

2. 溯源生态环境损害主体，创新保护补偿制度

健全生态环境损害赔偿制度。聚焦生态环境修复和保护，开展生态环境损害评估，健全生态环境损害鉴定评估方法和实施机制，进一步明确生态环境损害赔偿范围、责任主体、索赔主体、损害赔偿解决途径，形成相应的鉴定评估管理和技术体系、资金保障和运行机制，破解“企业污染、群众受害、政府买单”的不合理局面，提高生态环境损害赔偿水平和修复效率。

完善生态保护补偿制度。加强顶层设计，加大四明山区域生态发展市级专项资金转移支付力度，重点支持生态环境保护治理、主导产业转型、群众生活条件改善等工作；充分发挥市级机构在完善跨行政区生态补偿机制中的协调作用，明确区域（流域）之间横向生态补偿的适应范围以及上下游之间共商共建共享等机制。发挥政府购买生态服务机制作用，采取经济补偿（补助）、特许经营、合同外包、项目申请等多元方式购买植树造林、涵养水源等公益性生态产品，森林防火、野生动植物保护等公益性生态管护事务等服务。

3. 健全绿色产品信用制度和绿色产业、产品体系建设

健全绿色产品信用制度，完善企业和个人生态信用档案、正负面清单和信用评价机制。严格落实生产者对产品质量的主体责任以及认证实施机构对检测认证结果的连带责任，将破坏生态环境、过度开发等行为纳入失信范围并建立黑名单。规范绿色制造、绿色产品认定，建立统一的绿色产品标准、认证、标识等体系。

完善生态信用行为与金融信贷、行政审批、医疗保险、社会救助等挂钩的联动奖惩机制。加快宁波市碳资信评价创新与金融应用试点建设，在节能减碳领域先行取得成功经验，拓展碳资信评价与应用体系建设模式应用到水资源保护、生物多样性保护等生态信用领域。

（四）加快生态产品交易体系建设

生态产品交易能够有效对接供需双方，为企业、政府、个人等社会各类主体直接或间接参与生态共富提供渠道。通过市场化交易，生态产品价格能够更准确反映生态产品价值与供需情况，为碳排放权、碳汇资源、排污权、水权、用能权等各类生态产品提供价值储存、快速流通和变现手段，使生态环境外部成本的内部化转变成为可能，帮助农村地区、生态友好型企业等各类生态产品供给方拓宽致富渠道，对全社会生态保护意识与生态文明素养的形成具有至关重要的作用。

1. 打造生态产品交易平台，实现生态保护和经济发展双赢

加快推进象山海上“两山银行”、四明山“两山银行”等生态产品交易平台建设，着力解决碎片化生态资源入市壁垒、“生态占补平衡”等问题。推进生态强村公司建设，成为政府采购生态产品的主体以及“两山银行”收储生态资产的主体。

探索在杭州湾等地建设“湿地保护银行”地方性试点，科学开展湿地后备资源等生态资源盘点、登记、修复，高效、透明、精准匹配湿地后备资源产权主体和湿地修复投资主体需要。

基于各类生态产品市场化交易平台，探索生态资源配额交易，助推生态治理投融资环境建设，重点支持森林、海洋、湿地等各类生态富民产业发展，实现生态资源管控和经济社会发展双赢。

2. 提升生态产品交易服务水平，营造生态共富共创氛围

引进培育生态产品交易服务商，完善生态产品交易服务业态建设，积极营造全市制造业企业参与碳汇、碳排放权、水权、排污权、用能权等生态产品交易。

重点做好碳市场交易服务工作，除目前已被纳入全国碳市场的发电行业企业外，引导全市钢铁、石化、纺织、航空等重点排放行业企业做好融入全国碳市场的前期准备工作，通过碳价和履约压力强化企业绿色低碳意识。

积极融入国际生态产品交易市场，通过宣传、培训等服务强化企业及本地生态产品供给方对全球生态产品交易规则的认知；培育国际碳市场交易服务中介，探索与 Core Climate（香港交易所推出的国际碳市场）等平台合作。

发挥国网（宁波）综合能源服务有限公司优势，创新综合能源服务商业模式，为企业开展全方位碳资产管理、碳资信评级等服务；深化全市绿色电力证书交易，通过委托服务等模式，全面推广绿电社会化聚合交易，将全市零散闲置的优质生态资源“打包”交易，实现多方共赢。

（五）加快绿色金融工具创新与应用

绿色金融能够为“绿水青山”转化为“金山银山”过程中的产业催化、产权运作等环节提供必不可少的资金支持，是盘活生态资源资产的关键媒介，是金融助力乡村振兴、深度参与共同富裕创新探索的重点领域。一方面，绿色金融作为一种市场化工具，具有资源配置、风险管理、市场定价等功能，对生态产品价值实现、平衡生态产品供需、引导绿色投资、传递生态产品信息具有至关重要的作用，最终集聚全社会力量推动生态共富；另一方面，绿色金融为本地金融服务业特色化差异化发展、继而在新赛道取得领先地位创造新机遇。

1. 完善绿色保险产品体系，托底生态共富成果成效

充分利用宁波国家保险创新综合试验区，继续探索绿色保险的新方法、新路径，围绕绿色低碳、环污治理、节能环保、清洁能源、生物多样性保护等领域，完善全市绿色保险产品体系。鼓励保险公司创新推出系列碳保险服务，助力制造业、建筑业、交通运输业等减碳关键领域绿色低碳稳定转型；升级宁波市生态环境绿色保险、湿地碳汇生态价值保险、林火碳泄漏补偿保险、绿色建筑性能保险等现有绿色保险产品，扩大承保范围。深化并拓展与瑞士再保险、上海保交所等领军机构在产品创新与运营等领域合作，鼓励国内外保险公司以宁波为大本营和试验台创新和推广生态指数保险、碳汇指数保险、生态资产损失险、生物多样性保险等险种，为企业绿色技改转型、碳减排等成效兜底。

2. 打造多元绿色金融产品体系，引导全社会共创生态共富

构建多元绿色金融产品体系，通过绿色信贷、短期绿色债券、绿色产业基金、绿色基础设施 REITs 等产品组合，推动以企业、个人等主体投资外部性较弱、投资周期较短、市场回报率较高的生态产品；联合政府财政投入、绿色 PPP、生态保护与修复基金、政策性基金、政策性贷款、中长期绿色债券等手段，以政府为主导，鼓励全社会共同扩大外部性和公共属性较强、投资周期较长的生态产品供给。

推动宁波银行等商业银行以及本地信用社提升绿色金融业务规模与比重，拓展绿色信贷产品，结合农村金融改革，探索能效融资、碳排放权融资、各类碳汇质押贷款、绿色供应链金融、“两山贷”、茶园贷、林权贷等绿色信贷模式，充分发挥绿色信贷对生态康养、生态农业、生态保护、绿色科技等产业的资金支持，以及对企业低碳技改、节能减排等项目的引导作用。鼓励融资租赁公司、担保公司探索绿色租赁、绿色担保等业务，拓宽农村农户以及民营中小企业融资渠道。创新普惠型绿色消费金融产品，探索数字人民币个人绿色消费贷款利率优惠，鼓励城乡居民绿色消费行为。

调动农业发展银行宁波市分行、国家开发银行宁波分行等政策性银行，为四明山海曙片区绿色共富 EOD 项目、北仑区港产城融合示范区 EOD 项目、姜山云龙组团全域土地综合整治 EOD 项目、象山县环石浦港 EOD 项目等争取政策性金融支持，为其他有利于环境保护和生态建设的经济活动提供低成本资金支持。

发挥绿色债券市场功能，地方政府积极申报新能源、生态环保等重点领域专项债，鼓励金融机构、企业等主体发行绿色金融债、绿色公司债，支持绿色低碳基础设施、节能降碳技改、绿色低碳建筑、水生态修复、生物多样性保护、生态农业开发等领域投资。

发挥国家绿色发展基金等政策性基金对长江经济带沿线绿色发展的资金保障作用，动员企业开展项目储备。设立绿色低碳发展专项引导基金，结合QFLP试点开展绿色基金创新，吸引国内外天使投资、风险投资、私募机构等跟投，引导社会资本参与绿色转型、环保科技等项目投资，健全市场化、多元化投入机制。探索绿色基础设施公募REITs，盘活垃圾处理及生物质发电、近零碳园区、仓储物流等绿色基础设施资产，拓展公众参与生态共富的投资渠道。

探索设立以促进生态环境保护和生物多样性提升、推动绿色低碳发展为使命的绿色金融专营机构，支持各大金融机构在宁波设立绿色金融分支机构，多维度构建绿色银行、绿色投行、绿色融资租赁、绿色融资担保等各类绿色金融专营机构，深化绿色金融专营机构与国际金融机构的合作，与传统金融机构绿色金融业务协调并存。

3. 探索绿色金融科技应用，提升生态共富精准性与有效性

优化绿色金融业务数据收集、尽调、分析、评级等机制，丰富绿色资产认证、资产环境风险预警与流程管理、环境信息披露等全流程绿色金融科技应用场景，提高绿色低碳项目等识别精准度和效率，降低绿色低碳项目认证成本、小微企业和消费融资成本及生态产品交易成本。引导金融机构将数字化转型、金融科技基础设施建设与绿色金融业务相结合，联动绿色金融业务部门与金融科技部门统筹绿色业务、技术、数据一体化运营，推动绿色供应链金融、碳减排挂钩金融产品、绿色普惠、转型金融等业务开展。引导空天信息、数据分析、数据安全等领域科技公司攻关绿色金融科技重点技术，关注遥感、大数据、区块链、物联网、人工智能等技术研发与应用，为绿色金融机构和监管部门提供环境数据监测与采集、绿色资产智能识别与“上链”等专业技术支持。

（六）深化数字技术赋能生态产品价值实现

数字技术是驱动“两山”转化的重要引擎，更是引领生态共富的硬核驱动力，可有效破解制约生态产品价值实现的度量难、交易难、变现难等突出问题，精准高效地将生态优势转变成发展优势。一方面，数字技术有助于赋能生态农业、生态工业、生态文旅等新业态，为社会提供更多优质的生态产品，培育生态经济新动能，助推城乡区域协调发展；另一方面，数字技术是搭建 GEP 核算、生态环境监测等生态服务平台的软件基础，使生态资源智慧化、可视化、便捷化管理和动态价值评估成为可能，提高“绿水青山”向“金山银山”转化效率，加快生态富民惠民。

1. 利用数字技术扩大优质生态产品供给

推动数字生态农业发展，搭建宁波特色农产品信息平台，以慈溪杨梅、奉化水蜜桃、鄞州雪菜、象山柑橘、长街蛏子等宁波市特色农产品全产业链为主线，形成单品种农作物从规划、投入、生产到收获、加工、营销等的全过程模拟和监测，借助数字技术高效利用农业资源、降低生产成本、提高产量和品质。创新互联网传播手段，打造区域农产品品牌矩阵，加快“互联网 +”农产品出村进城，大力推广直播营销、社区团购、社群消费等营销模式，以全链路数字化推动“新消费富农”。

推动数字生态工业发展，运用新一代信息技术计算分析产品足迹，量化“设计—制造—运输—销售—用后废物处置”产品生命周期中的碳排放，建立产品碳排放数据库，进行减排流程改造及工艺优化。在全市高耗能企业或园区中搭建数字化能源管理系统，智能辨析生产过程中的能效改进机会点，优化用能方案。运用数字技术赋能供应链资源回收利用，发挥宁波供销再生资源科技有限公司等环保科技企业主体作用，持续升级“搭把手”智慧一体化再生资源回收服务系统，衔接再生资源回收利用产业链中的产废方、流通环节、利废方等多元主体，形成有序的废旧资源回收处理链，推动资源回收利用行业智能化绿色化协调发展。

推动数字生态文旅发展，打造“云游宁波”平台，通过虚实融合界面和剧情化浏览等文旅场景创新策划，解构四明山国家森林公园、东钱湖、溪口滕头等生态旅游景点的地域特色和历史背景，打造沉浸式展览与导览、云端文化沙龙会议等多功能场景，植入虚拟数字人讲解、知识图谱互动问答、AI

智能交互、VR 体验等互动智能服务。

2. 打造生态资源数字化管理服务平台

基于城市大脑，打通宁波各地区生态资源数据互联共享，利用大数据、云计算、数字孪生、高清遥感等前沿技术，构建宁波市“数字两山”GEP 核算平台，生成“生态产品价值地图”，系统反映各类生态资源分布、等级、权属等信息，实现优质生态系统资产数字化呈现，利用数据模型进行 GEP 核算，形成市域范围内可供交易和融资的 GEP 数据库。定期动态计算各区域 GEP 增长率、生态保护红线区域 GEP 贡献率等指标，完善对绿色发展财政奖补、生态公益林分类补偿、生态环保财力转移支付等相关决策的数据支持。

完善数字化生态监测机制，搭建“空天地”一体化感知、上下协同、信息共享的生态环境监测系统。依托宁波市生态环境监测中心，优化涵盖大气环境、水环境、土壤环境、噪声环境、污染源排放、生态系统等内容的数字化监测网络，形成全要素现代化环境监测体系，提升生态质量预报预警能力，加强网格化排污、排碳等问题的溯源精准性和及时性，提高生态环境管理与决策的智慧化水平。

（七）完善生态产品相关智力支持与服务业态

从智力支持角度来看，古往今来，“得人才者兴，失人才者衰”，通过把人才优势、科研院所载体优势转化为发展优势，能够激发城市内生力、创新力与竞争力，为拓宽共同富裕道路提供智力保障。从发展服务业态角度来看，较为完善的服务业态能为生态产品价值实现提供良好的市场环境，激活生态产品价值转化动能；还可以为生态资源富集地区提供更多就业机会，以就业促进城乡共同富裕。

1. 强化生态产品价值实现的人才智力支撑

发挥宁波市自然资源和规划局、宁波市生态环境局等单位的核心引领作用，联合宁波市生态环境科学研究院、宁波市农业科学研究院、宁波大学等科研院所和相关企业，围绕生态资源调查监测、价值核算、生态产品研发等关键环节开展科技创新攻关。建立生态产品价值实现领域对外交流合作平台和高端智库，与全球环境基金（GEF）、世界银行、国际能源署（IEA）等机构广泛开展国际交流合作。

充分发挥宁波市生态环境、区位交通、人才政策等优势，通过甬江人才工程、领军拔尖人才培养项目等引进国际人才与团队，加强生态资源确权登记、产权管理等领域高端复合型人才队伍建设，扩大专业人才队伍规模。引导宁波大学、宁波诺丁汉大学、浙大宁波理工学院等院校开设生态经济学、生态资产评估、绿色金融等交叉学科专业或课程，率先培养生态产品价值实现领域专业人才。依托乡村振兴学院等平台，壮大生态农业、生态农文旅等领域农村实用人才和农创客队伍，吸引更多在生态环保领域具备较多经验与资源的乡贤回归。

2. 完善生态产品相关服务业态布局

支持生态产品相关新业态发展，建设生态产业化服务园区，完善第三方服务体系，引进培育生态产品清查统计、价值评估、资产核算、资产报告编制、法律咨询、生态知识普及等第三方专业服务机构。

完善绿色金融相关服务业态支持，促进环境风险评估机构、绿色信用评级等中介服务机构发展，鼓励会计、法律和信用评级机构为绿色金融项目提供评估咨询和投融资定制化服务。建立绿色产业信用信息服务平台，实现生态信用数据在金融领域的共享，破解绿色金融等市场交易活动中的信息不对称问题。

强化高端会展等交流支持服务，依托宁波国际会议中心筹划举办生态产品价值实现与绿色低碳发展论坛、绿色金融论坛等活动，举办绿色技术路演、绿色产业交易洽谈会等配套活动，为企业、高校、社会组织、金融机构等主体搭建绿色低碳发展的“论坛＋产业＋资本”一站式平台，共谋共创生态产品价值实现道路。

后记

POSTSCRIPT

“四明八百里，物色甲东南。”走过千百个春秋的宁波，始终承载着世人对这片土地物阜民丰的无限赞誉。

新故相推，日生不滞。实现共同富裕是人类共同的价值目标，更是一个世界性的发展难题。党中央赋予浙江高质量发展建设共同富裕示范区的重大任务后，宁波作为浙江省唱好杭甬“双城记”的重要一极，要为浙江建设共同富裕示范区探路先行、探索创新，打造一系列共同富裕标志性成果的丰富场景。

使命在肩，笃行不怠。宁波以担当示范的姿态，主动挑起大梁，扎实推进共同富裕先行市建设，在进一步完善共同富裕的目标体系、工作体系、政策体系、评价体系和话语体系中，形成一批标志性成果，为全国探索出更多的“宁波经验”。

第一，共同富裕建立在经济高质量发展的基础之上。只有做大“蛋糕”，才有分好“蛋糕”的基础和条件。作为“新一线”城市，宁波不断彰显创新活力，充分展现独特魅力。强化现有优势，民营经济和制造业厚积薄发，挖掘后发潜力，释放高质量发展新动能，在经济高质量发展上先行示范。

第二，践行人民至上，扎实推进共同富裕美好社会建设。共同富裕不仅是总量富裕，在做大“蛋糕”的同时更要分好“蛋糕”。公共服务是人民群众对共同富裕需求最迫切的领域之一。宁波坚持人民主体地位，把人民满意作为衡量一切工作的根本标准，扎实推进共同富裕美好社会建设，坚持和完善为民办实事长效机制，尽力而为、量力而行，切实解决重病负担难、幼儿托育难、养老照护难等群众急难愁盼问题，做到“民有所呼，我有所应；民有所呼，我有所为”。以打造“浙里甬有”幸福民生品牌为牵引，抓好“一老一小”整体解决方案，促进人的全生命周期公共服务优质共享，建立健全幸福颐养幼育服务体系。在推进共享优质公共服务上补短板、促均衡、兜底线，不断满足群众日益增长的美好生活需要，新市民住房保障改革、社会救助改革等成果入选省级共富试点，一批标志性成果擦亮幸福底色。

第三，收入分配是民生之源。一次分配讲效率，二次分配讲公平，三次分配讲自愿。宁波以“扩中提低”改革为牵引，打造橄榄型社会结构，加快构建促进共同富裕的公共政策体系，实施重点群体激励计划、南部地区崛起和四明山区振兴计划，聚力缩小区域、城乡、收入三大差距，尤其是城乡居民收入倍差缩小为1.69。宁波的灵活就业人员支持政策取得良好效果，并在全国推广。加快改善民生，进一步实现发展成果由人民共享，让群众有更多看得见、摸得着的获得感。

第四，“富口袋”也要“富脑袋”，满足人民群众多样化、多层次、多方面的精神文化需求。守好红色根脉，努力践行习近平新时代中国特色社会主义思想，以建设全国文明典范城市为牵引，构建高品质公共文化服务体系。

在深化中华文明探源工程中勇担使命，推进河姆渡文化遗址群保护利用和宋韵文化传世工程。大力繁荣发展港城文化，打造精神力量高地、文艺精品高地、文化创新高地，更好实现精神富有。

第五，以数字化改革为牵引，聚焦“牵一发而动全身”的重大改革、重大平台、重大政策，加快数字社会领域的系统重塑和综合集成，创新数字社会、医疗、养老、托育等领域应用场景，健全党建统领、“四治融合”、整体智治格局，为宁波建设现代化滨海大都市增添“数智力量”。从数字化改革思维出发，形成以“四横”“四纵”为核心的共同富裕示范区系统架构图。

上下同欲者胜，同舟共济者赢。站在新起点的宁波，勇扛使命，胸怀“国之大者”，一定能成为生活富裕富足、精神自信自强、环境宜居宜业、社会和谐和睦、公共服务普及普惠的卓越城市，人们开拓进取、开放包容、心生向往、人生出彩的幸福城市，全面展示中国特色社会主义制度优越性的窗口城市。久久为功，讲好共享与发展的“共同富裕”故事，向世界发出宁波声音、提供宁波方案，为全国实现共同富裕先行探路。

在国务院发展研究中心的指导和支持下，“在宁波 读懂共同富裕”系列课题调研从2022年开始启动，课题组围绕“七条跑道”研究共同富裕路径，并对推动共同富裕的理论创新、实践创新和传播创新进行了探索，力求深入阐释共同富裕的内涵、外延和实现路径，从经济高质量发展、收入分配、区域协调发展、公共服务供给等方面深度剖析各领域的路径机遇、面临的挑战及应对之策，推动研究成果向政策转化，打开共同富裕顶层设计通道，解决群众身边急难愁盼问题。

课题组得到了国务院发展研究中心副主任、党组成员余斌，国务院发展研究中心原副主任、党组成员张军扩，香港中文大学（深圳）前海国际事务研究院院长、国研经济研究院东海分院名誉院长郑永年，国务院发展研究中心社会和文化发展研究部部长李建伟，中国经济时报社党委书记、社长王辉，国研经济研究院院长李布，宁波市委常委、宣传部部长金彦，宁波市委宣传部常务副部长徐方，宁波日报报业集团党委书记、社长金波，宁波日报报业集团党委委员、副总编辑唐慧卿，宁波市委社建委专职副主任竺培楠等领导和专家的鼎力支持。在此，对他们表示衷心的感谢！

课题组各位研究人员共同努力、集中攻关，终于完成了本书的编著工作。课题组编著人员分别是：陈旭钦、管如镜、胡拓、汪雅、沈毅、张驰、卢璐、李春燕。全书由陈旭钦统稿修改，任建华参与专家联络协调工作。

宁波共同富裕研究中心由国研经济研究院东海分院承办，将通过大成集智、“智库＋媒体”模式，促进共同富裕研究领域的交流与合作，对外发布和展示共同富裕相关研究成果，力争用三年时间，建设成为共同富裕宁波实践样本的理论创新与实践创新研究平台。这部《在宁波 读懂共同富裕（2023）》智库报告是宁波共同富裕研究中心成立后推出的系列成果之一。由于能力和水平所限，文中难免存在不尽如人意之处，恳请广大读者批评指正。

陈旭钦

2023年7月18日